고통이 있는 곳에 행복을

이 인 복

고통이 있는 곳에 행복을

교회 인가 서울 대교구 | 2021년 8월 9일
초　　판 | 1991년 6월 20일
개정판 | 2021년 10월 4일

지은이 | 이인복
표지 디자인 | 김화진
내지 디자인 | 박선영

펴낸이 | 김상욱
만든이 | 조수만
만든곳 | 프란치스코 출판사(제2-4072호)
주　　소 | 서울 중구 정동길 9
전　　화 | (02) 6325-5600
팩　　스 | (02) 6325-5100
이메일 | franciscanpress@hanmail.net
홈페이지 | https://blog.naver.com/franciscanpress

ISBN 978-89-91809-87-1　03230

값 12,000원

고통이 있는 곳에 행복을

이인복

차례

전집 출간을 축하하며 9

추천사 13 / 책머리에 20

1장

두 그루
사이프러스
나무처럼

27 수녀는 못 되었지만

31 실패하는 남편의 아내들에게

35 두 그루 사이프러스 나무처럼

40 두 그루 은행나무로

44 가정 성화와 가족의 치유

2장

두 딸들에게
남기는 유산

65 큰딸 로사에게

70 큰딸의 시어머니와 나의 외손녀

72 둘째 딸의 치유를 위하여

79 셋째 딸의 봉사 정신

83 넷째 딸에게 물려주는 유산

3장
내 신앙의 모판

- 91 성의를 입으신 하느님 사람들에게
- 98 성소를 받은 사람들에게
- 115 내 신앙의 모판
- 127 나의 하느님 체험 증언
- 132 사무장과 그의 아내
- 135 주교님의 물 한 잔
- 142 뇌성마비 장애인의 아버지, 박병윤 신부님
- 146 꿈속에서 만난 어른, 이장규 박사님
- 153 죽어서도 사는 삶

5장
영화와 나

- 221 영화와 나
- 228 프란치스코 성인과 간디
- 234 꼴찌에서 일등까지
- 236 영혼의 승리
- 240 인터 걸, 그 끈끈한 조국애
- 245 하와를 위한 눈물
- 247 영화 수입업자들에게

4장

성령과 함께

165 아픈 사람들에게

168 난꽃은 떨어져도 향기로운데

171 천국행 열차 대합실

176 천당과 지옥

181 짚신에 감발하고

186 성령이 인도하신 폐회 연설

191 이 집의 주인은 예수님이다

197 성령을 거부하는 사람들

202 성령과 함께 사는 사람들

207 모든 눈물을 닦아 주실 것이다

211 두려워 말라, 내가 너희 곁에 있다

6장

고마운 사람들

255 면허증 가지셨습니까?

258 고마운 강도님

261 70년 전의 소년 경찰관

265 경찰이 없었다면 어찌 살았을까요

7장

태산 같으셨던 나의 어머니

271 어디쯤 가고 있는가, 나는 지금

274 태산 같으셨던 나의 어머니

279 기도와 어머니

283 유산을 남기고 가는 사람들

8장

〈나자렛 성가원〉 가족들

291 성공이라는 이름표

296 시주가 곧 기도

301 할아버지와 금반지

303 경제인 동우회

305 주식회사 건영의 엄상호 회장님

309 누가 나의 형제요 자매인가?

316 나자렛 성가원 가족들

319 옥에 있는 가족들

321 오늘의 여성상 수상 소감

전집 출간을 축하하며

이용훈 마티아 주교(천주교 수원교구장)

하느님께서 주신 생명과 삶을 소중하게 여기며 살아 온 사람, 이 시대에 보기 드문 의인義人 이인복 마리아님께서 지금까지 펴낸 책들을 한데 묶어 '전집'을 출간함을 진심으로 축하드립니다. 전집은 수상집 5권과 번역서 3권 등 8권으로 구성되어 있습니다. 이인복 마리아 박사님은 국문학자로서 수많은 전문 저서와 논문을 남겼지만 이번 전집에는 들어있지 않습니다. 이분은 평생을 교육자로서 학생들을 가르치고, 사회복지 현장에서 우리 사회의 가장 가난한 이와 소외된 이웃을 돌보고 보살피는 일에 전념하였습니다. 수상집 안에는 몸소 겪은 체험과 비참한 처지에 있는 이들과 뒹굴며 사랑을 실천하는 내용이 고스란히 담겨 있습니다. 번역서에는 세상에 살면서 추구해야 하는 창조주 하느님의 뜻과 사랑, 인간의 도리, 성경 말씀 실천에 관한 내용 등 모든 이가 공감하고 당장 실행에 옮겨야 하는 내용이 들어 있습니다.

세상에는 악을 피해야 하고 선행과 자비를 베풀어야 한다고 힘주어 말하는 사람들이 많습니다. 그러나 정작 자신을 희생하며 이웃을 위해 가진 것을 포기하고 애덕실천에 뛰어드는 이는 보기 힘듭니다. 자신의 명예, 권력, 물질적 소유를 주저하지 않고 포기하고 이웃를 위해 베풀어야 한다고 주장하는 이들이 많습니다. 그런데 이를 실천에 옮기는 결단을 내리는 이는 아주 적습니다. 앎과 실천의 비참한 분리와 괴리가 온 세상을 상처가득한 잿빛으로 물들이고 있습니다. 소위 사회를 이끌어 간다는 많은 지도자들은 부와 명예, 권력을 마음껏 누리고 삽니다. 마리아님은 세속적 안락과 물적 풍요를 누릴 수 있었지만, 그런 것과는 너무 먼 거리에서 치열하게 자신과 싸우는 가난한 구도자求道者로서 하느님과 일치하는 가운데 성모 마리아를 닮는 투혼을 발휘하였습니다. 그래서 이 분은 40세 젊은 나이에 가정 폭력 피해 여성을 위한 <나자렛 성가원>과 성매매 피해 여성들을 위한 <나자렛 성가정 공동체>를 설립하여 지금까지 운영하고 있고, 수도자 이상으로 기도와 나눔실천에 정진하며 <나자렛 평신도 수도 공동체> 완성을 향해 분투노력하고 있습니다.

이렇게 세상의 냉대를 온 몸으로 받던 13세 '성냥팔이 소녀'는 대학교수를 거쳐 청념하기 그지없는 사회복지 사업가 정신으로 자신의 가녀린 육신을 불살랐습니다. 뿐만 아니라, 문학적인 논문들, 죽음에 관한 연구로 큰 명성을 얻었고, 성령세미나 강의와 신앙체험을 국내외에 나누며 수많은 이들을 주님께 인도하며 복음선포에 앞장섰습니다. 대학교수 정년을 맞아 연금과 퇴직금, 강의료 등을 자신이 만든 복지시설에 봉헌하며 자신을 위해서는 아무것도 남기지 않았습니다. 그 후에도 원고료와 강의료는 가난한 이웃, 사제양성비로 기쁘게 내놓았습니다. 이렇게 사마리아 사람의 모범을 그대로 보여주는 모습에 세상은 감탄하고 있으며, 사회는 환한 사랑과 평화의 빛깔로 물들어가고 있습니다.

마리아님은 타고난 부지런함과 한 순간도 허투루 쓰지 않는 천성 때문에 10년 전부터 육체적 병을 얻어 고생길 여정에 들어섰습니다. 육체적 균형상실로 인한 크고 작은 병고, 죽음을 넘나드는 수차례에 걸친 고관절 수술로 거동이 몹시 불편합니다. 조금 더 자신의 육신에 신경을 쓰고 유유자적悠悠自適한 삶을 영위했더라면 이토록 지독한 병마에 시달리지는 않았을 것입니다. 그런 중에도 불편하고 마비가 진행되는 손가락으로 컴퓨터와 스마트폰 자판을 두드리며 수많은 독자와 지인들에게 희망과 신앙의 메시지를 보내는 초인적 투혼을 보여주고 있습니다.

존경하는 마리아님은 예수님을 많이 닮은 이 시대의 성자聖者입니다. 평생 착한 일만 하시다가 십자가상에 못 박혀 돌아가신 우리 주님의 길을 그대로 따르고 있습니다. 수면장애와 함께 온 몸이 고통으로 휘감겨 있음에도 "지금처럼 행복하고 평화로운 때가 없었습니다."라고 고백하는 모습을 보면 한 인간이 예수님처럼 자신에게 주어진 십자가를 이렇게 짊어질 수 있는지 아연실색하게 됩니다. 일생을 통해 역설했던 언행일치言行一致의 삶을 여과 없이 드러내는 마리아님이 이 세상에 존재하는 한 우리는 희망을 발견할 수 있을 것입니다. 주님께서 천사들을 보내어 투병하는 하느님의 종 이인복 마리아 교수님과 지극한 간병으로 안간힘을 쏟는 부군夫君 심재기 바오로 교수님에게 천상적 위로와 축복을 보내주시기를 간절히 소망합니다.

독자 제위께서 이 험란한 시대를 살고 있는 모든 이에게 참 삶의 이정표와 가치를 제시하고 있는 마리아님의 저서들을 읽고 새로운 삶의 좌표를 만들기를 기대합니다.

추천사

　우리네 인생사에서 화禍와 복福을 서로 떼어놓고 생각할 수 없듯이, 고통과 행복, 또한 떼어놓고 생각할 수 없다고 여겨집니다. 사람이면 누구나 재앙災殃을 꺼리고 복락福樂을 즐겨 하는 것이 인지상정이지만 우리가 바라는대로 살아지지 않는 것 또한 인생임을 우리는 너무 잘 알고 있습니다. 그럼에도 불구하고 고통 없기를 바라는 것은 무엇 때문일까요? 그것은 우리의 영혼이 몸뚱이를 집으로 삼고 살기 때문이겠지요. 우리네 영혼은 항상 영적 가치를 지향하기 때문에 고통을 통해 더욱더 영적으로 고양되기를 원하지만, 육신은 직접적인 고통을 받기 때문에 영적인 것보다 현실에 더 안주하려 드는 경향성을 지니고 있습니다. 그래서 인간은 지상의 삶을 사는 동안 끊임없이 갈등할 수밖에 없습니다. 그런 면에서 인간의 마음은 갈등의 장소요, '영靈과 육肉의 싸움터'라 할 수 있을 것입니다.

"향나무는 도끼날에 찍혀도 도끼날에 향기를 묻힌다."라는 말이 있습니다. 그러나 이 말은 큰 공감력共感力을 얻기에는 조금 부족한 면이 있는 것 같습니다. 왜일까요? 향나무의 본성은 향기를 풍기는 데 있습니다. 다시 말하면 향나무의 세포 조직은 향기만 풍길 수 있도록 지음 받았다는 것입니다. 그리고 희로애락喜怒哀樂의 감정이 없으므로 감정을 표출할 수 없습니다. 그뿐만 아니라 자유 의지가 없기 때문에 향기 이외에 달리 선택할 무엇이 없습니다.

그러나 인간은 어디까지나 나무와는 다릅니다. 인간에게는 '영과 육'이라는 두 자아가 있고, 희로애락의 감정이 있습니다. 그리고 자유 의지가 있습니다. 이 자유는 선善으로 열려 있기도 하지만, 동시에 불선不善으로도 열려 있습니다. 그래서 인간은 선이 되었든 불선이 되었든 어느 한쪽을 선택해야만 합니다. 선과 불선을 동시에 선택할 수는 없습니다. 이처럼 인간은 하느님에게 부여받은 자유 의지에 따라 선을 선택할 수도 있고 불선을 선택할 수도 있습니다. 그러나 자유로운 의사 결정에는 반드시 책임이 따르기에 선행을 하면 자신의 공로가 되고, 불선을 저지르면 자신의 죄가 되는 것입니다, 따라서 인간은 선을 행하면 칭송을 받고 악을 저지르면 지탄을 받게 됩니다. 그 책임은 누구에게 전가 될 수 없는 것입니다.

인간은 끊임없이 선善을 지향하려는 영혼과 한없이 불선不善을 조장하려는 육신으로 양분되어 있어서 마음속에서 일어나는 갈등은 필연적일 수밖에 없습니다. 그러므로 인간은 살아 있는 동안 한시도 전전긍긍戰戰兢兢하지 않을 수 없지요. 만인의 형제로 불리었던 아씨시의 성 프란치스코는 자신의 몸뚱이를 일컬어 평생 '당나귀 형제'라고 불렀다 합니다. 잠시 잠깐만 방심하면 여지없이 나락으로 떨어질 수 있는 불완전성을 지닌 육의 경향성 때문에 성 프란치스코 또한 경계심을 놓지 못했다고 생각됩니다.

'고통이 있는 곳에 행복이 있다'라는 것은 '고통 너머에 행복이 있다'라는 말로 읽힙니다. 사람은 고통을 당할 때는 고통이 은총인 줄 모릅니다. 또한 고통이 어떻게 행복으로 가는 관문이 되는지 이해할 수 없습니다. 고통을 당하고 있는 당사자에게는 어디까지나 고통은 고통일 뿐입니다. 그러나 세상에는 하느님 이외에는 영원한 것이 없기에 고통 또한 영원하지 않으리라는 것을 추론할 수 있습니다. 고통은 견디는 것입니다. 끊임없이 기도하며 견디는 것입니다. 십자가의 고통은 극복되는 것이 아니라 견디는 것입니다. 예수님께서 죄 많은 인간을 구원하기 위해 고통을 견디어 냈듯이, 그렇게 견디어 내는 것입니다. 그러던 어느 날 문득, 태풍처럼 매서웠던 고통이 한바탕 지나가고 난 뒤에 돌아보니, '발자국마다 은총이었구나!' 하고 말할 수 있지요.

여기 이인복 마리아 교수님의 저서 『고통이 있는 곳에 행복을』에도 그러한 이야기들이 빼곡히 적혀 있습니다. 이 책을 통해 우리는 좋으신 하느님께서 한 인간을 어떻게 이끄시고 섭리하시는지 읽어낼 수 있습니다. 하느님께서는 인간이 세운 계획을 산산이 부수시고 그곳에 새롭게 당신의 계획을 세우시고 그것을 실현하십니다.

이인복 마리아 교수님은 대학을 졸업하고 수녀원에 입회하여 수도생활을 시작하였습니다. 자신을 선물로 바쳐 수도생활을 하는 것이 하느님께 더 큰 영광을 드리는 길이라 생각했기 때문입니다. 그러나 하느님께서는 인간 이인복의 계획을 산산이 부수시고, 그곳에 당신의 사랑하는 딸 이 마리아를 세우시고 도구로 쓰십니다. 흔히 말하기를, 인생에는 두 길이 있다고 하지요. 하나는 성찰하고 기도하는 '수양의 길'이요, 다른 하나는 사랑을 실천하는 '자선의 길' 말입니다.

좋으신 하느님께서는 이인복 마리아 교수님에게 학문을 연구할 수 있는 능력과 기도를 잘할 수 있는 은사를 주셨습니다. 또한 가난하고 소외당하는 이웃들에게 연민의 마음으로 다가갈 수 있는 정감 넘치는 사랑을 주셨습니다. 그리하여 그는 전자를 '내성內聖의 길'로 삼고, 후자를 '외왕外王의 길'로 삼았습니다. 이를 우리는 '기도와 헌신'이라 하고, '수기치인修己治人'이라 합니다.

이인복 마리아 교수님께서 <나자렛 성가>을 세워 평생 헌신하신 것은 외왕外王의 일이요 치인治人의 일로서 곧 사랑의 실천이었습니다. 사람은 공부와 수양을 통해 하느님께서 각자에게 부여한 은사를 발견하게 되고, 천명天命을 사명使命으로 깨닫고 그 사명을 평생 실현하게 됩니다. 그런 면에서 보면 교수님의 학문과 기도 생활은 그 사명감을 실현하는데 초석이 되었다고 여겨집니다.

필자는 수도생활을 시작하기 전에 교수님의 저서 『슬픔이 있는 곳에 기쁨을』 아주 감명 깊게 읽었던 기억이 있습니다. 때는 80년대 후반이었고 군사 독재 정권의 만행이 극에 달하던 암울한 시기였습니다. 그때 교수님의 책을 통해서 적잖은 위안과 평화를 얻을 수 있었습니다. 그 후 오랜 세월을 거쳐 2000년대 초반쯤에 재속프란치스코회 회원이신 교수님을 뵙고 이어 온 인연으로 이렇게 서문을 쓰게 되었습니다.

    교수님은 이제 구십을 바라보는 노구이십니다. 고관절 수술과 무릎 수술을 받아 거동이 매우 불편하심에도 불구하고 기도의 열정만큼은 조금도 젊은이에게 뒤지지 않으십니다. 달릴 길을 다 달려오신 교수님, 이제 좀 편안한 여생 되시라 축원합니다.

작은형제회 루피노 수도원 심시재尋詩齋에서

오수록 프란치스코 수사

책머리에

역사가 있었던 일을 기록한 것이면 문학은 있음직한 일을 기록한 것입니다. 그리하여 문학작품을 통해 다양한 인생을 대리 체험함으로써 독자는 문학을 통해 인생을 높고 넓게 그리고 깊이 배웁니다. 또 마음의 고통이나 삶의 어려움도 스스로 견디고 이겨내는 치유의 힘을 얻습니다.

불치의 중병을 앓고 난 사람이 심혈을 기울여 투병기를 썼을 경우, 독자는 그것을 읽고 크게 감동합니다. 투병기를 읽는 사람에게도 그 목적은 글쓴이의 경험에서 얻은 간접 체험을 자신의 세계에 투사하여, 그 또한 자기 구원의 힘을 얻자는 데 있습니다. 좋은 문학작품이 인간의 영혼과 마음과 육체의 상처를 치유하는 능력을 준다고 함은 이런 데 연유합니다.

오늘의 기성세대들은 누구나 다 6·25 한국전쟁을 거친 사람들입니다. 추위와 기근, 헐벗음과 배고픔, 이산과 실향의 아픈 역경을 견디며 살아남은 사람들입니다. 전사한 남편이 남기고 간 유산인 자식들을 혼자 길러낸 전쟁미망인이고, 풀잎의 이슬처럼 산화한 아버지를 생각하면서 잠 오는 눈시울을 부비며 장학생이 되어 공부해 낸 아들딸들입니다. 오늘의 기성세대들이 그 처절한 생존의 의지력을 퍼마신 저력의 원천은 좋은 문학이 먹여 준 힘이었습니다.

  원시적인 가난과 무너진 폐허 속에서 주린 배를 움켜쥔 우리가 먹고 자란 양식이 바로 좋은 문학 작품들이었다는 말입니다. 이제까지 우리를 이끌어 온 불멸의 별빛들이 어찌 한두 사람일까마는, 나는 그중에서도 윤동주 시인이 우리 세대에 물려준 정신적 유산을 높이 평가합니다. 그의 「서시」는 "인간이 왜 사는가?"라는 질문에 "죽는 날까지 하늘을 우러러 한 점 부끄럼이 없기 위해"라고 답하고, "어떻게 살아야 하는가?"이라는 질문에 "죽어가는 것들을 사랑해야." 한다고 대답합니다. 그리고 죽어가는 것들을 사랑하면서 한 점 부끄럼 없는 삶을 살기 위해서는 슬픔과 기쁨의 항등성, 고통과 행복의 동질성을 깨달아야 한다는 이치를 「십자가」에서 이렇게 묘사합니다. "괴로웠던 사나이 행복한 예수 그리스도에게처럼 십자가가 허락된다면, 모가지를 드리우고 꽃처럼 피어나는 피를 어두워가는 하늘 밑에 조용히 흘리겠습니다." 이 시를 쓴 시인이기에 윤동주는 '조선의 아들'이라고 끝까지 주장하며, 후쿠오카 감옥에서 옥사할 수 있었고, 이 시를 알고 공감해 온 독자이기에 우리는 "괴로움이 곧 행복"이라는 극복의 정신을 생존의 토양으로 삼아 시련의 날들을 극복할 수 있었습니다.

그렇다면 좋은 문학 작품들은 잃어버린 아버지나 오라버니나 큰형보다 더 확실하게 실제로 우리 곁에서 함께 숨 쉬며 우리를 길러 준 가족들이요, 따뜻한 위로를 건네준 생명체들이었다고 말할 수 있을 것입니다.

문학의 가치는 이런 것입니다. 문학은 슬픔을 위로하고 외로움을 달래주고 고통을 극복할 인내력을 줍니다. 사람의 마음을 감동을 줘 생명력을 자생케 하는 자아 성숙의 힘을 줍니다. 좋은 문학작품은 인생을 긍정하는 자세에서 어떤 방법으로건, 더욱더 높은 차원의 정신세계로 독자를 비상하게 합니다. 과학은 물질적 부강을 약속해 주지만 위대한 문학작품은 개인과 국민의 정신적 평화와 행복을 높고 넓게 그리고 깊이 증진시켜, 드디어는 민족의 얼을 하나의 지고한 이상으로 통일하는 정신적 부강을 약속합니다.

독자의 삶을 성장 변화시키는 힘을 제공함이 문학의 본질적 사명입니다. 아버지와 어머니와 오라버니들을 잃은 슬픔을 딛고 일어나 어린 동생들을 부양하며 오늘의 자리에 내가 서게 된 기적적인 힘이 어디서 비롯되었을까?

하느님과 교회와 신앙과 그리고 그것을 체득케 하는 문학을 통해서만, 나는 아버지도 어머니도 잃지 않은, 부모구존父母俱存의 삶을 살아 올 수 있었음을, 나는 이순耳順을 넘어 종심소욕불유구從心所欲不踰矩의 나이에 이르러서야, 알게 되었습니다.

이제는 이순을 넘기고도 25년이 더 흐른 노경에 이르러서야 "고통은 하느님이 나에게 오실 때 타고 오시는 수레"(카를로 카레토) 임을 깨닫습니다. 슬프고 고통스러웠던 내 삶의 편린들이 독자들의 삶을 위로하고 격려하며, 어둠의 터널을 지나는 때에도 기필코 새날 새 아침을 맞이하리라는 희망으로, 가슴이 차고 넘치시기를 간절히 기원합니다.

1장

두 그루
사이프러스
나무처럼

수녀는 못 되었지만

나는 사랑이란 말을 거의 사용하지 않습니다. 사랑은 말을 해서 인식되는 것이 아니라, 상징적 행위를 통해서 감지되어야 합니다. 물론 말로 사랑을 고백하는 것이 행동으로 사랑을 증명하는 것보다는 훨씬 빠르고 간편합니다. 그러나 빠르고 쉽게 끝난 일은 힘들게 오래 걸려 성숙한 일보다 그 생명이 길지 못 합니다. 그래서 앞으로도 결국 나는 사랑이라는 말을 언어로 즐겨 사용하는 사람은 되지 못할 것 같습니다. 그렇지만 나는 사랑의 행위에는 민감합니다.

성경을 보면 그리스도교 정신의 주제가 사랑이라는 것을 명확히 알 수 있습니다. 예수님은 하느님을 사랑하는 것이 첫째 계명이고 이웃을 사랑하는 것이 둘째 계명이라고 말씀하셨습니다. 또 그 사랑을 증거하는 길은 마음과 목숨과 생각을 다 하여 내 몸처럼 대하는 것이라고 그 방법을 제시해 주기도 하셨습니다. 그뿐만 아니라 예수님은 세상 사람을 위하여 그 사랑의 길을 실천하여 보여 주셨습니다. 예수님의 생애를 본받아

하느님과 세상 사람들에게 사랑의 증거를 보여 주는 분들에 성직자와 수도자들이 계십니다. 예수님의 생애에 자신을 일치시켜 하느님께 크고 깊은 사랑을 봉헌해 드리려는 소망이 아니면 어떻게 그 힘든 자기 낮춤의 순명과 물욕으로부터의 해탈과 독신의 의무를 지켜갈 수 있단 말입니까? 그래서 나는 성직자와 수도자를 보면 그분들을 통해 지금도 예수님이 이 세상에 다시 태어나는 것이라고 이해합니다.

부끄러운 고백이지만, 나에게도 수녀를 지원했던 젊은 시절이 있었습니다. 비록 그것이 수녀원 문턱에서 서성이는 한낮의 꿈에 그치고 말았지만, 내 인간적인 열망이 그처럼 온전히 불탔던 시절을 달리 경험한 일이 없습니다. 그러나 수도자의 길은 되고 싶다고 누구나 다 허락받을 수 있는 길이 아닙니다. 하느님의 특별하신 성소聖召가 있어야 합니다. 그것은 운명과 같은 것이어서 사람의 갈망과 노력으로 얻어지는 것이 아닙니다. 그럼에도 불구하고 나는 내가 그렇게도 소원했던 수녀가 못되고 아직 맛이 덜 든 땡감을 입에 문 것처럼 떨떠름한 자학에 빠져, 동생들을 부양하며 수녀가 되지 못하는 것을 슬퍼하던 때였습니다. 잘못 박혀버린 편견을 절대적 진리로 믿고 그것 때문에 죄의식과 고뇌에 빠져 자학하는 나를 영적 아픔에서 벗어나게 하려고 나는 오랜 세월 기도하였습니다. 그래서 더 이상 죄의식에 빠져 자학하는 사치한 신앙 놀이에서 벗어날 수 있었습니다.

이러한 나를 관찰하신 어느 신부님께서, 나에게 B 수녀원을 권하셨습니다. 가족의 생계는 신부님께서 돌보아 줄 것이니, 나는 모든 것을 신앙으로 하느님께 맡기고 열심히 기도만 하라 하셨습니다. 나는 너무도 기뻐 앞뒤 문제를 생각해 볼 겨를 없이 곧바로 B 수녀원에 지원하였습니다. 그 후 육 개월 동안 내 주변에는 내가 모르는 많은 일이 진행되었습니다. 친구가 수녀원으로 찾아왔습니다. 면회는 허용되지 않았습니다. 그러나 B 수녀원의 전교 수녀님이 어찌나 조리 있게 교리 강의를 하셨던지, 예배당의 주일학교 교사였던 친구가 몇 달 후 바오로라는 본명으로 세례받고 개종 입교하였습니다. 그의 입교는 나에 대한 사랑의 상징적 고백이라는 것을 나는 물론 알았습니다.

그렇건만 나는 염치없이 그가 성직자의 성소를 받게 해 주십사고 하느님께 기도했습니다. 나의 그러한 기도가 계속되는 동안, 수녀원으로 그가 내게 보낸 편지는 내 수련 담당 수녀님의 책상 위에 수북하게 쌓여갔습니다. 수녀님이 보여 주신 편지 속에는 이런 글이 쓰여 있었습니다. 그가 나를 사랑하는 이유는 내 성격에 결함이 많기 때문이라고 했습니다. 무수한 시행착오를 거쳐야만 나는 진리를 깨닫기 때문에 방황과 위험에서 그가 나를 반드시 지켜 주어야 한다고 했습니다. 또 말하기를 B 수녀원의 지원자로 입회해 있는 것도 결국은 또 한 번의 시행착오임이 틀림없다면서 그것을 내가 깨닫는 날까지 인내하며 기다릴 것이라고 했습니다. 나의 예비 수녀 생활은, 그의 집요한 편지와 무관하게 행복했습니다. 수녀원 내부의 풀포기 하나, 떨어진 잎사귀 하나에서조차 하느님의 현존을 보는 것 같았습니다. 수녀원 성당의 제대 위에 걸려 있던 십자가를 나는 지금도 잊지 못합니다. 그 십자가에는 사랑과 자비의 하느님 이미지와 고통과 고독의 인간적 이미지가 묘하게 조화되어 있었습니다. 나는 예비 수녀로서 내가 몸담았던 그 집을, 그곳의 일상생활을, 거기서 만난 자매들, 선배들, 지도 수녀님들을 사랑했습니다. 나의 영적 행복감이 절정에 달해 있었던 그즈음 어느 날이었습니다. 마을 사람들이 보낸 편지를 읽으신 영성 지도신부님은, 그렇게 어려운 환경 속에 노모와 동생들을 버려두고, 집안의 가장 역할을 하던 사람이 가족을 위한 생활 대책도 마련하지 않은 채 수녀원에 온 것은, 예수님이 가르치신 사랑의 계명을 어기는 짓이라 꾸짖으셨습니다. 그리고 다음 날 새벽에 즉시 귀가

하라 엄명하셨습니다. 집에 돌아와서 나는 인천 고등학교 교사로 발령받아 가족을 부양하기 시작하였습니다.

**실패를 거듭하는
　남편의 아내들에게**

　며칠 전에 서울 시내 중학교의 교장 선생님이었던 노인이 전화를 주시어 나를 만나자고 하셨습니다. 60여 년 전 그분이 어느 연수원 연구원이셨을 때 마침 중학교 교사로 그곳 강습회에 참석했던 내가 유독 열심히 강습을 받던 인상이 남아, 오랫동안 줄곧 내 변화의 모습을 확인해 오셨다는 것이었습니다. 그분은 나에게 점심을 사주시면서, "교수님이 귀천한 후 육체를 태우면 고승의 몸에서 나온다는 사리가 나올 거예요. 전쟁으로 말미암아 돌밭에 떨어졌던 씨앗이 찬바람 눈 서리를 이겨내고 열매 맺은 것을 확인하는 일은 내 생애의 기쁨이고 감동이었어요."라고 말씀하셨습니다. 처음에는 이 노신사가 무슨 해괴한 농담을 하시나 의아했지만 잠시 후 나는 곧 그분의 말씀이, 내 미래의 하루하루를 몸속에 사리를 키우듯 그렇게 수도자처럼 지성으로 살아가라는 훈계였음을 깨달을 수 있었습니다.

　과거를 돌이켜보고 어려웠던 날들의 체험을 산교육으로 받아들이며, 신념을 가지고 말할 수 있는 '성공의 비결' 하나를 나는 알고 있습니다. 잘 살던 과거에 대한 향수와 체면을 버리고 보리쌀 한 되를 위한 시장바닥의 생존 연습으로부터 다시 시작한다면 세상의 어떠한 사업도 반드시 성공하게 되어 있습니다. 많은 빚을 내어 여봐란듯이 시작하는, 허영기가 내재된 사업은 이미 시작에서부터 새로운 파탄이 전제됩니다. 이때 아내는 남편에게 끊임없는 인내와 겸손과 용기의 불씨가 되어주어야 합니다.

　나는 전에 한 명문 가정의 며느리인 학창의 후배로부터 이혼을 결심했다는 이야기를 들었습니다. 어떤 사업도 꾸준히 지속하지 못하고 해마다 바꿔치기하며, 집밖에서 일어나는 일체의 일들에 대하여는 단 한 마디 대화도 아내와 나누지 않는다는 것입니다. 내게도 그 남편이 섭섭하게 느껴졌습니다. 그러나 후배가 비난 일색으로 묘사하는 그 남편 이미지에 내가 지레 실망해서, 후배의 이혼 결심이 정당하다는 언질을 줄 수는 없는 일이었습니다. 무너지는 인생을, 어떠한 경우에라도 다시 일어나는 인생으로 이끌어야 한다는 것이 내 지론이기 때문입니다. 그래서 나는 일단 대답을 보류하고 그 후배에게 내가 번역한 책을 한 권 주었습니다.

영국의 릴리 핑커스 여사가 쓴 『죽는이와 남는이를 위하여』라는 책입니다. 이 책에는 부부의 유형과 결혼생활 및 사업 파탄의 이유와 그리고 이혼했거나 이혼을 하려는 위기에 놓인 십여 쌍의 부부들이 어떻게 그 위기를 극복하고 다시 결합하는가 하는 사례들이 진술되어 있습니다. 이 책을 주면서 나는 후배에게 조금만 더 참고 이 책을 두 번만 정독한 후에 결심을 이행하더라도 하라고, 당부했는데, 두 주일 후에 나타난 후배는 남편을 전폭적으로 지원하기로 했다고 나에게 말했습니다. 바깥의 고충을 집안에까지 끌어들이지 않을 뿐만 아니라, 열 번 넘어져도 다시 열한 번째 일어나 새 일을 시도하는 바로 그것이 남편의 장점이라는 사실을 깨달았다고 말했습니다. 그렇습니다. 세상 만물은 다 명암과 희비의 양면을 지니고 있습니다. 오월도 중순이 지나서야 연두색 싹이 돋는 대추나무는 진달래 개나리 목련과 벚꽃이 모두 피었다 져버린 후에도 더 얼마를 기다려서야 비로소 겨울나무의 비애를 벗어 던지고 갓 피어난 새 생명의 기쁨을 조심스럽게 열어 보입니다. 결혼이라는 두 사람의 결합은 사업의 흥망에 따라 애정의 농도가 증감되는 상대적

결연 관계가 아닙니다. 사랑과 봉사와 헌신으로 서로 도우면서, 공동의 생명이 공유하는 공동생명체입니다. 따라서 결혼한 부부는 자신의 존재 이유와 가치와 목표를 공동으로 실현하겠다고 지속적으로 서약하여야 합니다.

고달픈 벗, 세상의 아내들이여! 우리는 고된 가사에 기진하지만, 남편은 어두운 사회의 일, 국가의 일, 그리고 캄캄한 사업의 일로 가슴을 앓고 있습니다. 우리는 그들의 목마름과 아픔을 씻어 줄 치유의 샘이어야 합니다. 이해하고 사랑하고 관용하고 격려하고 기도합시다. 좋은 지혜를 궁구해 냈을 때 지극히 겸허한 언행으로 간곡하게 제의합시다. 인내로 남편의 실패를 참아내며 텅 빈 성전바닥에 전신으로 엎드려 남편을 도와달라고 기도합시다. 항상 팽개치고 혼자 일에 분주하며 밖으로만 나도는 남편일지라도, 그에게 생명이 남아있음을 감사한다고 하느님을 찬미하면서, 어느날 바람처럼 찾아올 바위 같은 남편의 무사 귀가를 위하여 기도합시다. 무릇 이런 아내의 육체 속에 부처님 사리 같은 애정이 피어날 것이고, 그때 비로소 남편의 남은 생애에도 튼튼한 뿌리가 내릴 것입니다.

두 그루
사이프러스 나무처럼

빈손으로 유유히 걸어가는 남편의 뒤를 무거운 짐을 이고 지고 따라가는 아내에게 그 이유를 물었습니다. "사나운 짐승이 나타나면 남편은 짐승을 싸워서 물리쳐야 하니까요."라고 대답했습니다. 과장된 허구인지 모르겠습니다만 이와 비슷한 모습을 우리는 아직도 주변에서 볼 때가 있습니다. 혼자 편하게 앞서가는 남편을 아이 업고 보통이인 아내가 숨 가쁘게 뒤따라갑니다. 농촌의 들길에서 오늘날 호랑이나 사자가 나타날 까닭이 없음에도 불구하고 남성 우월주의의 상징적 행위로서 지금도 어떤 남편들은 그렇게 행동하고 또 어떤 아내는 거기 묵묵히 따릅니다. 그래서 여성운동가인 시몬 드 보부아르는 "여자는 태어나는 존재가 아니라 길들여지는 존재"라 말하기조차 했습니다.

보쉬에에 의하면, 창세기에 등장하는 아담과 이브의 이야기는 여자의 불완전성을 상징하는 것이고, 인간이란 오직 남성을 뜻하며, 남자는 여자를 그 자체로서가 아니라 남자와의 관계 속에서 정의하므로 여자는 자율적 존재가 아니라 했습니다. 남자는 본질적이고 주체적이고 절대적이나 여자는 비본질적이고 객체적이고 상대적이라는 것입니다. 그래서 유대인들은 "여자로 태어나게 하지 않은 데 대하여, 우리 주님, 세계의 주님, 감사하나이다."라고 매일 아침 기도하고, 또 플라톤도 여자가 아니라 남자로 창조해 준 것을 절대자에게 감사한다고 썼습니다. 이러한 우월감이 남자들의 일상적 사고에 많건 적건 작용하고 있는 것이 사실입니다. 그러나 하느님 나라에서는 여자가 남자에 비하여 열등한 존재가 아닙니다. 여자인 마리아가 하느님 성자를 잉태하셨고, 부활한 그리스도가 다른 어떤 제자도 아닌 막달레나에게 처음 발현하셨고, 예수님 이외에는 오직 한 분 성모님만이 몽소승천의 영광을 누리셨습니다.

이렇듯 하느님 앞에 동등하게 소중한 아들딸임에도 불구하고 남녀는 서로 동등하지 않은 주종의 상하 관계에 있다고 생각합니다. 게다가 우리 오랜 전통에도 시집가는 딸들에게 "남편은 하늘이다."라고 가르쳐 보냅니다. 남편 허즈번드husband는 옛날에 '농사꾼' 또는 '절약자'의 명사로 쓰였고 동사로는 '농사짓는다', '절약한다'의 의미를 지녔습니다. 그런데 현대사회에 와서는 여성들 스스로가 이런 의미를 극복하였고, 남편이 경작하여 벌어들인 농작물을 남편이 절약하여 배급하는 대로 먹고사는 예속적 노예 상태에 머물고자 하지 않습니다. 오늘날의 아내는 남편과 함께 춤추는 댄싱 파트너와 같은 존재이고자 합니다.

칼릴 지브란은 『예언자』라는 저서에서 사이프러스 나무의 비유를 들어 설명하였습니다. 사이프러스 나무는 하나의 나무 그루가 자랄 수 있는 최고의 키와 최장의 그림자를 추정하고 그 그림자의 끝에서부터 열 발은 떨어진 곳에 또 하나의 나무를 심어 서로의 그림자로 인해 각각의 나무가 성장을 저해 받지 못하게 해야 한다는 것입니다. 나는 이것이 진정한 의미로 남녀평등의 모습이어야 하지 않을까 생각합니다. 그러므로 오늘날의 아내들은 남편과 동등한 대우를 받더라도 조금도 남편에게 소홀해질 이유가 없으며 오히려 그것만이 서로가 행복해지는 길이라는 사실을 남편이 알게 해야 합니다. 그리고 남편은 아내에게, 자유롭게 자기 계발에 힘쓰며 가정을 위해서뿐만 아니라 열린 세계를 향해서도 그 재능을 이바지하도록 격려하며 도와야 합니다.

아내와 남편은 죽어서 하느님 앞에 섰을 때, 배우자가 하느님 앞에 부끄러움이 없으면 그로 인해 상을 받을 것이요, 배우자가 하느님 앞에 부끄러움이 있으면 그로 인해 꾸지람을 받아야 할 것입니다. 배우자를 하느님 앞에 부끄러운 자로 봉헌하느냐 아니면 아름다운 자로 봉헌하느냐 하는 일에 책임을 지기로 서약하는 것이 혼인성사가 지니는 부부 계약의 하나일 것이므로, 배우자가 지닌 장점을 기뻐하여 그의 악습을 고쳐 성장·변화시키고 마침내는 예수 그리스도의 얼굴과 언행과 성품을 죽기까지 지속해야 할 상호의무를 짊어지면서, 그 소명 실현을 위한 하느님의 은총을 받는 의식이 혼인성사입니다. 그것이 한 쌍의 부부가 하느님으로부터 공동으로 받는 십자가요 축복이요 소명입니다.

성령의 공간이 넓어질수록, 남편과 아내의 개체적 어둠은 줄어들고 서로 완전히 일치될 때, 두 사람 안의 암흑은 없어지고 성령만이 공동 생명 안에서 임하시게 됩니다. 이때 두 부부 사이에 필요한 일치의 대상은 육체와 마음과 영성입니다. 이 세 가지가 삼위일체를 이루면 그 부부의 삶은 지상천국을 누리게 됩니다. 반면에 두 사람의 친화력이 육체적인 데 한정되고, 마음과 영성의 일치가 없으면 그 부부는 불행합니다. 영성과 마음과 육체는 행복한 결혼의 본질적인 세 요소입니다.

하느님의 창조가 아직 진행 중인 것이 한 가지 있습니다. 인간의 협조를 바라시며 기다리시는 것이 하나 있습니다. 그것이 바로 위대한 혼인 생활입니다. 이를 위해 하느님은 지금도 인간에게 기도하고 계시며 우리는 이에 응답해야 합니다. 사도 바오로는 말합니다.

"아내는 주님께 순종하듯이 남편에게 순종해야 합니다. 남편 여러분, 그리스도께서 교회를 사랑하시고 교회를 위하여 당신 자신을 바치신 것처럼, 아내를 사랑하십시오"(에페 5,22-25).

아내는 남편의 사랑을 느낄 때만 그 목숨조차 바칠 수 있게 됩니다. 가정의 문화는 민족문화의 핵심이고, 가정의 성공은 인생 성공의 전부이고, 가정의 행복은 내세 천국의 상징입니다. 또한, 가정의 성공적인 운영과 행복, 그리하여 이루어진 가정의 문화는 부부와 자녀가 함께 성장 완성하는 것이고 어느 구성원 혼자의 힘으로 이루어지는 것이 아닙니다. 가정은 혼인성사를 통하여 시작됩니다. 혼인성사는 구애의 끝이 아닌 구애의 시작입니다. 그러므로 혼인 생활에서는 언행에 조심할 것이며 죽는 날까지 배우자를 신뢰하며 예의를 지켜야 한다는 본질적 자세가 필수적입니다.

나는 지난 60년 세월 동안 내가 얼마나 가족에게 부족했던가를 고백함으로써 지난날의 시행착오를 은총과 축복이 되게 하고, 그리하여 우리 가정에 다시는 사위지 않는 성령의 불을 밝히기 위하여, 하느님과 가족들에게 용서 청하는 글들을 부끄러움을 무릅쓰고 고백합니다.

두 그루 은행나무로

가정은 하느님 나라의 완성을 위한 작은 수도공동체입니다. 가정의 구성원 모두가 생명의 완성을 수련하는 수도원이어야 합니다. 그래야 온 세상이 서서히 아름다운 세상으로 성장하여 종국에 이르러 하느님의 나라가 이 세상에 완성됩니다. 한 가정을 이 세상 완성의 기본적인 핵이요 세포라고 생각할 때, 그 가정에서 제일 중요한 인간관계는 부부관계입니다. 젊은 부부는 자식의 임무를, 연만한 부부는 부모의 역할을 훌륭하게 수행함으로써, 가정의 행복을 증진하는 하느님 나라 완성의 도구가 됩니다.

가정과 사회공동체의 완성에 이바지하는 원만한 부부는 은행나무나 사이프러스 나무와 같이 나란히 함께 성장합니다. 어느 한 편이 더 높이 우뚝 서는 것이 아니라 함께 나란히 성장합니다. 은행나무는 서로 마주 보고 나란히 함께 자라야 은행 열매를 맺습니다. 또 사이프러스 나무는 한 그루의 나무를 심은 후 그 나무가 자라날 최장의 키를 상정하여 그 나무가 드리울 최장의 그림자를 계산한 지점에서 10미터는 더 떨어진 곳에 또 한 그루의 나무를 심는다고 합니다. 남편의 나무 그림자에 아내의 성장이 침해받아서도 안 되고 아내의 나무 그림자에 남편의 나무 그림자가 침해받아서도 안 되기 때문입니다. 그래야만 두 나무가 나란히 성장할 수 있습니다. 그래서 사이프러스 나무는 아름답고 원만한 부부를 상징합니다.

마틴 부버는 부부를 세 가지의 유형으로 나누었습니다. 자기 투사형, 상대동일화형 그리고 자기 투사적 상대동일화형, 이렇게 세 가지입니다. 자기 투사형은 자기주장만 하는 독재형이고 상대동일화형은 상대에게 무조건 동화되는 노예형이며, 가장 이상적인 관계가 상호 간의 장점은 서로 배우고 격려하며 상호 간의 단점은 서로 고쳐주며 개선하는 자기 투사적 상대동일화형입니다. 부부는 반드시 이 세 번째 자세로 살아야 합니다.

나의 혼인 초기에, 배우자는 아내의 역할을 아기 낳고 밥 잘 짓고 빨래 잘하는 튼튼한 살림꾼쯤으로 생각했던 것 같습니다. 어머니가 아들을 그렇게 키웠습니다. 그래서 나에게 자신의 성장에 협조하는 내조자이기만을 원했습니다. 집 안이 지저분하면 화를 낼 뿐 자기가 빗자루를 들고 청소하려 하지는 않았습니다. 온종일 빗자루와 걸레를 들고 쓸고 닦아, 방바닥에 음식이 떨어져도 집어 먹을 수 있을 만큼 깨끗하기를 원했습니다. 저녁에는 비슷한 시간에 귀가하는데 그는 신문을 읽거나 텔레비전을 보면서 내가 밥을 지어 밥상을 차려오는 것을 당연하게 여겼습니다. 나는 그것이 부당하다고 느꼈습니다. 가사를 분담하고 함께 일한 후 함께 쉬자고 했습니다. 남편이 집 안 청소하는 사이에 나는 식사 준비를 하겠다고 주장하였고 남편이 아기 기저귀를 걷어다 개키는 사이에 나는 설거지를 하겠다고 말했습니다. 남자가 어떻게 집안일을 돕느냐고 생각하는 시집의 풍토와 부부는 함께 나란히 성장해야 그 평생이 행복하다고 생각하는 개화된 친정집 분위기가 마찰을 빚으면서 나는 피가 흐르는 아픈 싸움을 견디며 신혼의 삶을 살았습니다. 그리하여 그 갈등 속에서 나는 조금씩 그의 좋은 점을 닮고 그는 조금씩 나의 좋은 점을 닮아갔으며, 어느덧 우리는 얼굴조차 비슷하게 동화되었다고 이웃이 말합니다. 자기 투사적 상대 동일화의 삶을 살아온 듯합니다.

　1989년에 요한바오로 2세 교황님의 주례미사로 세계 성체대회가 여의도 광장에서 개최된 후 우리 부부는 이미 운영 중이던 <나자렛 성가원>을 확대 운영하자는 의견의 일치를 이루었습니다. "아버지가 받는 봉급은 처자식 부양하느라 다 쓰고, 다른 것은 엄마가 벌어서 모은 재산이니 엄마 소원대로 <나자렛 성가원> 기구를 확대 운영하는 데 사용하도록 의견을 모았다."라고 배우자가 자식들에게 선언하였습니다. 알뜰하고 소심하고 그러나 자아 중심적, 가족 중심적이어서, 혈연의 피붙이만 소중히 알고 살던 사람이 이웃공동체니 민족공동체니 하느님 나라 완성의 도구가 되는 생명공동체니 하는 언어와 사상에 익숙해지면서, 그는 서서히 하느님 뜻대로 살고자 생각하고 실천하는 하느님의 일꾼으로 변모되어 갔습니다.

    아주 옛날에 무리해서 은행의 융자를 안고 처음으로 '내 집'을 마련했을 때였습니다. 이자가 많이 나가니까 배우자가 월급을 받아다 주어도 밑 빠진 독에 물붓기일 뿐 밥상에 고깃국 한 번을 놓아주지 못하고 곤궁하던 때였습니다. 남편과 시어머니는 "너 때문이다. 누가 너더러 무리한 짓을 하랬니? 셋방에서 평생 살아도 빚지고 이자 내는 짓은 하기도 싫고 보기도 싫다."라고 매일 나를 나무랐습니다. 그러나 은행이자는 한정된 금액이고, 해가 바뀌자 집값은 폭등하여, 하마터면 우리는 평생 내 집 없는 가족으로 살 뻔했습니다. 방을 세주어 빚을 줄이고 식구들이 협소하게 끼어 살면서 몇 해 고생하자 드디어 어느 날 우리 가족이 방을 다 쓸 수 있는 날이 왔습니다. 그러나 그때가 되어도 시어머님이나 배우자 쪽에서 "네 덕분이다."라는 말을 한 적은 없었습니다. 자존심과 오기가 가득했던 때였으니까요.

그러던 시어머님과 배우자가 나의 끈질긴 남녀평등의식 앞에서 조금씩 변모되어 갔습니다. 배우자는 빗자루를 들게 되었고, "못난 놈 같으니, 애미 밥 먹으면서 평생 빗자루를 들은 일 없는 사내대장부가 여편네 무서워 빗자루를 들어?" 하며 역정을 내시던 시어머님께서 드디어 어느 날 "네 극성으로 집을 갖게 되었구나."라고 말씀하시게 되었습니다. 여자를 씨받이나 살림 노동자로 생각하던 사고방식에서 벗어나셨습니다. "아니꼽게 여자가 무슨 공부를! 살림이나 잘하지!" 하시던 말씀이 시어머님 입에서 사라졌습니다. 그때부터 우리 가족은 정말 정직하게 말하고 행동하는 가족이 되었습니다.

나쁜 일이 생겼을 때는 "나 때문이야!" 하고, 좋은 일이 생겼을 때는 "당신 덕분입니다." 하면서 배우자를 격려하고 자기를 반성하며 살 때, 분명히 이 세상은 조금씩 하느님이 보고 기뻐하시는 하느님의 나라로 완성되어 갈 것입니다.

가정 성화와 가족의 치유

가정은 작은 우주입니다. 가정이 화락하면 사회와 국가와 세계가 화락하고 가정이 불목하면 사회와 국가와 세계가 병듭니다. 그런데 가정의 화목은 가정의 구성원인 가족이 건전한 관계 위에 놓일 때 오는 감사하는 생활의 결과이고, 가정의 불목은 가정의 구성원인 가족이 하느님과 건전한 관계 위에 놓여 있지 못할 때 오는 상호 불만과 원망의 결과입니다. 가정은 우주의 세포입니다. 가족 구성원이 서로 감사하면서 사랑하면 우주가 생명을 받아 숨 쉬고, 서로 불만하면서 미워하면 우주는 그 생명력을 상실합니다. 다시 말하면 회개와 감사를 통해서만 개인과 가족과 사회와 국가, 그리고 온 우주가 치유된다는 내용입니다.

우리는 자주 피정을 받습니다. 피정의 목적이 무엇인지요. 피정은 하느님과 나와의 관계를 개선하는 것이고 그 개선변화의 은총을 받는 것인데, 피정을 받음으로써 얻는 관계 개선 내지 변화의 모습은 매사에 불만과 원망이 많던 사람이 항상 기뻐하고 감사하는 사람으로 바뀌는 것입니다. 하느님 성부와 성자와 성령께 감사하는 사람이 되니까 하느님과의 관계가 개선변화되는 것이고, 하느님 성삼께 오직 감사하며 사는 사람은 가족 사이에서도 늘 감사하며 살아가기에 가족들 모두 화락한 생활을 하게 됩니다. 하느님 성삼께 감사하고 구원받고 성화의 은총을 받아 온 세상 사람이 치유를 위해 애쓰는 사도적 삶을 충실히 살 때 우리는 그러한 삶을 완덕의 삶, 성화된 삶이라고 표현할 수 있으며 그 실천적 능력과 은총을 받는 것이 피정의 목적입니다.

우리가 입교하며 세례받던 날 신학적 세례를 받았다면, 피정을 받으면서 우리는 날마다 체험적 세례, 즉 신앙쇄신, 성령쇄신을 체험하는 것입니다. 그러니까 우리가 받은 세례가 일회적인 신학적 세례라면 피정은 매회 경험하는 체험적 세례, 하느님 성령의 은사와 열매와 은총을 받는 신비체험이라 하겠습니다.

하느님과의 관계 정상화는 우선 성부와 성자와 성령으로 나누어 생각해 보아야 합니다. 하느님 성부께 우리는 무엇을 감사해야 합니까? 주신 생명을 감사하고, 삶의 기쁨은 물론 슬픔과 시련도 감사하고 죽음조차도 감사하는 것이 성부께 대한 인간의 바른 자세입니다. 내 생명 하나쯤 없어도 아무 부족함이 없을 이 세상에 내가 태어났습니다. 내가 없다면 내 자식도 이 세상에 없습니다. 내가 있기 때문에 내 자식이 있으니 우리는 자식을 갖게 해 주신 우리의 생명을 하느님께 감사하지 않을 수 없습니다.

친구의 아들이 스물세 살에 죽었습니다. 친구가 식음을 전폐하고 슬퍼했습니다. 위로하다 못해서, 나는 스물세 살에 죽으려면 태어나지 않았던 것이 나은가, 아니면 스물세 해만이라도 그 귀한 아들이 자기 아들이었던 게 감사한가 물었습니다. 친구는 한참 있다가, 함께 목욕하고 함께 맥주 마시던 추억을 남기고 간 그 아들이 세상에 태어나지 않았던 것을 상상할 수 없다 했습니다. 없었던 것보다는 23년 만이라도 있었던 게 좋다고 말했습니다. 그러자 비로소 감사하는 마음이 생겨, "하느님, 그 멋진 아들을 23년 동안이나 저에게 맡기셨다가 험한 세상에서 죄짓지 말라고 이제 하느님 곁으로 데려가셨으니 감사합니다."라고 기도했습니다. 감사하는 기도를 바치면서부터 그의 아픈 상처가 치유되고 평화를 되찾았습니다.

우리 집은 얼마 전에 방 온수 파이프를 수리했습니다. 파이프에 녹이 나서 물이 새기 때문이었습니다. 겨울철에 파이프 수리를 하게 되어 집을 지은 시공자에게 모두 불만을 터트렸는데, 갑자기 하느님께 진심으로 감사하는 마음이 우러나 나는 하염없이 눈물을 흘렸습니다. 시공한 지 2년밖에 안 된 난방 온돌 파이프에 녹이 슬어 방구들을 뜯고 파이프를 교체하는 형편인데 어떻게 내 배 속의 내장은 80년 이상이나 녹슬지 않고 말짱하게 음식을 모두 소화하고 있는가? 내 뱃속의 살이 쇠보다도 구리보다도 질기고 튼튼한가? 나는 80년 이상이나 된 내 배속의 내장이 녹슬지 않고 찢어지지 않고 아프지 않다는 사실에 감사해서 울었습니다.

또 한번은 강남 성모병원에서 전국의 간호사 대표들에게 특강을 하던 때였습니다. 수간호사 수녀님이 강의 후에 내게 말씀하셨습니다. 피부병 치료 왜 안 받느냐고. 가끔가다 수두 같은 부스럼이 돋아나는데 긁지 않고 사나흘 지나면 없어지는지라 그냥 견디고 있다고 대답했더니, 피부과 과장을 만나 보라는 것이었습니다. 과장님은 내 손등에서 부스럼이 난 부위의 살점을 마취도 안 하고 팔각형으로 생살을 뜯어내시고 다시 그 자리를 다섯 바늘이나 꿰맸습니다. 조직검사를 하신다는 것이었습니다. 그러면서 하시는 말씀이 다른 사람에겐 마취 주사를 놓고 살을 베어내고 또 주사를 놓고 피부병 연고도 처방하여 보내지만, 과장님은 나를 정말 도와주고 싶어서 당장은 아무 약도 줄 수 없으니, 돌아갔다가 열흘 후 피부병의 원인이 발견되면 그날 필요한 처방을 하겠다고 말씀하셨습니다. 더 완전한 치료를 위해 마취를 안 하고 살을 저며낸 후 열흘을 또 기다린 조직검사의 아픔과 인내, 적당히 약이나 주는 것보다 약을 주지 않는 것이 더 큰 사랑인 의사의 배려. 나는 그러한 의사에게서 하느님 성부의 모습을 보았습니다. 하느님은 성당에 와서 이것저것을 달라고 부탁하는 사람들에게, 그때마다 즉각 그 기도의 요구사항을 들어주시지 않습니다. 기도하고 또 엎드려 성찰하고 울고, 이렇게 겸손에 겸손을 쌓으며 고통의 진정한 원인이 무엇인지를 깨닫고 회개한 후, "내 탓이요, 내 탓이요, 내 큰 탓입니다."라고 고백하게 될 때, 비로소 하느님은 하느님 응답의 체험을 성령의 은총으로 주신다는 진리를 깨달은 것입니다.

하느님은 우리의 아픔과 슬픔을 알고 계십니다. 그러나 내가 남의 탓만을 나무라는 것이 아니라 내 탓의 큼도 깨달을 때까지 은총의 시기를 기다리십니다. 우리는 미사 때마다 '내 탓이요'를 고백합니다. 구체적으로 내게 잘못한 어떤 이를 용서할 때마다 우리는 치유를 체험합니다. 미사 안에서 어떻게 인간의 전 생애의 치유가 이루어지는지 미사는 우리에게 체험시켜 줍니다.

나는 열 가지 이상의 불치병을 앓은 일이 있습니다. 그리고 태생부터 40년간 만성 인후염을 앓았었습니다. 그런데 어느 날 피정 때 지나간 세월의 고통과 시련조차 감사하고 하느님 섭리의 은총으로 느껴져 그 고통을 통하여 하느님이 나를 성장시키셨다고 깨닫고 감사하는 순간 엄청난 회개의 눈물이 흐르며 만성 인후염 한 가지를 제외한 다른 병들이 모두 치유되었습니다. 병이 치유된 후 나는 피정 강의를 많이 하게 되었고 특히 교도소 재소자들에게 강의를 자주 했는데, 이비인후과에 가서 치료받고 약을 먹어야 겨우 다음날 강의를 할 수 있었습니다. 그런데 어느 날 내 목이 완전히 막히고 주치의는 나에게 그날 당장 수술을 안 받으면 벙어리가 된다고 경고하셨습니다. 그러나 나는 다음날 서대문 교도소의 4,700명 재소자와 37명 사형수에게 강의해야 했기 때문에 벙어리가 되더라도 강의 약속은 지켜야 한다고 수술을 거부했습니다. 그다음 날 아침, 나는 땀을 흘리고 고열에 신음하면서 모포로 몸을 두르고 눈만 내놓고 교도소 강당의 무대 위에 섰습니다. 교도관이 내가 벙어리가 될 각오로 수술도 거부하고 여기 왔노라고 말했습니다. 그때 나는 재소자들의 눈에서, 나에게 감사해하는 뜨거운 사랑의 고백과 눈물을 볼 수 있었습니다. 그러자 내 눈에서도 눈물이 흘렀습니다. 나는 마음으로 기도했습니다.

하느님, 6·25에 아버지와 오빠 잃은 것을 감사합니다. 그래서 내가 고아가 되어 천주교회 고아원에 갔습니다. 고아원에 갔던 것을 감사합니다. 그래서 내가 세례받고 천주교회 신자가 되었습니다. 과부 시어머니의 아들과 혼인한 것을 감사합니다. 시어머니에게 미움받고 내가 시어머니를 미워하고 깊이 병들었다가 회개하고 용서함으로써 하느님의 성령을 체험했으니, 저에게 성령을 선물로 주신 분은 시어머니이십니다. 오늘 벙어리가 된 것을 감사합니다. 그 때문에 여기 있는 재소자들이 감동하고 감사하며 크리스천의 사랑을 체험하게 되었으니, 오늘 저의 만성인후염과 벙어리가 됨이 여기 있는 가엾은 재소자들에게 하느님의 사랑을 체험케 하나이다.

이렇게 감사하며 울었습니다. 그런데 이 간곡한 감사의 마음이 체내의 병균을 모두 불태워버렸는가, 갑자기 목구멍의 통증이 사라지면서 나는 참으로 영성적인 강의를 끝마칠 수 있었고, 그 후 지금까지 반세기가 되도록 괜찮습니다. 고통의 섭리를 감사하는 마음이 내 몸의 여러 가지 불치병을 치유 받은, 성령의 기적을 체험케 한 것입니다.

고아원에서 나와 고학으로 동생들을 부양하며 드디어 대학교를 졸업하던 무렵이었습니다. 수녀원에 가고 싶어 견딜 수 없었습니다. 명동성당에 가서 울며 기도하고 성당 밖으로 나왔는데, 나자로 마을의 이경재 신부님이 서 계시더니, 나에게 수녀원에 입회하지 않겠느냐 물으신 것입니다. 가고 싶지만 동생들은 어떻게 살아가겠느냐고 반문했습니다. 신부님은 당신이 운영하시는 나자로 마을의 가족이라 생각하고 우리 가족을 보살피시겠다고 말씀하셨습니다. 나는 안심하고 수녀원에 갔습니다. 그런데 몇 달이 지난 후 어느 날 밤, 독일인 지도신부님이 성당 제의방으로 부르시더니 고해 틀에 꿇어 앉히신 후 "4계명을 어기는 대죄인이 어떻게 수녀가 됩니까? 당장 나가서 가족을 부양하시오." 하셨습니다. 대학을 졸업한 언니가 노모와 동생을 방치하고 혼자만 천당 가겠다고 수녀가 되면 어린 동생들은 굶어 죽으라는 것이냐고 꾸짖으시면서 마을 사람들이 진정서를 보냈다 하셨습니다. 신부님은 "부모를 효도로 공경하라"라는 4계명을 어기는 대죄를 지었다고 꾸짖으셨고, 다음날 나는 강제로 수녀원 문밖으로 추방당했습니다. 그런데 내가 수녀원 문밖으로 나오는 바로 그때, 나를 수녀원에 보낸 신부님이 수녀원 문 안으로 들어오고 계셨습니다. 편지를 보여드리며 왜 우리 가족을 돌보지 않으셨느냐 여쭈었더니, 깜짝 놀라시면서 "잊었구나" 하셨습니다.

　나는 그때 신부님께 큰 불만을 품었고 그것이 병이 되어 그 후 17년간 신부님을 원망하였습니다. 그런데 하느님의 섭리로 내가 『한국 문학에 나타난 죽음 의식 연구』로 박사학위를 받고 대학교수가 된 후, 전국의 병원 운영자 신부와 수녀들과 의사들에게 강의하게 된 날이었습니다. 나는 청중 속에서 강의를 듣고 계신 신부님을 보고, 하느님께서 내 복수의 열망을 들어주셨다고 나는 생각했습니다. 강의가 끝난 후 나는 정원의 큰 나무를 끌어안고 울었습니다. "하느님 복수해 주셔서 감사합니다." 그때였습니다. 누가 등 뒤에서 내 어깨에 손을 얹었습니다. "마리아, 내가 잊어버린 것이 아니었다. 하느님의 섭리였어. 네가 수도자 되는 것보다는 세상에서 봉사하라고 내가 너의 식구들 밥 먹이는 일을 깜빡 잊어버리게 하셨구나. 하느님의 섭리였다. 분명하다."

나는 갑자기 '하느님의 섭리'라는 말에 영혼의 눈을 떴습니다. 6·25에 아버지와 오라비들을 다 잃고 고아처럼 된 것이 하느님 섭리이고, 그리하여 죽음을 연구한 것도 하느님 섭리였고, 세상에서 죽음 문제로 괴로워하는 이웃들을 도울 수 있는 지식을 배운 것도 하느님 섭리였으며 무엇보다 내가 수녀가 못 된 것도 하느님의 섭리였음을 깨달았습니다. 나는 그때 인간 사이의 오해와 미움이 지옥이고, 인간 사이의 이해와 사랑이 천당임을 깨달았습니다. 나는 울면서 하느님과 신부님께 감사했고, 신부님을 원망해 온 것을 회개했으며, 하느님 섭리의 신비를 체험했습니다. 무량한 기쁨과 평화, 무궁 무한의 감사와 영적 치유, 그리고 내적 치유와 육체 치유를 체험했습니다. 체험적 세례를 체험하고 하느님 현존을 체험했습니다. 하느님 섭리를 깨닫고 고통과 죽음에 대해서도 하느님께 감사하는 마음을 갖게 되자 전 우주와 하늘의 별들이 일제히 합창하며 기뻐 춤추는 것 같았습니다.

이제 하느님 성자와 우리와의 관계를 생각해 봅니다. 미국에 있는 내 친구 집에 갔더니 친구의 손자가 강아지 삐삐를 밥상 위에 앉히고 함께 식사 하자고 했습니다. 하느님보다 엄마 아빠보다, 또 할아버지 할머니보다 삐삐가 더 좋다며 강아지와 함께 식사한다는 것입니다. 나는 하는 수 없이 성령의 지혜를 청했습니다. 아이를 끌어안고 소리 높여 기도했습니다. "하느님, 이 아이를 강아지로 만들어 주소서. 강아지와 함께 뛰어다니고 강아지와 함께 잠자게 하소서." 그런데 아이가 갑자기 내 입을 막더니 "싫어. 강아지 되기 싫어."라고 소리쳤습니다. 강아지를 내려놓고 밥을 먹으면 강아지가 안 되게 해달라고 빨리 기도해 주마하고 하여 겨우 강아지를 떼어 내려놓게 하였습니다. 이 말은 무엇을 의미하는지요. 어린아이가 강아지 되기 싫다 하는 이 말은, 인간은 누구나 자신보다 하위 존재로 강등되기를 원치 않는다는 뜻입니다. 그런데 예수님은 어떤 분인지요.

그분께서는 하느님의 모습을 지니셨지만, 하느님과 같음을 당연한 것으로 여기지 않으시고 오히려 당신 자신을 비우시어 종의 모습을 취하시고 사람들과 같이 되셨습니다. 이렇게 여느 사람처럼 나타나 당신 자신을 낮추시어 죽음에 이르기까지, 십자가 죽음에 이르기까지 순종하셨습니다(필리 2,6-8).

하느님이 사람으로 몸소 강등하신 것입니다. 이러한 예수 그리스도에게 우리가 어떻게 감사하지 않을 수 있는지요. 그래서 크리스천은, 예수를 닮아 겸손하게 순종하면서 이웃을 위해 고통과 죽음을 대신함으로써 이웃에게 생명을 주신 그리스도를 닮아가는 사람들입니다.

나는, 재림하신 예수 그리스도, 이 시대에 부활하셨던 새 예수 그리스도, 한 분을 소개해 드리겠습니다. 6·25에 아버지와 오라비들을 다 잃고, 11세, 9세, 7세, 5세와 생후 다섯 달 된 아기, 다섯 여동생의 소녀 가장이 된 14세의 어린애였던 나는 피난지 시장에서 성냥과 비누를 팔고 있었습니다.

1950년 12월 23일이었습니다. 40대의 흑인과 20대의 한국 청년이 내 앞으로 오더니, "우리 두 사람이 내일 압록강 전선으로 싸우러 가는데 꼭 죽으러 가는 전쟁 같아서 누구에겐가 유산을 남겨주고 가려 한다. 하느님이 널 뽑아 주신 것 같으니 너의 집으로 가자."라고 말했습니다. 나는 흑인 목사와 천주교 신학생 두 분을 병약한 엄마와 동생들이 있는 곳으로 안내하였습니다. 흑인 목사와 젊은 한국인 신학생은 우리 가족을 끌어안고 울었습니다. 흑인 목사가 기도하고 한국인 신학생이 통역했습니다. "하느님, 이 전쟁 속에서 만약 우리 두 사람이 대신 죽어 여기 있는 불쌍한 아이들을 살릴 수만 있다면 하느님 우리 목숨을 받으시고 이 아이들을 살려 주소서. 우리 두 사람은 하느님을 알고 있으니 지금 죽어도 하늘나라에 가지만, 이 아이들은 하느님이 누구이신 줄도 모릅니다." 두 분은 그렇게 기도한 후 물건이 든 큰 자루 네 개를 우리에게 주었습니다. 이북의 전선 혹은 산꼭대기에 고립되었을 때 먹을 일주일 분의 양식과 눈산 위에서 잠잘 때 덮을 털 담요와 털 자루 등이었습니다. 그리고 흑인은 목에 걸었던 십자가를, 신학생은 품에 품었던 책(성경)을 내게 주면서 말했습니다. "애야, 내가 살아서 돌아오면 너의 오빠, 아버지 일을 대신해 줄 터이니 기다려라. 나는 서울 혜화동에 있는 가톨릭 성신대학 신학생이다. 나는 거룩한 사제가 되게 해 달라고 기도하면서 항상 이 성경을 읽었다. 네가 나를 위해 기도하며 매일 이 성경을 읽으면 나는 살아 돌아와서 너를 도울 것이다." 나는 울면서 대답했습니다. 매일 이 책을 읽겠다고 약속했습니다. 그러나 나는 그 약속을 지키지 못했습니다. 1·4후퇴를 넘겼습니다. 전쟁의 포성이 멈춘 대한민국으로 끝내 두 분은 돌아오지 못했고, 나는 두 분이 인민군 총에 맞아 죽은 게 아니라 나 때문에 굶어 죽고, 나 때문에 얼어 죽었다고 분명히 느꼈으며, 내 한평생의 삶은 기필코 나를 위해 죽은 흑인과 젊은 신학생의 삶을 대행하는 것이어야 한다는 각오로 지금까지 살아왔습니다.

이 신학생과 흑인 병사야말로 20세기에 다시 태어난 새 예수, 부활이신 이 시대의 예수님이십니다. 세상 사람들은 흔히 세상의 재물과 육체의 건강과 부귀영화를 청원하기 위하여 교회에 다니는 것으로 착각합니다. 기복신앙의 풍조가 오늘의 교회 안에 만연된 것도 현실입니다. 그러나 크리스천 신앙의 정수는 그 반대입니다. 성경은 그리스도를 닮아 그리스도처럼 재물과 가족과 생명까지 모두 바치고 십자가를 지라고 가르칩니다. 촛불처럼 이웃을 밝히며 대신 타서 없어지고, 소금처럼 이웃을 살게 하려면 녹아 없어지며, 밀알처럼 자신을 썩혀 백배의 열매를 거두라고 말합니다. 실로 촛불이나 소금이나 백배의 열매를 맺어주는 밀알처럼 살아가는 사람은 위대한 사람입니다. 이웃에게 남기고 가는 사랑이 크기 때문입니다. 이 위대한 사랑을 남기고 가는 사람이 오래 사는 사람이요, 죽어서도 살아남는 사람이요, 죽어서 지복·영생의 나라에 태어날 사람입니다.

필리핀의 수도 마닐라의 외곽 도시에 캐성이라는 도시가 있고 거기 전교 가르멜 수녀원이 있습니다. 한국에는 등촌동에 그 분원이 있습니다. 캐성에 있는 수녀원 본원의 현관홀 벽면에 크게 현판이 붙어 있고 거기에 이렇게 씌어 있습니다. "사람의 위대함을 알아보려면 그가 나에게 무엇을 남겼는지 살펴보면 된다. 이 평가 방법을 미루어 볼 때 예수 그리스도가 가장 우뚝 높이 서시는 분이다." 거룩한 사제들, 거룩한 수녀들, 거룩한 평신도들. 이런 사람의 원천이신 우리의 구속자, 하느님 성자 그리스도에게 우리가 어떻게 감사하지 않을 수 있겠습니까?

이제 마지막으로 하느님 성령과 우리와의 관계 개선에 대해서 생각해 봅니다. 사람에게 착한 일을 하고 싶은 의지를 일으키시고 착한 일을 실천할 수 있는 능력도 다 하느님께서 주시는 것이라고 바오로 사도는 필리피 신자들에게 보낸 서간 2장 13절에서 말씀하시는데, 여기서 지칭하는 하느님 위격이 성령입니다. 성부가 창조의 하느님이요, 성자가 구속(救贖, 구출하고 속량하심)의 하느님이라면, 성령은 능력과 은총과 사랑을 베푸시는 실질적 힘의 하느님이시라고 생각할 수 있습니다. 그래서 바오로 사도는 로마서 8장 9절에서, 누구든지 그리스도의 영을 모시고 있지 않으면, 그는 그리스도께 속한 사람이 아니라고 말합니다. 왜냐하면 애덕을 발휘할 수 있는 실천적 힘이 없기 때문입니다.

신구약 성경을 통틀어 예수의 수난과 죽음, 예수의 부활과 성령의 임하심만큼 크고 감동적인 드라마가 또 어디 있겠는지요. 그중에서도 예수님의 수난과 죽음은 많은 무신론자로부터도 예수님이 존경과 사랑을 받게 되는 영원한 모티브가 되기에 충분합니다. 예수님의 마지막은 마태오 복음서 27장 50절, 마르코 복음서 15장 37절, 루카 복음서 23장 46절, 요한복음서 19장 30절에 묘사되어 있습니다. 거기에서 예수님은 "다 이루어졌다"라고 말씀하신 후 "숨을 거두셨다"고 번역되어 있는데, 이 말을 보통 말로 바꾸면 "죽었다"와 같은 의미입니다. 그러나 영어 성경에 보면 'gave up', 'yield spirit', 'dismissed spirit', '영을 내어주다', '영을 해산하다', '영을 나누어 주다'로 표현되어 있으며 결코 '죽었다', '숨을 거두었다'로 쓰여 있지 않습니다. 희랍어 원전을 읽고 문맥을 살펴도 '영을 뱉다, 내쉬었다, 넘겨주었다'로 해석됩니다. 그렇습니다. 예수님은 돌아가시면서 당신의 영을 모든 그리스도인에게 나누어 주셨고, 지금도 희생제사인 미사를 바칠 때마다 당신의 영을 우리에게 나누어 주십니다.

우리의 구속자 예수 그리스도께서 요르단강으로 요한을 찾아가 세례를 받으실 때 하늘이 갈라지고 성령이 비둘기 모양으로 당신 위로 내려오셨습니다. 그때 하늘에서 "이는 내가 사랑하는 아들, 내 마음에 드는 아들이다."(마태오 3,17)라고 성부께서 말씀하셨습니다. 그 뒤에 곧 성령이 예수를 광야로 내보내셨습니다. 예수님께서는 40일 동안 그곳에 계시면서 사탄에게 유혹을 받으시고 성령의 능력으로 사탄을 물리치셨습니다. 광야에서 피정을 마치시고 성령의 능력을 가득히 받고 광야를 떠나 공생활의 첫발을 내디디신 예수님은 당신이 자라난 나자렛에 가셔서 안식일이 되자 늘 하시던 대로 회당에 들어가셨습니다. 그리고는 성경을 들고 이사야 예언서의 한 구절을 읽으셨습니다.

주님께서 나에게 기름을 부어 주시니 주님의 영이 내 위에 내리셨다. 주님께서 나를 보내시어 가난한 이들에게 기쁜 소식을 전하고 잡혀간 이들에게 해방을 선포하며 눈먼 이들을 다시 보게 하고 억압받는 이들을 해방시켜 내보내며 주님의 은혜로운 해를 선포하게 하셨다(루카 4,18).

여기서 우리는 예수님이 성령을 받아 하느님의 역할을 시작하셨다는 것과 하느님 성령의 또 다른 이름은 해방이요 자유요 눈뜸이요 은총임을 알 수 있습니다. 예수님이 세상 사람들에게 주신 첫 번째 가르침은 "때가 차서 하느님의 나라가 가까이 왔다. 회개하고 복음을 믿어라."(마르 1,15)였습니다. 회개하면 성령이 임하시고, 성령이 임하시어 성령의 궁전이 된 사람은 곧 천국을 사는 사람이라는 말씀입니다. 성령이 임하면 그리스도의 제자가 되어 성령의 능력으로 평신도 사도직을 이행하는 훌륭한 사도가 됩니다.

주님 수난 제2주일 복음인 마르코 복음서 9장에서도 예수께서 베드로와 야고보와 요한을 데리고 높은 산으로 올라가십니다. 수난과 죽음의 완성을 위한 성령의 힘을 받으러 가신 것입니다. 그때 예수님의 모습이 눈부시게 빛났습니다. 구름이 일어나며 구름 속에서 "이는 내 사랑하는 아들이니, 너희는 그의 말을 들어라."(마르 9,7) 하시는 성부의 소리가 들렸습니다. 예수 그리스도께서 성부의 성령을 가득히 받으셨던 것입니다.

성령을 가득히 받으시고, 성부의 사랑에 감사하고 성자의 구속공로로 죄의 사슬과 사탄을 끊어버리시어, 부디 여러분과 가족과 이웃과 온 인류의 성화를 위해 일하는 완덕의 길에 정진하시기를 청원합니다.

2장

자식들에게
남기는 유산

큰딸 로사에게

가정은 생명에게 있어 태아가 성장하는 모태요, 온상이요, 보금자리일 뿐만 아니라 봉헌과 봉사의 이상을 실천해 보이고 수련하는 사회요, 국가요, 세계입니다. 한 가정 안에서 불목하고 문제를 일으키는 사람은 국가와 세계 속에서도 이웃 세포를 썩히는 원인이 됩니다. 그러므로 세상을 발전적으로 주도하는 인간을 키워내는 근본적인 공간이 가정 공동체이고, 세상과 인류를 그릇되게 오도하는 인간을 키우는 곳도 가정 공동체임을 부인할 수 없습니다. 가정은 인류 흥망의 기본 요소요, 원인이며, 세계 구원의 성패를 책임질 소중한 인간 공동체입니다. 가정의 소중함을 말하는 자리에서 차마 부끄러워 얼굴을 들 수 없는 일입니다만 나는 결혼생활 60년 동안 무던히 부부 싸움을 했었습니다. 여자를 노예시 하고 여자의 역할을 아들 낳아 기르고 시집 식구 섬기는 일에 국한하려는 시어머니의 봉건성 앞에서 서구문물과 자유·평등을 배우며 자란 친정집의 기질이 조화를 이룰 수 없었습니다. 남편은 자기 어머니를 닮으라고 주장했고, 나는 우리 두 사람이 부부이기 이전에 우선 먼저 평등한 인간이 되어야 한다고 싸웠습니다. 그러는 사이에 우리 부부는 내가 남편 앞에서 노예화되지도 않고, 남편이 내 고집에 조건 없이 양보하지도 않으면서 서서히 비슷하게 닮아갔습니다. 혼인한 지 60년, 설마 그러기야 하겠습니까만, 지금은 이웃 사람들이 우리를 보고 마치 오누이처럼 얼굴과 용모와 걸음새와 말씨 등이 거의 같다고 말하는데 내가 보기에도 그런 것 같습니다.

부부 싸움의 냉전을 극복하고 자애의 훈기를 다시 불러오며 버릇없이 행동한 자식을 사랑과 용서로 이끌어 온 그동안의 내 인내는 실로 하느님이 우리 부부의 혼인에 베풀어 주신 신비한 선물이요 은총이요 축복입니다. 이 은총은 나에게 몇 가지 모습으로 나타났습니다.

첫째는 싸움 중의 거센 언사와 행동들이 진심의 표현이 아니라 과장된 감정 노출이었음을 시인하면서, 남편에게 져주는 용기가 내게 없었음을 싸움 후에 반성한 일이었고, 둘째는 남편이 내 곁을 아주 떠나는 상황을 가정해 보는 일이었고, 셋째는 내가 남편을 아주 떠나 버릴 때 그가 당면할 측은한 상황을 상상해 보는 일이었습니다. 나는 남편이나 자식들이 섭섭하게 느껴질 때, 늦은 밤 홀로 깨어 앉아 가족들의 얼굴을 유심히 들여다봅니다. 이마 위에 맺힌 땀방울, 땀에 젖은 머리, 슬퍼하면서 웅크리고 잠들어 불편하게 휘어진 허리, 벌어진 입, 늘어진 손과 발, 오만과 자신감이 사라진 오직 약하고 쓸쓸한 작은 체구들. 그렇게들 완벽한 무방비의 자세로 죽은 듯 쓸쓸히 누워 있는 가족들의 육체에서 나는 오직 인간의 허약함을 보게 됩니다. 그러면 강렬한 측은지심이 꿈틀대며 피어올라 어느새 연민의 눈물이 흘러나옵니다.

나는 또 가끔 빈 집에 남아 가족들의 무사한 저녁 귀가를 기다릴 때 의도적으로 나 자신의 죽음을 묵상합니다. 내가 죽으면 남편, 큰애, 둘째, 셋째, 막내 또 내 동생들은 누구를 의지하고 살아갈까? 그렇게 생각하면 여지없이 가족들이 가엾어져서, 내가 죽기 전에 더 많이 더 깊이 잊히지 않는 추억을 그들에게 남겨 주리라는 결심이 피어올라 분주히 용서하고 사랑하고 일치하는 마음으로 가족을 맞이하기 위해 아주 작은 친절과 봉사와 헌신의 일들을 준비하게 됩니다. 떨어진 단추를 꿰매고 밀전병을 부치고 맥주를 냉장고에 넣고 베갯잇을 갈아 끼우는 등 작은 일들을 합니다.

큰딸이 시집을 갔습니다. 아들이 없는 데다 그 애가 참으로 명민하고 성적이 우수해서 우리 부부는 큰 기대를 걸고 엄한 교육에 임했습니다. 그 애가 시흥에 있는 호암산 중턱의 여자고등학교에 추첨되었던 때에는 새벽이며 밤길의 통학 시간이 힘겨울 것을 염려하여 그 애 학교 앞으로 집을 사서 이사하려 결국 집을 옮겼고 딸은 몇 년 동안 편했지만, 다시 그 딸이 대학에 진학하자, 이번에는 남편이 그 집을 팔고 빨리 학교 앞으로 이사 가자고 주장했지만 야속하게도 집은 팔리지 않았습니다. 사는 것이 불편하고 가족들의 통근과 통학이 고역스럽고 철마다 집안 여기저기를 수리해야 하는데 남편은 그 집으로 인해 우리가 수고하고, 또 수리비를 지출하여 일을 처리할 때마다 번번이 "누가 이 동네에 집을 사자고 했소? 애초에 누가 이곳으로 이사 오기를 원했소?" 하면서 한 번도 그 집의 관리에 관심을 기울이지 않았습니다. 그래서 결국 그 집은 팔리지 않은 채 수십 년 동안 이루 말할 수 없는 서러움을 내게 가중했습니다. 그런데 큰딸이 시집간 후 우리 가족들의 마음속에 그리움과 허전함이 자리 잡기 시작했고, 그 집과 큰딸애가 연관을 지니고 우리 앞에 다가서면서 우리 가족은 애착을 두고 집을 가꾸기 시작했습니다. 시집간 딸이 그리우면 그 애를 어루만지듯 집을 가꾸었습니다. 깨끗이 페인트칠하고, 색색의 꽃나무를 사다 심고, 마루를 다시 놓고 욕조를 갈고, 품위 있는 벽지로 도

배를 다시 하고, 살기 좋은 구조로 집을 개조했습니다. 새집이 되었습니다. 오직 싫고 귀찮은 존재였던 낡은 옛집이 갑자기 귀한 재산이며, 소중한 낙원이 되어 가족들의 가슴 깊이 자리 잡았습니다. 기적과도 같은 변화가 일어난 것입니다.

    그 시절의 어떤 날이었습니다. 배우자가 깊은 밤에 나를 흔들어 깨웠습니다. 이 며칠 부끄러워 잠을 잘 수가 없다면서 할 말이 있다고 했습니다. 고개를 숙이고 정중히 앉아 내 손을 꼭 잡고 말했습니다. "다시 사는 것 같구려. 여보…… 내가 다시 태어난 것 같아요. 그간 이 집으로 말미암아 온갖 소리로 당신을 섭섭히 했던 것을 모두 용서하구려." 오랜 세월의 슬픔과 섭섭함의 응어리가 치유의 강물이 되어 내 전신의 혈맥을 타고 흘렀습니다. 시집간 큰딸 로사가 우리 부부에게 건네주는 소중한 선물에 감동되어 나는 오직 감사의 눈물만 흘렸습니다. "하느님께 감사하며 착하게 사십시다." 이렇게 나는 대답하고 싶었지만, 그것이 소리가 되어 나오지 않고, 한 줄 눈물이 되어 뺨을 적셨습니다.

큰딸의 시어머니와 나의 외손녀

미국에서 공부하고 있는 큰 사위와 큰딸이 외손자와 외손녀, 그리고 친할머니의 사진을 보내왔습니다. 생후 18개월이 된 짱구와 생후 한 시간이 된 짱미의 사진을, 이목구비가 반듯하고 궂은 데가 없는 그 완전한 축복에 감격하여서 나는 하늘을 우러러 감사하였습니다. 그들이 혼인하던 때를 돌이켜 보았습니다. 대학 3학년 때였습니다. 이 고집 센 어미는 "똑똑하고 공부 잘하고 예쁘고 건강한 딸을 시집보내면서 혼수를 해 줄 필요가 어디 있는가? 대학을 졸업한 후 벌어서 부부가 함께 가정을 융성케 하게." 이 말 한마디만을 유산으로 주어 딸을 시집보냈던 것입니다. 그러나 나는 그때 "내 딸 내외와 그 자손들을 대신하여 뇌성마비로 앓고 있는 어린이들을 위해"라는 단서를 달아 딸 내외의 이름으로 적지 않은 기부금을 뇌성마비 장애인 복지회에 헌금했습니다. 둘째 딸, 셋째 딸의 혼수도 같은 단서로 다른 복지기구에 헌금했습니다.

나는 이 세 명 사위들이 나를 사랑하고 이해해 준다고 확신하며 조금도 미안해하지 않았습니다. 그들은 이 어미의 고집 때문에 더 열심히 공부했고 그래서 지금은 홀로 선 가장이 되어 이제는 이 어미를 도와 <나자렛 성가원>을 돕는 후원자들이 되었습니다. 막내딸이 성심여대 사회사업과를 졸업하고 사회복지학과 교수가 되었으니 막내는 평생을 바쳐 우리 성가원을 도우며 살 것입니다. 내가 딸들에 관하여 이야기하는 것은 나를 자랑함도 아니고 딸들을 자랑하려는 것도 아닙니다. 큰애의 시어머님을 자랑하고 싶어서입니다.

큰딸 내외가 미국에서 아르바이트로 공부하며 손자 짱구를 낳았을 때도 나는 기도로 돕는 길 이외에 아무것도 해주지 못했습니다. 연년생으로 또 아기를 가졌을 때 두 사람은 눈물을 흘리며 임신중절까지 생각했었던 모양입니다. 어느 날 딸애의 전화 음성이 유난히 지쳐 있음을 나는 분명히 느꼈지만, 아기 기르며 공부하고 아르바이트하기가 힘겨워 그러려니 하고, 이 둔한 어미는 단지 "기도해 주마." 하는 언약만 하고 수화기를 놓았을 뿐이었는데 다음날 큰애의 시어머니가 내게 전화를 하셨습니다. 학생 며느리가 울고 있는 모습이 꿈에 보여 국제전화를 불사하고 집요하게 물었더니 "오늘이 수술받으러 갈 날"이라며 엉엉 울더라는 것입니다. 어머님께서 "내가 가서 해산을 돕고 6개월만 아기를 길러줄 터이니 그냥 낳도록 하면 안 되겠느냐?"라고 다급하게 제안하자 두 젊은이는 환성을 지르며 좋아하더라는 것입니다. 그렇게 해서 우리의 짱미 아가씨는 이 세상에 무사히 태어났습니다. 나중에 들은 이야기지만 두 젊은이는 병원에 간 적도 없고 수술 예약을 해 놓은 일도 없으면서, 단지 바쁘신 두 분 어머니들의 도움을 요청한 것인데, 이 못난 어미는 학교 근무 일로 기도만 했고, 나의 사돈어른은 미국에서 온몸으로 도우셨습니다. 진짜 기도가 무엇인지를 나는 사돈어른을 통해 그때 깨달았습니다. 기도는 아기를 받아주는 일이요 산모를 돕는 일이었습니다.

둘째 딸의 치유를 위하여

둘째 딸 선영아.
네가 여자중학교 학생이 된 지도 어느새 한 해가 훌쩍 지나고 이제는 의젓한 2학년 상급생이 되었다. 이제 너는 위로 3학년 언니를 갖게 되고 또 아래로는 1학년 아우를 맞이하게 되었다. 네가 1학년이던 작년 한 해 동안, 학교 선생님과 부모님들은 모두 너에게 관대하셨다. 학교 규칙을 조금 어기어도 인자하게 타이르시고 옷매무새를 고쳐주셨다. 어른들은 다만 네가 잘못하는 것을 일일이 나무라실 마음이 없으셨다. 그러나 2학년이 된 너에게 선생님과 부모님들은 작년의 너에게처럼 관대하고 인자하실 수만은 없다. 그것은 너의 뒤에 수백 명의 아우가 생겼고, 그들이 너를 본보기로 하여 네가 잘하는 것뿐만이 아니라 네가 잘못하는 것까지도 모두 흉내 내며 따라서 하기 때문이다.

사랑하는 둘째 딸 선영아.

엄마는 네 가슴속에서 끓고 있는 온갖 불만의 소리를 다 들을 수 있다. 한 집안의 둘째 딸은 누구고 예외 없이 한 학교의 2학년생과 같은 대우를 받는다. 그런데 너는 우리 집안의 둘째 딸로 태어났구나. 큰딸 진영이가 이 세상에 태어났을 때 할머니는 아빠 엄마가 그 애를 차지해 볼 겨를도 주지 않고 귀여워하셨다. 행여나 아들인가 하여 기다리고 기다리던 둘째가 이 세상에 태어났을 때 할머니는 둘째, 네가 아들이 아니고 딸이라 하여 사랑을 주시지 않으셨다. 엄마가 애들을 할머니에게 맡기고 일터에 나갔다가 저녁에 들어오면 할머니는 당신이 어떻게 큰손녀에게만 다정하셨고 작은손녀에게는 무정하시었는가를 생각하지 않으시고, 항상 큰애는 착하고 둘째는 말썽꾸러

기라고 역정을 내셨다.

이래저래 한두 해가 지나고 셋째가 이 세상에 태어났을 때, 그 애도 역시 아들이 아닌 딸이긴 하였지만 온 집안이 셋째를 마지막 자식으로 알고 있는 터라 할머니도 그 애에게는 다시 귀여워하셨다. 아침저녁으로 할머니가 셋째 아가를 목욕시킬 때, 둘째인 너는 항상 의심스럽다는 표정을 짓고, 나도 갓난아기였을 때 셋째처럼 매일 목욕을 시켰느냐고 묻곤 하였다.

셋째 딸을 낳은 후 6년이 지나서 어찌나 집안 식구들이 아들 타령을 하던지, 그만 엄마는 무서운 결심을 하고 넷째 아기를 더 낳았다. 그러나 갓난아이가 없었던 우리 집안에서 오랜만에 다시 아가를 갖게 되었을 때, 그 애가 아들이 아니고 딸이라고 해서 넷째에게 무관심한 사람은 아무도 없었다. 그것은 오랜만에 다시 얻은 아가가 무엇과도 누구와도 비교될 수 없는, 다만 아가로서의 독자적인 사랑을 받을 수 있었던 때문이다.

사랑하는 둘째 딸 선영아.

너는 "언니에게 그따위 말버릇이 어디 있느냐?" 아니면 "동생에게 왜 좋은 표양을 보이지 못하느냐?" 하는 지청구만 받으면서 항상 중학교 2학년 학생의 대우를 받으며 집안에서 살아왔다. 그러나 나의 둘째 딸 선영아. 생각을 함께해보자. 과잉 애정으로 할머니 치마폭에 감싸여 지낸 너의 언니가 그림 그리기나 글짓기 등 독창성을 보여야 할 부분에서 너를 능가해본 일이 있는가를 말이다. 이젤을 들고 들판에 나가 먼 지평선과 수평선을 화폭에 담고 너만이 만들 수 있는 오묘한 복합의 색채를 그 안에 담아내는 솜씨는 우리 집안 자식 중에서 네가 제일이로구나. 그것은 네가 치러낸 어린 시절의 외로움을 네가 잘 극복하였기 때문이다. 그 외로움 속에서 네가 터득해 온 지혜가 네가 그리는 그림과 네가 쓰는 글 속에 나타나 보인다.

중학교 2학년이 된 데레사야.
그리고 둘째 딸인 나의 선영아.
너는 졸업반과 신입생들 때문에 덜 대우를 받는다는 소극적 인식을 취하지 말고 머지않아 출가할 언니에게 깊은 사랑의 추억을 심어 주고 화초를 키우듯 갓 입학한 신입생을 보호한다는 애정 어린 정성을 가져야 할 것이다. 이것이 바로 둘째로 태어난 운명을 첫째로 승급시키는 현명한 생활의 지침이 될 것이다. 나는 작년에 너로부터 아주 여러 번 근심 어린 호소를 들은 적이 있었다. 너의 반 학급 성적이 옆 반만 못하고 학급 운영이 마음과 뜻대로 안 되는 것이 마치 반장인 너 자신의 미숙함 때문이 아닌가 하고 너는 괴로워했었다. 어느 날 나는 몰래 너의 학교에 찾아가서 담임선생님을 만났다. 담임선생님은 나에게 어느 날 토요일 오후에 학교에 와서 인내와 협동과 사랑의 아름다움에 대하여 너의 반 학생들에게 강연해달라고 부탁하셨다. 그런데 그다음 날 네가, 너의 반 학생 중의 한 험상궂은 친구로부터, "이제는 너의 어머니까지 학교에 끌어들일 작정이냐?"라는 힐난을 받았다고 하여서, 나는 두 번 다시 네 학교의 문 앞에도 가보지 못한 채 한 해가 훌쩍 지나갔다. 이러한 학생은 내 생각에 잘못 자라난 둘째 딸일 것이라고 느껴진다.

모든 둘째 딸과 모든 2학년생이 선생님과 부모님으로부터 그들이 덜 관심을 받는다고 불만하지 말고, 그들이 바로 졸업반 학생인 언니를 출가시키고 또 아래 동생들을 다스려야 할 책임을 지니고 있다고 생각한다면, 학교도 가정도 사회도 또 본인들의 마음도 화목과 평화와 빛나는 번영의 기쁨을 누릴 것이다. 중학교 2학년이 된 너에게 나는 사랑과 희망이 담긴 이 편지를 주면서 두 손을 모으고 기도로 대신한다. 참되고 착하고 아름답게 자라다오. 그리고 성모님과 소화 성녀 데레사와 같은 아름다운 영혼의 수녀를 가끔은 생각하면서 살아가기를 바란다.

그것은 너의 주보 성녀인 소화 데레사 수녀의 생애가 바로 이 시간에도 우리에게, 세상에는 고통과 슬픔을 수반하지 않는 평화와 기쁨은 존재하지 않는다는 이치를 잘 가르쳐 주는 까닭이다. (1979)

둘째의 중학교 졸업

초등학교를 졸업하던 날이 엊그제 일처럼 생생한데 어느새 중학교 삼학년 과정을 마치고 졸업을 맞이하게 되었구나. 삼년 전의 초등학교 졸업식에서 이 엄마의 가슴에 기쁨과 근심이 오갔던 것처럼 오늘 네가 중학교를 졸업함에 임하여서도 이 엄마의 가슴에는 더 깊은 기쁨과 근심이 오간다. 이 세상에 태어난 사람들은 누구나 저마다의 높은 이상과 꿈을 실현하고자 하는 마음이 있는데, 그 소망은 누구나 다 원하는 만큼 순조롭게 실현되지 못할뿐더러, 한 가지 작은 소망의 실현을 위해 열 배의 더 큰 슬픔과 고난을 겪어내야 할 것을 엄마로서 애처롭게 느끼기 때문이다. 엄마는 네가 원대한 소망을 품고 그 소망을 실현할 수 있기를 기원한다.

그러나 네가 남보다 앞서 더 성장하고 더 큰 인물이 되라고 기원하는 것은, 네가 남들보다 더 많이 고생하고 아파하고 괴로움을 겪으라는 축원이 되는 것이다. 그래서 초등학교 졸업, 중학교 졸업과 같은 삶의 단계들을 거칠 때마다, 엄마는 네가 맞이하게 될 고뇌를 생각하며 기쁨과 근심을 아울러 지니게 되는 것이다. 고뇌는 강을 건너는 다리이고 높은 곳에 오르는 사다리이고 아픈 병을 고치는 약이고 세상에서 너를 성공시키는 비결이란다. 칼릴 지브란이 이런 말을 했다. "Joy is unmasked sorrow. Sorrow is unmasked joy." 기쁨은 가면을 벗기고 보면 슬픔이고, 슬픔은 가면을 벗기고 보면 기쁨이란 말이다. 다시 말하면 인생에는 기쁨과 슬픔이 물결무늬를 이루며 번갈아 찾아든다는 것이고, 슬픔을 이긴 다음에는 반드시 기쁨을 맞이한다는 의미가 담겨 있다. 약은 입에 쓰고 고뇌는 힘겹고 아프단다.

　아름다운 꿈을 지닌 너에게 이처럼 무거운 이야기로 졸업축하에 대신하는 일이 이 엄마에겐 몹시 어려운 일이면서 당연히 해내야 할 의무로 생각된다. 네가 엄마의 이 말을 이해하는 날, 이것이 다른 어떤 말보다 진실의 축복이었음을 깨닫게 되길 빈다. (1980)

셋째 딸의 봉사 정신

셋째 딸 클라라는 고등학교 때 내내 사진반에 들어 활동하더니 드디어 사진전을 가졌었습니다.

1984년 10월 9일 한글날이었습니다. 몇 가지 어려운 일을 해내느라 과로가 겹치더니 환절기의 독감이 인정 없이 달려들어 나는 그만 말할 수 없이 소중한 약속을 일방적으로 다 파기하고, 겨울 솜이불을 두 채씩이나 눌러 덮고도 오한에 떨면서 황금 같은 휴일 하루를 그냥 집에 누워서 보냈었습니다. 저녁 여덟 시. 아웅산 순국 외교사절의 한 분이었던, 내 친구의 남편인 김재익 바오로 씨의 일주년 추도 연미사에 나가지 못하는 것이 그날의 내게는 독감 몸살보다 더 아픈 고통이었습니다. 그날, 셋째 딸 클라라가 앓아누운 엄마 곁에서, 세끼를 다 굶고 촌음도 아껴가며 혼신의 힘을 다 바쳐, 사진전 전시회장 앞에 붙일 안내 포스터 제작에 골몰하는 것을 누워서 지켜보다가, 나는 그만 짜증스러운 소리로 나무랐습니다.

"왜 너 혼자서만 그 힘든 일을 하니? 사진반 학생이 너밖에 없냐?" 했더니, 그 애는 오히려 마구 화를 내면서, "또 그런 말! 힘든 일이니까 내가 하지! 안 힘든 일이면 아무나 다 하게? 왜?

내가 뭐 잘못했어요?"라고 항의하는 것이었습니다. 나는 벼랑 위에 선 듯 아찔하고 부끄럽고 무안했습니다. 전시회가 열리는 며칠 동안 그 애는 수업도 전폐하고 학부모와 학생들을 안내하며 바쁘게 나날을 보냈고, 정성을 다해 사진전을 마쳤습니다. 사진전을 마치던 날 밤이었습니다. 전시회장을 정리하고 아주 늦게야 귀가한 딸이 대충 씻더니 자리에 들었습니다. 이제는 잠들었겠거니 하는 시간에 그 애 방에 가서 머리맡에 쭈그리고 앉아 그 애 이마 위에 내 손을 얹고, "밥보다 우선 잠이 중요하지. 어서 자거라." 하고 나오려는데, 기어드는 음성으로, "엄마!" 하고 그 애가 나를 부르는 것이었습니다. 평소에 그처럼도 신중하고 유유자적하던 애가 유례없이 쓸쓸한 표정으로, "왜 이렇게 허전하지?"라고 독백하듯 내게 묻는 것이었습니다. 나는 딸에게 말했습니다. 치유해 주고 싶어서였습니다.

"…… 죽은 남편, 죽은 아내, 죽은 자식의 시체를 앞에 놓고 슬프지 않을 사람이 이 세상에 어디 있겠니? 엄마 친구의 남편 김재익 씨가 아웅산에서 산화한 지 며칠 후에 그분 어머니는 애간장이 말라 돌아가셨고, 그 아내인 엄마 친구는 한 해가 지난 지금도 매일 국립묘지에 찾아가 비명에 세상을 떠난 남편의 혼백을 만난다. 며칠 전에는 남편 무덤의 흙 속에서 기어 나온

개미가 남편의 유해에 가까웠던 게 부러워 그걸 손바닥에 얹어 놓고 만져보았다고 했어. 오죽하면 몸과 마음이 그토록 시리고 허전하겠니? 그러나 지금 그 열일곱 순국 사절의 죽음을 서러워하지 않는 사람이 이 나라에 누가 있겠어? 우리 여성 모두가 마치 애인이나 남편을 잃은 사람들처럼 슬피 울었고, 자녀들은 모두가 아버지를 잃은 자식들처럼 서러워하였다. 우리나라와 국민을 위해 고난을 대신 지고 순국하셨다고 그리스도적 가치의 삶으로 그분들 목숨을 높이 평가하여 애도하였다. 그들이 죽었느냐? 아니다. 더더욱 강렬한 생명력으로 시공을 초월하여 무한과 영원 속에서 이 나라 이 민족과 더불어 숨 쉬며 함께 살아있단다.

찢어진 만국기의 종이쪽지들이 우수수 바람결에 밀려다니는 운동회가 파한 자리, 거기 꽉 찼던 사람들이 다 흩어져 간 텅 빈 마당, 거기 지금 네가 혼자 서 있는 느낌이겠지. 내일부터는 중간시험, 대학입시 내신 성적 일부가 되는 중간시험. 사진전 준비에 바친 시간인 네 생명의 분신들이 시체가 되어 네 앞에 질펀히 누운 것을 바라보는 마음이겠지. 지금 전시회를 위해서 바친 지난 한 해의 순간들이 지니는 가치와 보람을 저울대에 놓고 그 중량을 달고 있는 심정이겠지. 지금 마음을 하나로 모아라. 나라를 위해 죽는 값진 목숨이 있다. 힘든 일이면 반드시 본인이 해야 한다고 생각하며 실천하는 너 같은 학생이 있다. 네가 최선을 다했다면 이 밤은 너에게 평화로워야 하고 이 잠자리가 축복된 기쁨과 감사의 일념으로 차고 넘쳐야 하느니라. 마음을 하나로 모아라. 그리스도나 슈바이처나 마더 테레사를 생각하며 잠을 청해라. 그러면 이 밤이 너에게 좋은 치유의 밤이 될 것이다."

딸은 평정을 찾고 잠이 들었습니다.

나는 자식들에게 어진 엄마는 아니었지만 유익한 지혜를 가르쳐 주면서 살아왔다고 확신합니다. 성현의 전기를 읽혔고, 이야기를 들려주었습니다. 고급 의상을 사 입히지는 않았지만, 나환자 정착촌의 후원회원이 되게는 하였습니다. 학력고사에서 수석은 안 하지만, 궂은일만 맡아 해도 가고 싶은 학교에는 진학할 수 있는 슬기를 키워 주었기에, 클라라는 미혼모와 성매매 종사 여성들을 위한 복지사업에 헌신하겠다고 어려서부터 말해 왔습니다.

물론 클라라의 소망이 무너질지도 모릅니다. 소망이 곧 실현은 아닙니다. 그러나 나는 그러한 정신과 삶의 자세에 가치관을 부여하며 그 애를 키워 왔고, 그것은 우리 부부의 소망이요 기도의 주제가 되어 왔습니다. 동이 틉니다. 아웅산에서 순국한 사람들의 영혼이, 사랑의 빛살이 되어, 산 이들의 세상을 밝히며 숨 쉬고 있습니다. (1984)

넷째 딸에게 물려주는 유산

나는, 공익을 위해 봉사하는 삶을 살라는 나의 아버지의 말씀과 부평 기지촌의 '딸들'(성매매 여성들)을 보살펴 달라는 나의 어머님 유언을 두 분이 나에게 남기신 준엄한 소명으로 삼고, 이 두 가지 유산에 의지하여 6·25 이후 70년간의 내 삶을 이끌어 왔습니다. 그런데 어제 나는 나도 드디어 나의 자식에게 큰 유산을 남기게 되었다는 확신의 기쁨으로 나의 넷째 딸을 끌어안고 하느님을 찬미하며 울었습니다. "우리에게 당신을 닮은 생명을 주신 주여, 찬미 받으소서. 우리의 생명을 통해 찬미 받으시고 이 딸이 죽는 순간까지 이 세상에서 만나게 될 그 모든 사람에게 주신 생명을 통하여서도 찬미 받으소서. 아멘." 내 막내딸이 예수성심회 수녀님들께서 운영하시는 성심여대의 사회사업과를 전공학문의 길로 선택한 일이 나에게 이처럼 큰 의미를 부여하는 데에는 그럴만한 이유가 있습니다. 나이 50이 넘은 중년 교수인 어미가 늘 이제라도 성심여대의 사회사업과를 다시 다니고 싶다고 노래해 왔던 연고입니다.

1990년 8월로 기억됩니다. 여성잡지『가정조선』의 기자가 학생들과의 대담에서 학생들이 나를 좋아하는 것으로 집계되었다면서, 나의 인생과 학문과 미래의 계획 등을 집중탐문하여 게재한 바가 있었습니다. 미혼모나 성매매 여성을 비롯한 소외계층 여성들을 도와주는 일에 남은 생명과 재산과 애정을 다 바쳐 일하는 여교수라고 나를 격려해 준 것은 좋았지만, 조선일보의 전단 광고 표제가 나와 애들 아버지를 경악하게 했습니다. "왜 그녀의 강의실은 눈물바다가 되는가? 14세 소녀 가장, 창녀촌에서 자라나 드디어 교수가 되다." 이런 과장 표현이 눈에 거슬렸습니다. 우리 부부는 너무도 불쾌해서 책임 기자에게 항의하려 했지만, 나의 막내딸이 내 손을 붙들고 만류하였습니다.

"엄마! 예수님께서 죽음에 임하시어 당하신 고통은 손발이 못에 찔려 찢어지는 살의 아픔이셨던 것만이 아니고 벌거벗으신 몸으로 장대 위에 매달려 수난당하시던 때의 그 부끄러움과 수치에 더 크게 연유했으리라고 생각됩니다. 6·25를 거친 엄마 세대로서 미군 부대와 위안부들과 이웃하고 살지 않은 사람이 어디 있겠습니까? 미군 부대 앞에서 위안부들의 애통을 목격하며 살았다는 표현이 그렇게도 엄마의 자존심을 건드립니까? 이 기사가 엄마의 숙원 사업을 일으켜드리는 촉진제가 될 것이니 오히려 기자님께 감사를 드려야 할 일입니다." 나는 딸의 충고를 듣고 마음을 가라앉혀 담당 기자님께 식사나 드시라고 5만 원을 보냈더니, 5만 원을 더 얹어 <나자렛 성가원> 창건에 벽돌값을 보탠다며 돌려보냈습니다.

6·25는 이 나라에 숱한 미혼모와 성매매 여성을 낳았고, 그들은 세월을 따라 악순환을 거듭하여 그 수효가 줄어드는 것이 아니라, 오히려 더 많이 늘어나는 비극을 초래하고 있습니다. 눈앞에서, 뒤에서, 또 좌우에서, 이런 사람들을 보고 아파하고 측은히 여기다 못해 이제는 그들을 내 혈육으로 알고 사랑하며 도우리라는 것이 삶의 좌표가 되었다면, 정녕 어떤 과장 광고문에도 나는 당혹해하지 말았어야만 합니다.

나의 총명한 넷째 딸이 어젯밤에는 여느 때보다도 더 철저하게, 참으로 가득 채우고 넘치도록 나를 위로해 주었습니다. 수녀님들이 수도 정신으로 사회사업의 학문을 연수케 하는 학교와 과목을 선택하겠다는 것이었습니다. "엄마를 돕겠습니다. 엄마의 길을 따르겠습니다. 수녀님들 밑에서 열심히 배워, 외할머니의 딸들이며 또한 어머니의 딸들인 소외 여성들을 함께 사랑하고 위로하는 작은 언니가 되겠습니다. 엄마는 큰언니 큰어머니가 되세요. 저는 작은언니 작은 엄마가 되겠습니다. 사회사업의 졸업장은 제가 엄마 대신 받아다 드릴 터이니, 엄마가 사회사업과를 다시 다니겠다는 소망은 저에게 유산으로 남겨주세요."

나는 그날 밤, 불문학이나 정치 외교학을 하리라고 믿고 애들 아버지가 미리 사다 놓은 입시원서를 손수 소각하면서 "아내를 빼앗긴 듯싶어 오랜 세월을 울었더니, 이제 또 딸마저 빼앗기는 것이냐? 아니면 수많은 딸을 하늘이 주심이냐?" 하면서 사회복지에 입문하려 하는 딸을 격려하는 남편의 마음을 이해할 수 있었습니다. 사랑은 자기 봉헌과 희생 속에서 피어나는 아프고 찬란한 슬기의 꽃입니다. 내 딸이 나에게 건네주는 용기와 격려는 추수가 끝난 벌판에서 모닥불을 피어놓고, 농주를 나누는 어질고 어진 농부들의 평화와 안도와 기쁨 같은 것이고, 눈밭을 헤치고 피어나는 민들레 할미꽃이나 높은 산마루에 오른 인고의 등반자를 반겨주는 에델바이스의 미소와도 같은 것입니다.

나는 이 딸을 지극히 사랑하고 그 애에게 의지하는 바가 아주 큽니다. 나와 나의 동지들이 이 숙원 사업을 중도에서 마치지 못하고 죽는다면 나의 막내딸과 그의 동지들이 그 애들 엄마의 정신 유산을 이어받아 기필코 이 땅에 <나자렛 성가원>을 세우고 따라올 것입니다만, 이미 어언 <나자렛 성가원>을 창건한 지 40여 년이 되었고 지금 제가 채용한 복지사들이 모범적으로 잘 운영하고 있습니다. 사람마다 가슴이 작은 기적의 꽃들로 거듭 태어나는 날을 위해 헌신적으로 일하는 복지사들을 보면 그들이 이미 내 눈에는 작은 기적들로 보입니다.

3장

내 신앙의 모판

성의를 입으신
'하느님 사람들'에게

수단이나 수도복을 입은 분들을 보면 그들의 개별적 내면세계와는 상관없이 우선 그들이 나에게 하느님 현존의 존재 양식이 되어 폐부 깊이 하느님 사람으로 새겨집니다. 아주 여러 해 전, 막내딸 아이가 겨우 입술을 열어 말을 배우던 무렵의 어느 날, 함께 주일미사에 다녀오던 때였습니다.

"엄마, 나는 커서 하느님이 될래요."

"하느님이?"

"네, 엄마! 신부 하느님이나 수녀 하느님이 될래요."

나는 그때 부끄러웠습니다. 다섯 살 아기의 하느님 인식이 사십이 넘은 엄마의 그것보다 더 차원 높은 것임을 깨달았기 때문입니다. 그 후부터 나는 수도자와 성직자를 하느님의 성스러운 옷을 입고 하느님 대신 우리 사이에 오신 하느님 사람으로 생각하게 되었습니다. 하느님의 성삼이 지금도 수단이나 수도복을 입고 육화 강생하시어 수난당하시고 돌아가시고 부활하시고 불혀의 강림으로 우리와 함께 계신다고 생각하게 되었습니다. 하느님의 성의를 입으신 분들, 하느님 성삼의 빛을 받아 어두운 세대를 밝히는 하느님의 도구요 대행자들. 그들의 기도와 헌신과 무한·반복의 죽음을 딛고 죄 많은 세상 사람들이 하느님의 벌을 면제받으며 살아갑니다.

한 번은 막내딸이 서울 시내, 성탄 이브의 인파 속에 가보자고 했습니다. 명동거리, 여기저기 백화점 안. 우리는 사람들의 회오리에 빠져 발을 옮길 수 없었습니다. 이러한 생활풍토에 연연해하며 과감한 탈출을 결행하지 못하는 부산한 사람들의 모습들이 마치 소금 기둥같이 느껴졌습니다. 막내딸이 다시 한 번 나를 놀라게 했습니다. "이 분주한 사람들의 소용돌이 속에서 빨리 도망쳐요. 이곳엔 아무리 살펴보아도 신부 하느님이나 수녀 하느님은 보이지 않네요."

그렇습니다. 하느님 사람들은 그런 시간에 그런 곳에 있어야 할 까닭이 없습니다. 그것이 자식을 낳아 기르면서 살아가는 우리들, 세상 사람들과의 차이입니다. 하느님의 부르심은 항상 누구에게나 공평하게 열려 있습니다. 모든 사람이 그 부르심에 응답하며 과감한 탈출을 결행하지 못하는 가운데 몇몇 사람들만이 그 부르심에 답하여 그리스도적 청빈과 순명과 정결을 하느님께 봉헌합니다. 이 첫 번째 탈출이 기적이요, 그리스도의 성의를 받아 입고 그리스도의 삶을 따르겠다고 서원함이 또한 기적이요, 입은 옷이 힘에 겨워도 중도에 벗어 버리지 않고 죽기까지 겸손하게 성의 속에 묻혀 사는 순간순간의 결단이 또한 기적입니다. 그래서 성의를 입은 사람들은 죽기까지 기적을 향해 세상 사람들을 회개하도록 도와주며 살아가는 기적의 사람들입니다. 집에 돌아오는 시간 동안 나는 마음 깊이 체읍하며, 딸아이의 손을 잡고 십자가 위에 높이 달리신 예수 그리스도와 오직 그분을 따르는 하느님 사람들을 생각했습니다.

그리스도의 공생활과 죽음과 부활을 재현하는 사람들, 그리스도의 옷을 입은 사람들. 그들이 지금 그리스도가 되어 죄인의 회개와 인류 구원을 위해 기도하고 계시므로, 우리 도시는 소돔과 고모라처럼 멸망하지 않고, 요나의 니네베처럼 구원받으며 살아갑니다. 성의를 입은 사람들은 요나와 같은 분입니다. 죽음과 부활을 무한히 순환시키며 인류의 회개를 위해 그리스도처럼 죽기에 이르도록 순명하고, 그리스도처럼 가난하되, 그리스도의 거룩한 변화를 닮아, 죽어서 부활한 몸이 되기 이전 이미 이 세상에서 거듭거듭 죽을 때마다 거룩하게 변화되는 사람들임을, 딸아이에게 말해 주었습니다. 나는 나의 딸들이, 나의 제자들이, 내가 만나는 모든 젊은이가 성소聖召를 받아들여 하느님 사람이 되기를 빕니다. 그들 안에 들어있는 내 분신들을 향해 외치는 내 통절한 호곡이기도 합니다.

　나는 오래전에 왜관 분도 수도원에 다녀왔습니다. 중풍으로 와병 중이시던 고령의 독일인 수사 신부님을 면회했습니다. "신부님 사십 년 만에 뵙습니다. 병든 노모와 어린 동생들을 돌보라고, 가족은 모른 체하고 혼자만 천당 가려느냐고, 마을 사람들이 써 보낸 편지를 읽으신 후 신부님께서 나를 부르시어, 부모를 효도로 공경하라는 제4계명을 지켜야 한다고 저에게 귀가를 명하셨습니다. 부산 올리베따노 베네딕도 수녀원의 수녀가 되려고 그곳에서 수련을 받던 때였습니다. 영성 지도를 담당하셨던 신부님께서 특별히 저를 총애하시더니, 마을 사람들에게서 날라 온 편지 한 장을 읽으시고는 그렇게 단호히 저를 수녀원에서 쫓아낼 수 있으셨습니까?"라고 여쭈었습니다. "마리아, 그것은 아픈 결정이었다. 어머니와 동생들에게는 마리아가 필요했다. 나는 그때 일을 기억하고 있으며 지금도 그 결정에 대하여 후회하지 않는다. 아직도 나에게 섭섭한가?" 나는 검버섯이 덮인 딱딱한 신부님의 두 손을 소중히 펴서 거기 내 얼굴을 묻고 바보처럼 울었습니다. 반세기가 지나도 잊지 못하시는 결단의 고뇌, 나는 거기서 하느님의 마음을 읽었습니다.

45년 전에는 베네딕도회 본원에서 수녀님에게 그간 어떻게 살았는가를 고백하였습니다. 나는 그때, 딸들을 키우며 사는 서울 집을 수녀원의 작은 지원으로 생각하며 살아가고 있다고 말을 맺었습니다. 45년 만에 다시 만난 수녀님들은 모두 팔 벌리고 하늘을 향해 우람히 솟는 히말라야시타 삼목들처럼, 하느님이 입혀주신 옷자락 밑에서 세상을 마주하고 살아가는 우리를 감싸 품으시고, 영혼의 촉수 끝마다 정결과 순명과 청빈으로 겸손하게 머리 숙이고 계시는, 하느님 사람들로 보였습니다. 그리고는 다음 해 여름, 부산 문현동 산꼭대기에서 빈민들을 위해 봉사하시는 수녀님들을 만나러 갔다가 그곳에 계시는 수녀님들께서 그리스도의 순명과 정결과 청빈을 닮아가는 모습을 지켜보며 그날 밤, 잠을 이루지 못했습니다. 작은 방에 모셔진 성체를 밤새 돌아가며 조배하는 모습을 숨어 보면서, 나는 내 인생의 불충실이 부끄러워 끝내 울고 말았습니다.

자동차 사고로 내장 파열이 되어 대구 파티마 병원에서 열 시간의 대수술을 받으시고도 단 한 번 얼굴을 찡그리지 않으시고 연연한 미소를 지어 보이시던 김태규 신부님의 사랑과 인내. 이십 년이 넘은 낡은 수단을 입으시고 방안에서 꽃을 키우시며, 손수 점검하신 성전 마이크를 내 손에 쥐여 주시던 마산교구 어느 신부님이 지니신 평화와 겸손. 낮에만 청소하고 밥 한 끼만 지어 주는 자매가 가고 없는 빈 사제관에서, 커피도 손수 끓여 드시는 광주교구 어느 신부님의 청빈, 어떻게 사제라는 사람이 노후의 삶을 염려하여 돈을 저축해야 하느냐고 반문하시던 어느 주교님의 봉헌과 위탁. 두 눈을 빼 눈 없는 사람에게 남겨주고 가시어, 죽어서도 살아계신 윤형중 신부님의, 그리스도와 하나 되는 생명 신비체 의식. 남기고 가신 기도문「두메꽃」을 통해, 하늘나라에 가셔서도 이 나라 수도자의 옷깃을 여미게 하는 최민순 신부님의 영성적 분별. 유치한 재롱이라고 해야 할 내 말을 오랫동안 들으셨음에도 저녁 식사 시간이 되자 계속하자고 떼를 쓰던 부산 가르멜 수녀님들의 아기 웃음, 아기 예수의 마음씨, 익산 클라라 봉쇄수녀원의 수녀님들! 이 모든 성직자와 수도자들이 나에게 하느님 사람이요, 그리스도의 재현자들입니다. 평생 잊을 수 없는 하느님의 얼굴들입니다.

 나에게는 소망이 있습니다. 내가 죽기 전에, 아니 죽은 다음에라도 하느님이, 이 땅에 혼자 남은 기혼 남녀들의 수도공동체를 마련해 주셨으면 하는 것입니다. 과부, 이혼당한 여자, 미혼모, 회개한 막달레나, 낮과 밤을 바꾸어 사는 무수한 여인들. 나는 그들의 언니와 어머니로 여생을 마치는 영원한 수련자가 되고 싶습니다. 병든 성매매 여성들에게 항생제와 비타민 한 알이 되어 주고 싶습니다. 시련이 중첩되어 파도처럼 밀려오는 것 같아도 실은 그 안에 자비와 축복과 성장을 이루어 주시는 하느님. 그러나 그 좋은 하느님의 사랑도 자비도 하느님 사람을 도구로 해서만, 고통받는 사람들에게 빛을 전달합니다.

그리스도의 성의를 입은 사람, 하느님의 모습을 택하여 성전과 수도원에서 양팔 높이 벌리고 살아가는 존재 양식, 그 자체가 이미 기적이요, 선교입니다. 그리스도의 환란에서 모자란 부분을 내 몸으로 채우는(콜로 1,24) 삶입니다. 소돔과 고모라의 거리에 뛰어들어 같은 병을 앓으며 그들에게 구원의 기쁜 소식을 전하는 일은 어쩌면 우리 평신도의 사명일지도 모릅니다. 이러한 제 꿈의 실현을 위해 기도해 주십사고 성의를 입으신 하느님 사람들에게, 이름은 못 밝히나 내게 예수님의 손과 가슴이 되어 주신 분들에게, 그리고 하느님 성삼께, 오늘 특별히 감사드립니다.

그분들의 기도가 하늘에 닿아 지금은 가정폭력 피해 여성 쉼터인 <나자렛 성가원>과 성매매 피해 여성 쉼터인 <나자렛

성가정 공동체>를 운영한 지 42년이 되었습니다. 이것이 나의 성소입니다.

성소를 받은 사람들에게

하느님께 감사합니다. 저에게 주신 생명과 오늘 저에게 베푸시는 축복에 감사합니다.

하느님께 감사합니다. 신학생들에게 주신 생명과 송구하고도 감격스러운 성소에 감사드립니다.

눈에 보이지 않는 하느님을 만나고, 만져지지 않는 하느님을 감각하는 믿음의 특은을 주셨음을 하느님께 감사합니다.

인간이 무엇이기에 성소의 길에 들게 하시고 만인 중에 뽑으시어 사제가 되게 하시고, 당신의 성총으로 유혹의 늪에서 번번이 지켜 주시나이까? 성전에 엎드려 감동하고 흐느끼며 주님이 주시고 또 지켜 주시는 성소를 감사드리나이다.

오늘까지 허물투성이 가운데서도 씻으시고 타이르시며 지켜 주신 것처럼, 오늘부터 죽음의 끝 날에 이르기까지도 여기 이 신학생들을 흠 없이 지켜 주소서.

수단 자락 고이 여미고 아버지 성부의 품에 정결히 안기도록 성총으로 채워주소서.

하느님, 우리 모두 합하여 하나가 되게 하소서.

여기 있는 신학생들뿐만 아니라, 이들이 죽는 날까지 이 세상에서 만나게 될, 그리하여 이들이 전하는 말을 듣고 하느님을 알게 될, 그 모든 사람에게 주신 생명을 통하여 찬미영광 받으소서.

성모님, 그리고 모든 성인·성녀들이여, 우리의 기도를 아버지에게 전구 하소서. 인류 전체의 구원을 위하여 피 흘리고 돌아가신 우리 주 예수 그리스도의 이름으로 간절히 기도하나이다. 아멘.

사랑하는 가톨릭 신학대학 학생 여러분.

오늘 저는, 특강 요청을 받고, 40년 전에 여러분의 선배님에게 진 빚을 갚기 위하여, 이 자리에 왔습니다. 40년 전에 저는 한 분 신학생의 생명을 유산으로 받아 살아남았고, 그분은 저를 대신해서 20대의 젊은 나이에 먼저 세상을 떠났습니다. 6·25의 그 몸서리치는 포연砲煙이 천지를 다 뒤덮었던, 그 해 1950년 12월 23일, 크리스마스 전 전날에 있었던 일입니다. 부평 기지촌 '위안부'의 마을 근처, 밭 한가운데에 있는 소 외양간에, 동생들을 데리고 은신해 있던 때였습니다. 거리에는 흑인 유엔군과 팔짱을 낀 여인들이 그렇지 않은 여인들보다 더 많아 보이고 그 마을의 획일적인 개인용 방들 앞에는 유엔군들이 줄지어 '위로' 받을 차례를 기다리고 있었습니다. 압록강 전선으로 중공군이 투입될 것이라는 흉흉한 소문이 겨울 공기를 더 무섭고 춥게 하던 때, 유엔군 코트를 입고 유엔군 모자를 쓴 미모의 젊은 청년이, 나에게 조심스레 말을 건넸습니다. "나는 서울 혜화동에 있는 대신학교 신학생이다. 죽으러 가는 전쟁이라고 모두 여성에게 위로받겠다고 갔는데 나는 그런 데 안 가는 사람이다. 죽으러 가는 전쟁이니 내 생명을 유산으로 주고 갈 사람을 선택해 달라고 기도하였는데 하느님이 너를 뽑아 주시는 것 같다. 너의 집에 가자." 그래서 나는 그분을 우리 가족의 은신처로 안내하였습니다. 그분은 우리를 위하여 이렇게 기도하였습니다. "하느님! 제 생명을 바쳐 여기 있는 이 아이들을 구할 수만 있다면 제 목숨을 돌보지 마시고 이 아이들의 생명을 돌보소서. 저는 하느님을 알고 있기 때문에 지금 죽어도 하늘나라에 가지만 여기 이 아이들은 하느님이 누구이신 줄도 모르나이다." 그분은 어깨에 짊어지고 온, 먹을 것과 덮을 것이

들어있는 배낭 두 개를 주고 갔습니다. 그는 나 대신 굶어 죽거나 대신 얼어 죽어, 휴전 후 포로 교환 때에도 돌아오지 못했습니다. 그분은 "내가 살아 돌아오면 아버지와 오라비가 되어 주겠지만 돌아오지 못하면 성당에 찾아가 마리아라는 본명으로 세례받아라. 네 입술을 빌려 내가 함께 복음을 전하게 해라. 이 책은 바로 나다. 네가 이 책을 읽을 때마다 내가 너와 함께하는 것이다." 하며 내 손에 책(성경)을 쥐여 주고 갔습니다. 나는 그 책이 무엇인지 몰랐습니다. 그분은 "이 책을 하루 세 번 읽어라."라고 말했습니다. 나는 하루 세 번이 아니라 온종일 읽겠다고 대답했습니다. 그렇게 말한 후 그는 압록강 전선에 투입되었습니다.

그 신학생이 나에게 주고 간 것은 결국 그의 생명이었습니다. 그러므로 오늘 내가 성경을 읽는 행위는 나에게 그분의 생명과 함께하는 현존 체험이며 공존의 의식이며 사모의 기념제입니다. 그는 생명과 소유를 모두 나에게 주고 그리스도와 그분 자신, 그리고 나와 한 몸을 이루었습니다. 나는 그분의 살과 피를 먹고 마시고 살아남아 오늘에 이르렀습니다. 그러므로 그분에 대해 내가 말할 때마다 그는 내 곁에 재생 부활하여 함께 숨 쉬고 함께 말하는 것입니다. 내가 동생들을 데리고 천주교회 고아원에 들어가 학업을 이을 수 있었던 것은 오직 그 신학생이 나와 하느님 사이에 만들어 주고 간 생명의 다리 때문이었습니다. 그 다리를 밟고 건너 천주교회 고아원에 들어가 가족들이 모두 세례받고 하느님의 자식이 되었습니다. 그분을 생각할 때마다 성체성사의 의미를 깊이 체험합니다. 그리스도의 성체를 모신 사람마다 그리스도의 감실이 되고 주님의 성전이 되고 교회가 되고 또 한 명의 새 예수 새 그리스도가 되는 것처럼, 그 신학생을 말하는 저나 그것을 듣는 여러분도 지금, 이 순간 바로 그리스도의 성체를 통하여 한 피붙이 한 살붙이 한 생명 신비체의 일부가 되는 것입니다. 따라서 우리가 그분이 되고 그분이 우리가 되어, 여기 그분이 재생 부활합니다. 그래서 여러분과 함께 있는 이 시간이, 나 대신 얼어 죽고 굶어 죽었을 그분에게 내가 진 빚 갚음이 되어, 그분이 여기 우리 앞에 살아나 우리 모두의 생명 신비체 세포가 됩니다. 신학생은 내게 생명을 주고 간 생명의 모판이었습니다. 여러분이 그 신학생의 이야기를 듣고 이 세상의 또 다른 사람들에게 그분처럼 하느님 만남의 모판이 되어 주신다면, 저로서는 오늘 그분께 빚 갚음을 하는 것일 뿐 아니라, 신학생이 하느님으로부터 받은 생명을 공간적으로 확대해 드리고 시간상으로 영속하게 하여 영원한 삶을 사시게 된다고 믿습니다. 그것이 세상에 남기고 간 선행을 통한, 생명 진화와 생명 장수의 삶입니다.

그렇다면 내 이야기는 슬픔과 고통 때문에 하느님의 치유와 구원을 체험한 은총의 이야기, 죄악 때문에 회개와 용서받음을 체험한 고백의 이야기, 그리하여 종국엔 남은 생애의 마무리를 서두르며 과거와 오늘을 성찰하고 정개 하는 총고해의 시간이 되어 줍니다. 떼이야르 드 샤르뎅은 그리스도를 하느님 성부의 모습에 도달하신, 다시 말해서 생명 진화의 극치에 이르신 분으로 보고, 인간 생명의 이유와 목표를 그리스도 닮기 즉 극치에 이르는 생명 진화에 있다고 하였으며, 인간은 성체를 모시는 순간마다 그리스도화 하여, 성체를 모시는 횟수에 비례해서 하느님 성삼과의 관계가 향상되고, 깊어지고 강해진다 했습니다. 샤르뎅에 의하면 성체 신심을 이웃과 나누거나 유산으로 남기는 사람은 진화인입니다. 나에게 그 신학생은, 내가 만난 최상의 진화인입니다. 나는 그분을 먹고, 그분을 입고, 살아남았습니다. 나는 그분이 남겨 준 고귀한 추억을 가슴에 담고 살아왔습니다. 그 추억을 통해 구속적救贖的 가치며 진화된 의식과 인식에 도달하였습니다.

고아원에서 나는 또 두 분의 신학생을 만났습니다. 두 분 다

청상으로 혼자 늙으신 노모를 모셔야 할 외아들이었습니다. 한 분은 거제도 인민군 포로수용소를 탈출하면서 수많은 죽음을 보았고 또 한 분은 한강을 도강하던 제2국민병 일행이 다 익사하는 위기에서 얼음장 하나를 타고 강변에 닿아 살아남았다 했습니다. 두 분 다 구사일생의 목숨을 하느님께서 덤으로 주신 것이라고 깨닫고, 덤으로 받은 생명이니 하느님께 바친다면서 신학교에 입학하였습니다. 청상으로 혼자 늙으신 노모를 뒤에 남기고 신학교에 들어가 갈등과 유혹을 딛고 이기고 사제가 되던 눈물겨운 과정을 지켜보면서, 나는 세속적인 욕구에 빠져 얼마든지 타락할 수도 있었을 수많은 위기를 극복하며 끝내 그리스도의 구출 속량의 가치를 지닌 삶을 나도 살아야 한다고 생각했습니다.

그 아름다운 세 분 신학생들이 주고 간 추억을 먹고 살면서 나는 백 번도 더 교회를 떠났을 유혹의 강들을 건너고 또 건너, 오늘의 이 아프고 찬란한 그리스도의 평화에 이르렀습니다. 죽지도 않았는데 이미 죽은 사람으로 자아를 하느님께 봉헌한 사람들. 끝없이 갈등하는 지적 영역의 인간 권리를 하느님께 돌려드린 사람들. 세상과 육체의 유혹에 눈감고, 오직 영성의 성장만을 추구하는 사람들. 그렇게 구속적救贖的 가치의 삶을 사는 분들로 인하여 세상과 인류와 성직자와 수도자와 평신도 사도들과 그리고 온 세상이, 매일 매일 완성을 향해 조금씩 진화됩니다. 지혜로운 사람들의 죽음이 미련한 사람들에게 참 생명을 건네줍니다.

이제 그 어여쁜 젊은 날의 신학생에게 내가 진 빚을 오늘 여러분 앞에서 조금은 갚게 되었다고 감사하면서, 이제 나의 문학 연구가 여러분 신학생들에게 무슨 삶의 좌표를 제시할 수 있는지 모색해 보고자 합니다. 저는 신학생들이 지녀야 할 두 가지 마음 상태를 '깨어있음'과 '비어있음'으로 정리하여 문학작품을 통해서 그 의미를 생각해 봅니다. '깨어있음'은 세상을 바르게 바라보는 정신의 눈빛이요, '비어있음'은 자신의 삶을 티 없이 맑게 하는 고운 마음 밭입니다. '깨어있음'은 앞서는 일이요 날카로움이며 밖을 향한 나아감의 자세입니다. '비어있음'은 낮추는 일이요 부드러움이며 안으로 향한 다스림의 자세입니다. 성소자는 모름지기 이 두 가지를 본성 본질로 지니고 살아야 하며, 비판의 자세와 구도의 자세를 서로 보완시키면서 끊임없이 자신을 바로 세우기 위해 노력하는 사람이어야 합니다.

이광석의 시 「라면 한 그릇」을 소개합니다. 이 시는 영혼의 '깨어있음'이 얼마만큼 철저하고 날카로우며, '없는 자'의 비통이 '있는 자'의 '깨어있지 않음'에 연유하는 것임을 말해 줍니다. 분명히 사회 정의는 실현되어야 하고 그것은 있는 자의 각성과 없는 자의 분발이 조화를 이루어야 가능합니다. 그런데 만일 없는 자의 분발이 분노와 항거로 변하면 그것은 프롤레타리아 혁명을 유발합니다. 이 불행한 사태는 인류문화가 만들어 낸 가장 어리석은 사건이었음이 이미 러시아와 동부유럽 지역에서 밝혀지고 있지만 이러한 사실이 널리 알려진 오늘날, 없는 자의 설움을 신앙인이 어떻게 대상화하느냐 하는 문제를 '라면 한 그릇'은 명쾌하게 보여 줍니다. 고통과 설움, 좌절과 비통을 아름다운 정서적 충족감으로 바꾸어 놓았습니다. 슬프지만 분노하지 않고 아프지만 절규하지 않습니다. 은유를 사용하지만, 직설적 진술보다도 명료하고 사실적입니다.

너는 절망에 익숙한 잡초다.
연탄불 위에서, 떨리는 젓가락 끝에서, 허기진 위 속에서
죽은 기 펴게 하고, 구겨진 자존심 일어나게 하는, 끈끈한
질경이다.
일상의 난파에서 희망을 예인하는
한 끼의 실낱같은 암울한 쉼표다.

너는 한 마리 새다.
어떤 종교보다도, 어떤 위안의 말씀보다도, 어떤 정치가의 헤픈 약속보다도,
가장 정직한 품삯의 눈금이다.
가장 절제된,
쪼개고 또 쪼갠 월급봉투의 진솔한 화음이다.
이 겨울 차가운 하늘을 하강하는 순백의 눈먼 새다.

너는 한 잔의 막소주다.
어떤 수입 양주보다도, 폭탄주보다도
더 강도 높은 이 시대의 뜨거운 분노다.
진하디진한 노동의 혼 불 속에서
막 건져낸 맑고 고운 사리다.
이 땅의 위태로운 자유와 평화를 지켜 주는,
힘없고 가난한 사람들의 서러운 자존심이다.

너는 어머니의 초상화다.
지금도 고향 아랫목에 묻혀 있을
보릿고개 긴긴 해거름을 지우던 어머니의 마른 눈물이다.

우리들 유년의 들판에 부활해 오는 한 묶음의 티 풀이다.
어젯밤 포장마차에서 만난
잠 못 이뤄 보채는 고향의 강물 소리다.

　4연으로 구성되어 있으니 기승전결로 나누어 보는 것이 편하겠는데 각 연은 대체로 또다시 기승전결의 네 개 문장으로 되어 있습니다. 제1연은 잡초, 질경이, 쉼표, 제2연은 새, 눈금, 화음, 새, 제3연은 막소주, 분노, 사리, 자존심, 제4연은 초상화, 눈물, 티 풀, 청보리, 강물 소리를 서술어로 하고 있습니다. 그러나 각 연이 숨기고 있는 참 의미는 문장 끝머리에 서술어로 놓인 명사들이 아니라 관형형이나 목적어 같은 것으로 슬쩍 끼어들어 있는 명사들로 보는 것이 더 좋겠습니다. 즉, 제1연에서는 "희망을 예인하는", 제2연에서는 "가장 절제된", 제3연에서는 "자유와 평화를 지켜 주는", 제4연에서는 "부활해 오는 ……고향"에 초점을 맞출 수 있을 것입니다. 그러면 희망, 절제, 자유와 평화, 부활해 오는 고향 같은 것들이 각 연의 참 의미요 더 나아가, 라면 한 그릇이 상징, 추구하는 진면목이라 생각됩니다. 「라면 한 그릇」은 우리 모두의 희망이요 절제요 자유와 평화요 부활해오는 고향입니다. "죽은 기 펴게 하고 구겨진 자존심 살리는 끈끈한 질경이입니다."

또 김광규의 「오솔길」은 성소자의 마음이 어느 정도까지 맑고 깨끗하여야 세상의 집념에서 벗어날 수 있는가를 보여 줍니다.

지장보살 앞에 놓인
망자들의 사진
내 또래도 눈에 띄고
젊은 얼굴도 더러 있다.
나도 꽤 오래 살았구나.
손자의 운동화 빌려 신고
절을 찾아온 할머니들과
중년 등산객들 틈에 끼어 서서
명부전을 기웃거린다.
어둑한 침묵의 한 구석에 목탁과 복전함
주민등록증과 돈지갑이 들어있는
바른쪽 속주머니를 지나
갈빗대 밑에서
뜨끔거리며 자라는 죽음

어버이를 잃거나

자식을 낳거나

먹고 마시고 즐기며

오십 년을 어질러 놓은 자리

서둘러 대충대충 치우려 해도

이제는 빠듯한 시간이다.

아무도 눈치채지 못하게

슬픔의 배낭 조금씩 줄이고

그림자 슬며시 숲속에 남겨두고

일찍 어둡는 산길

혼자서 총총히

떠나야겠구나.

일찍이 증자는 "장차 한 마리 새가 죽음에 임박하여 그 울음이 아름답게 구슬프며, 장차 사람이 죽음에 가까워서는 하는 말마다 착하다."라고 했습니다. 바로 이러한 마음의 경지가 '비어있음'의 극치라 하겠는데 「오솔길」은 '비어있음'의 경지가 나이 오십을 넘어 가슴 속에 죽음을 기르는 순간에 와서야 도달하는 것이었음을 고백하고 있습니다. 그러나 이 시에서 우리가 짚고 넘어가야 할 것은 "바른쪽 주머니를 지나 / 갈빗대 밑에서 / 뜨끔거리며 자라는 죽음"이 현실적으로 시한부 인생을 선고받은 특정한 질병만을 그려낸 것으로 생각해서는 안 된다는 점입니다. 우리의 깨달음이 구체적이고 현실적인 사건을 통하여 찾아오는 것은 틀림없는 사실이지만 이 시에서 "뜨끔거리며 자라는 죽음"은 한 생애 전반을 통하여 지속적으로 쌓여 온 모든 죽음의 총화이며 그러한 의식의 총집합입니다. 그러한 의식의 쌓임을 거쳐 '비어있음'은 한 성소자의 가슴에 서서히 그 공간을 넓히게 되는 것이며 드디어 현실적인 죽음 뒤에도 '비어있음'의 공간은 지속적으로 주위 사람들에게 전이되어 가는 것이기 때문입니다. 만일에 그 뜨끔거리며 자라는 '죽음'을 신앙인의 개인적인 사건으로 읽는 독자는 이 시의 마지막 부분에서 성소자의 고독함을 묘사한 대목 "일찍 어둡는 산길 / 혼자서 총총히 / 떠나야겠구나."를 정말로 외롭게 떠나는 것으로 오해할 수 있습니다.

 그러나 이처럼 훌륭히 모든 것을 벗어던진 성소자의 미래는 바로 지금 혼자가 아니라 여럿임을 알아야 합니다. '비어있음'을 사는 모든 성소자, 모든 구도자에게는, 반드시 그리스도와 그 이웃이 함께 있어서 외롭지 않습니다. 성체성사를 통하여 우리는 모두 한 피붙이요 한 살붙이입니다. '깨어있음'과 '비어있음'의 두 가지 성격을 함께 지닌 시로 마종기의 「요즈음의 건강법」이 있습니다.

한국의 시인이라고 기를 쓰는 내가 외국에 오래 사는 것도 참 꼴불견인데 의사랍시고 며칠 전 피검사를 하니까 내 핏속에 기름이 둥둥 떠다닌다네. 아마 내가 개같이 욕심이 많은 탓이겠지. 남의 차지까지 다 빼앗아 쥐고 그 기름을 줄줄 마셔댄 모양이지. 자식들이 아직 어린데 혹시 죽기라도 할까 봐 집에서는 갑자기 달걀도 걷어가고 쇠기름도 돼지고기도 다 걷어가지만, 내 건강, 내 섭생이야 내가 알지.
암, 의사인데 내가 알지.
강원도 원주군, 아니면 이십 리 밖, 충청도 논두렁 건너 실개천 근처쯤, 꽃이라도 갈아서 병원 한 칸 차려놓고 병이야 원래부터 하느님이 고치시는 것, 나는 옆에서 조수 노릇이나 종일 하다가 석양 녘 출출해질 때면 슬그머니 일어나 허름한 술집에 들러 소주 한 병을 까면
아, 기우는 해, 그네 탄 기분으로 흔들리면서 오래 못 들었던 노랫가락 하나 흥얼대보면 아무리 독한 욕심의 기름인들 당

할까 보냐.

그 기름 다 토해내서 기름진 땅을 만드는 거지.

내가 의사라니까, 내 건강이야 내가 알지. 세월이 아무리 지났다고 해도 고국에서라면 죽은 것도 산 것이고, 산 것도 다 산 것이려니 젠장, 그때면 죽고 살고가 또 무슨 문제랴. 땅 위에서건, 땅 밑에서건 또 좌우지간 슴슴한 산에서 나물도 캐어 먹고 다음 날을 단단히 악수하고 약속을 안 해도 어김없이 고국의 해는 솟아 나오렸다. 아, 다음 날도 다음 날도 고국에 있었구나. 네 눈이 정다운 약이고 네 말이 바로 신명이다.

암, 기름 빼는 법은 내가 알지. 피난 시절 부산 부둣가 시커먼 기름 바다 내 피가 어느새 겁게 기름을 먹은 모양이지. 기름은 몸 안에서 번들번들 몸을 녹이는구나. 비린내 나는 자갈치 시장이 그리워지더라니

비 오는 날에도 잘 보이는 부둣가의 불빛, 자꾸 우는 파도 소리를 온 얼굴에 뒤집어쓰고 소금 냄새 절은 우동집, 뜨거운 국물 마시면 기름이야 기분처럼 낮은 하늘로 올라가고 나는 부끄러워서 눈물이 쏟아지겠지.

할 수 없다, 파도 소리에 부끄러워져도 할 수 없다.

자식들이 아직 어려도 눈물은 할 수 없다.

목이 아프다. 서양의 큰 키들을 당해내려고 젊은 날 내내 목을 빼고 산 탓이겠지. 목이 아프면 목에도, 머리에도 기름이 고인대. 눈에도 기름이 고여 세상이 항상 희미하게 보이는군. 그래도 내 건강법은 내가 알지, 글쎄, 의사라니까. 옛날 친구들 졸라 어디 조용한 산간에 가서 봄 아지랑이 속에 묻혀 며칠 몸 녹이면 된다. 가을이라면, 보일 듯 말 듯 한 코스모스 꽃밭에 들어가 너도나도 함께 은근히 목을 흔들어대면 물론이지, 눈도 밝아지고 목도, 머리도, 깨끗하게 되지.

암, 그래야 결국에는 꽃이 되든 물이 되든 하겠지.

암, 그래야 결국에는 구름이 되든 안개가 되든 하겠지.

여기서 마종기의 구원은 고향이요 조국입니다. 조국의 고향 코스모스밭에 누우면 병이 다 없어질 것 같습니다. 그러면 우리의 건강법인 우리의 구원은 어디서 찾습니까? 신앙 안에서 찾습니다. 리처드 바크는 이해와 사랑의 공간을 천당이라 하고 몰이해와 증오의 공간을 지옥이라 표현했습니다. 신학교 공간 속에서도 몰이해와 증오의 공간이 생긴다면 지옥을 사는 것입니다. 그러나 라스코리니코프를 회개시킨 소냐의 방이나, 요한

세자의 감옥 안은 천국임이 틀림없습니다.

여러분은 사랑과 이해의 공간 속에 살아 이 세상에서 천국을 체험하며 사는 아름다운 성소자들이 되시기를 바랍니다. "하나가 되게 해 주십시오."(요한 17,11)를 거듭거듭 기도하며 하느님 나라를 완성해 나아가는 천국을, 지상에서도 천상에서도 하느님과 함께 사는 천국을 살기 기원합니다. '깨어있음'과 '비어있음'을 통하여 성화 되기 바랍니다. 나에게 예수님을 보여주신 세 분 신학생들처럼 여러분도 세상 사람들에게 예수님을 보여 주는 삶을 성스럽게 살기 바랍니다. 오늘 우리의 만남이, 나의 전 생애에 걸친 총고해와 세 분 신학생들에게 바치는 빚갚음이 되었기를 기원합니다. (1990)

내 신앙의 모판

팔순을 넘기고 구순을 헤아리건만 아직도 옛날의 대大신학교나 소小신학교나 신부님이나 신학생과 같은 단어를 접하면, 젊은 가슴이 찬비에 젖어 살던 칠·팔십 년 전 아픔이 다시 살아납니다. 내가 대학교 일학년에 재학 중이던 1956년에 나는 안개와 폭풍과 파도의 심연, 그리고 의식의 혼돈 속에서 살고 있었습니다. 내 생애의 가장 괴롭던 시절인 그즈음의 어느 여름 한철 동안, 나는 혜화동 대신학교에서 개최한 여름 교리대학에 참석했습니다. 각 본당의 남녀 전교 회장님과 각 수도 단체의 몇 분 수사·수녀님이 본당신부나 수도회 윗분의 추천서를 받아 수강 등록을 하였기 때문에, 나는 그때 천주교회에서 운영하는 보육원인 부평 성모원의 김 베드로 신부님을 찾아가 추천서를 써 주십사 부탁드려야 했습니다. 6·25로 말미암아 오라비들과 아버지를 잃어버린 나는 성모원의 원생이 되어 수년간 그곳에서 기거한 적이 있습니다. 그때 운명에 승복하지 않고 상황에 적응하지 못하여 번민하던 나를 신부님은 늘 교만하고 반항적이라고 꾸짖으셨습니다. 신부님의 그 일방적인 지탄과 몰이해가 얼마나 섭섭했던지 어느 날 나는 성모원에서 뛰쳐나와 자력으로 대학에 입학하고 대학신문의 학생기자로 일하며, 또 서울 시내의 어느 가정에 입주 가정교사로 들어가 입시생을 가르치는 등 시간을 쪼개 쓰면서 병환 중의 어머니와 동생들을 부양하였습니다. 나는 그때 폐병 환자처럼 마르고 어지럽고 비틀거렸습니다. 그런 상태에서 교리대학을 이수하겠다고 내 교적이 남아있는 부평 성모원을 찾아간 것입니다.

김 신부님은 처음에 내 요청을 듣고, "여인이여, 그대와 나 사이에 무슨 인연이 있느뇨?"라고 무안을 주셨습니다. 그러나 신부님은 곧 돌아앉아 추천서를 써 주셨고, 거기다가 대신학교에 납부해야 할 등록금까지 얹어 주셨습니다. 많은 돈은 아니었지만, 이 일을 나는 잊지 못합니다. 그리고 "교만하면 망하고 겸손하면 성공하리라." 하셨습니다. 그때 신부님 눈에는 이슬이 맺혀있었습니다. 나는 그 이슬 속에서 사실 신부님의 격노는 포용에 다름 아니며, 그분의 엄격하신 부정父情 또한 자애의 모성과 같은 것임을 처음으로 배울 수 있었습니다. 전쟁이 휘몰고 간 운명적 상실을 올바른 신앙의 자세로 승복하는 것, 주어진 순간순간을 성실히 살아 생명을 완성시켜야 할 삶의 의무, 고통과 은총이란 인과의 상관성으로 이어지는 것이어서 마치 시소처럼 오르내리며 삶을 무늬 짓는다는 지혜를 나는 여러 교수 신부님들의 강의를 통해 터득하였습니다. 나는 그때 그 교리대학에서 성덕이 출중하신 많은 분을 뵈었습니다. 줄곧 내 뒷자리에 앉아 수업을 받으시던 부산 B 수녀원의 김 베네딕다 수녀님이 살아계시는 동안 아니 돌아가신 후 지금까지도 나를 위해 기도해 주시는 영신의 어머니라고 확신하는 일을 비롯하여, 하느님 밖에는 메워 줄 수 없는 인간의 절대적 고독을 조금씩 성덕의 빛으로 위로해 주셨던 훌륭한 신부님들을 통해 하느님의 자비를 확인하였습니다.

　구약을 가르치신 선종완宣鍾完 신부님. 윤리신학을 가르치신 한공렬韓功烈 신부님. 교리신학을 가르치신 최민순崔玟順 신부님. 저녁 식사 후에는 모두 묵주를 들고 고색이 창연한 붉은 벽돌집 교사 앞에 아담하게 열린 넓지 않은 신학교 교정을 거니시며 묵주신공을 바치셨습니다. 나는 감히 교수 신부님들이나 수강생들 사이에 끼어 신학교의 마당을 거닐어 보지 못하고, 주로 마당 가 나무 밑에 숨어서 신부님들의 기도하는 모습을 지켜보았습니다. 사람이 아닌 어쩌면 자연의 한 부분으로만 각인된 그때 신부님들의 인상을 나는 오래도록 "걸어 다니는 나무들"의 이미지로 기억해 왔습니다. 교리대학을 마치자 대신학교는 대학생 이상의 일반 신도들을 대상으로 교리경연 논문 현상을 실시하였는데, 나는 신학교에서 배운 대로 답안지를 작성한 덕으로 일등상이란 것을 받았습니다. 확실히 기억하지는 못하나, 『역사적 그리스도와 신학적 그리스도에 관하여 쓰라』라는 제목의 문제였습니다. 일등 상장과 루르드의 성모상을 부상으로 받은 것이 하도 송구하고 부끄러워서, 나는 그 후 매주 토요일에 윤형중 신부님의 명동 토요강좌에 가능한 한 참석하였습니다.

이렇게 많은 신부님으로부터 하느님을 배우고, 또 그 신부님들 스스로 드러내시는 하느님의 속성으로 인하여 나는 그분들을 마음 깊이 공경하였지만, 성직자와 수도자들 앞에만 서면 공연히 생기는 열등감과 선망 때문에, 나는 남들처럼 그분들 가까이에 다가가 인사를 하거나 담소하는 일은 상상도 못 했고 다만 숨어서 유덕하신 그분들의 건강과 성화를 기도하였을 뿐이었습니다. 그러는 가운데 세월이 흐르고 나는 고통과 은총의 시소를 타고 조금씩 철들어 갔으며 성장의 단계를 거칠 때마다, 내 가슴속에서 촛불처럼 타고 있던 신부님들이 한 분 또 한 분, 주 하느님의 불림을 받아 돌아가시는 죽음의 필연성을 지켜보았습니다.

흑석동 성모수녀원의 장 로렌죠 신부님이 제일 먼저 타계하셨습니다. 장 신부님은 부평 성모원의 김 베드로 신부님과 아주 가까운 분이셨기 때문에 자주 성모원에 방문하셨는데, 내가 김 신부님으로부터 교만하다고 꾸지람을 들을 때마다 그것은 교만이 아니라 갑자기 닥친 비운에 희생되지 아니하고 운명을 극복하고자 노력하는 의지의 일면이라고 감싸 주곤 하셨던 분입니다. 다음으로 정녕 성모원의 아버지이셨던 김 베드로 신부님이 영면하였습니다. 말년에 그분은 서울 순교 복자 수녀원의 영신지도 신부님이 되셨는데, 부평에서 나에게 추천서를 써 주신 이후 다시 찾아뵙지 못하고 있던 무렵의 어느 날이었습니다. 대학을 졸업하고 서정리 효명고등학교 국어 교사로 일하기 시작해서 얼마 지나지 않아서였습니다. 어느 날 밤 꿈에, 신부님이 바지저고리를 입고 지게를 지시고 언덕진 산 중턱의 오솔길을 올라가시는 것이 보였습니다. 다음날은 주일날이고 학교의 일직 담당이었으므로 빈 교무실을 지키며 책을 읽는데, 가톨릭신자이고, 김 신부님의 친구였던 교장 선생님이 들어오시면서, 김 신부님이 몹시 힘들게 임종하시는 것을 보고 오시는 길이라 하셨습니다. 신부님은, 고통스러웠던 임종 과정에서 나를 위하여 기도해 주셨음이 분명합니다. 여러 해 동안 뵙지도 아니하고 소식도 들은 일 없는 신부님께서 내 꿈에 그런 모습으로 보이셨는지요.

다음 순서는 불분명합니다만 구약의 권위자이신 선종완 신부님이셨을 것입니다. 신학교의 입구 왼편 현관의 문간방이 선 신부님 방이었다고 기억됩니다. 신부님 창가에는 각종 새 둥지가 주렁주렁 매달려 있었습니다. 그때 사람들은 선 신부님을 일컬어 "여자를 쳐다보지 않는 분,"이라 했었는데, 수덕에 전심했던 신부님께서 말년에 과천 산기슭에 자리를 잡아 성모 영보 수녀회를 창설하셨다는 것은 하느님께서 인간을 도구 삼아 보여 주신 은혜 중의 큰 은혜가 아닐 수 없습니다. 윤리신학을 가르치신 한공렬 신부님도 돌아가셨습니다. 이분은 후에 전주교구 장을 거쳐 광주대교구장을 역임하셨으며, 지금도 가끔 신학생들을 후원하는 장학단체인 한공렬 대주교 장학회 광고 기사가 가톨릭 신문 하단에 찍혀 나오곤 하여 비록 사람은 가도 그 정신과 업적은 후인의 가슴 속에 영원히 남는다는 것을 실증해 줍니다. 교리신학을 가르치신 최민순 신부님도 천국에 가셨습니다. 신부님 방은 신학교 2층 중앙쯤에 있었습니다. 나는 신부님의 시집을 애송하였고 여러 편의 시 중에서 「두메꽃」을 제일 좋아했습니다. 수도생활을 동경하였으되 결국 이루지 못한 내 그리움과 갈망이 그 시에 완벽하게 드러나 있습니다.

    외딸고 높은 산 골짜구니에
    살고 싶어라
    한 송이 꽃으로 살고 싶어라

    벌 나비 그림자 비치지 않는
    첩첩산중에

값없는 꽃으로 살고 싶어라

햇님만 내님만 보신다면야
평생 이대로
숨어서 숨어서 피고 싶어라

참으로 이 시는 완벽을 위해 전 생애를 불태우는 모든 성직자와 모든 수도자의 간절한 기도입니다. 또 윤형중 신부님도 하느님께로 가셨습니다. 그분이 돌아가시기 얼마 전에 고 김정훈金政勳 부제의 유고집 『산·바람·하느님 그리고 나』의 출판기념회가 명동성당 구내 사제관에서 개최되었습니다. 그날 어떤 분이 나를 윤 신부님의 방으로 데리고 가 인사를 드리게 되었고, 그래서 신부님을 모시고 부축하여 층계를 밟고 올라가 그 젊은 부제의 죽음을 애도하는 기념회장으로 신부님을 안내하게 되었습니다. 조심스럽게 층계를 오르면서 신부님이 물으셨습니다. "자네 이름이 이인복이라고. 직업이 학교 선생이라고 했지? 그래 무얼 가르치나?" 나는 신부님이 방금 전에 소개받은 내 이름을 잊지 않고 기억해 주시는 것이 기쁨이기 이전에 오히려 서글픔이 되어 심장에 못 박히듯 가슴이 아팠습니다. 신부님이 늙고 병들고 외롭게 소외되었다고 느꼈습니다. 나는 송구해 하면서, 몇 차례 가톨릭 신문에 연재한 바 있는 나의 죽음 주제 칼럼들을 여쭈었더니 신부님께서는 이렇게 답하셨습니다. "늙고 병들어서 그럴 테지. 가톨릭 신문을 받아 본 지가 아주 오래되었어." 나는 다시 가슴에 방망이를 얻어맞은 듯했습니다. 세상의 명예와 공경은 젊음과 함께 물거품이 되는 것인가? 내가 쇠잔한 노구를 홀로 감당하는 신부님에게서 골고타 산상으로 십자가를 메고 오르시는 예수님을 연상하였다고 하면 과장된 표현일까? 화려했던 젊은 날의 경력은 십자가에 이어지고, 그 십자가의 절망적 고독과 번제燔祭의 죽음을 통해서만 사제의 성소聖召가 완성된다는 것을 노구의 신부님은 전신으로 역설하고 계셨습니다. 나는 그 후 여러 달에 걸쳐 용돈을 절약하여 오로지 윤 신부님을 의식하고 휴대용 녹음기를 샀습니다. 하늘의 별 같은 어른들이 타계하시기 전에 그 경해謦咳를 담아 보존하리라는 마음에서였습니다. 그리고 어느 날 학교 수업을 마치고, 그날은 신부님을 드디어 찾아뵙기로 결심한 날 아침에 나는 이미 신부님께서 하늘나라에 가셨다는 신문 기사를 읽었습니다. 눈곱 낀 두 안구를 떼어 다른 사람에게 남겨주고 당신은 움푹 파이고 피 흐르는 두 골을 붕대로 감고 땅속 깊이 묻히셨습니다.

이문근李文根 신부님의 타계는 가톨릭 신문을 통해 알게 되었습니다. 그분이 우리 가톨릭 음악사에 남긴 공적을 어떻게 한두 마디로 기리겠습니까? 다음으로 임종국林鍾國 신부님께서 영면하셨습니다. 전란의 폐허에서 나를 건지시어 "하느님 욕하지 마라. 내가 네 아버지 일 해 주마." 하시면서 내게 세례를 주신 분. 나와 내 여동생들을 부평 성모원에 넣어 주시고 나를 박문여고에 장학생이 되게 하신 분. "옛다. 미사예물 받은 거다. 책 사 봐라." 70년 전의 신부님. 한 번만 더 찾아 뵈었더라면 지금 내 마음이 이토록 아프지는 않겠습니다. 그리고는 성모원의 원감 장 아가다 동정녀 어머님께서 영면하셨습니다.

젊은 시절에 하늘의 별처럼 우러르던 어른들이 이렇게 한 분 한 분 떠나가셨습니다. 죽음이란 참으로 예고 없이 인심의 눈에는 가슴 쓰리게 덮쳐오는 것임을 가르치시고. 자식이나 제자가 태어나고 성장해서 일꾼이 된다는 것은 그 인격 형성의 모체인 스승들을 하늘에 공양해서만 이루어지는 것임을 요즘은 더더욱 피부로 느낍니다. 이제 내게는 안개와 폭풍 속에 어지럽던 중 장년 때의 열병도 가라앉았고, 기쁨도 슬픔도 피하에 용해하며 겉으로 드러내는 일을 삼가는 연습에도 익숙해진

느낌입니다. 열병 같던 인간에 대한 애착, 재물에 대한 욕심, 학문에 대한 집착 등이 한 줌 물거품이요, 한 점 뜬구름 같은 것임을 알게도 되었습니다. 이러한 깨달음이 먼저 가신 어른들께서 가르쳐 준 신앙으로 터득된 은총이라 한다면, 이제 처음이자 마지막으로 나는 고백하고 싶습니다. 모든 은총에는 반드시 고통과 상흔, 득죄와 통회와 용서받음의 과정이 수반되었다는 것을 말입니다. 플라톤이 '삶은 곧 임종 연습'이라고 한 말이나, 헤라클레이투스가 만물 유전의 법칙으로 '생사일여'를 말한 것이나 모두 고통 속에는 은총이 숨겨져서 오고, 은총 속에는 또 고통이 숨겨져서 온다는 그 삶의 진리를 의미한 것이라고 말할 수 있습니다.

　방황하던 젊은 시절의 내 가슴에 꺼지지 않는 생명의 촛불을 밝혀 주시고 스스로는 빈손 빈 가슴으로 주 하느님만을 섬기다 돌아가신 몇 분 성직자와 수도자의 죽음 앞에서 남모르게 내가 흘린 영혼의 눈물이 없었더라면 어떻게 내가 사람을 가르치는 교육자로 평생을 살았을지. 하느님이 인간을 통해 나에게 주신 은혜에 눈물겹고 또 눈물겨울 뿐입니다. 정년 퇴임 임박 해서의 내 기도는 하나의 소망으로 집중되었습니다. 학교에서 지식을 가르치는 유능한 교수로서만이 아니라 학생들에게 하느님의 말씀과 사랑을 가르치는 겸손하고 좋은 스승이 되고 싶다는 것이었습니다. 그리하여 내가 처한 공동체 안에서 우리 모두가 서로서로 하느님 현존을 확인하며 이승에서 이미 천국을 살아가는 삶을 살고 싶었습니다. 불가마 속에서도 천상 평화를 누릴 수 있는 그러한 신앙을 간구하고 싶었습니다. 소신학교가 문을 닫았습니다. 그렇다면 이제 머지않아 대신학교라고 부르던 그 상대적 명칭을 기억하는 사람도 다 사라진다는 것이 됩니다. 사물은 무無로 산화散花하고 다시 그 무無를 통해 존재의 문을 여는 것. 이제 가톨릭 신학대학의 문을 거쳐 나오는 성직자가 단 한 사람이 된다고 하더라도 그 한 사람의 성덕으로 인하여 하느님은 이 겨레와 온 인류에 대한 절망적 노여움을 참아 주시리라는 나의 기대는 이미 단순한 기도가 아니라 확고한 신앙이 된 지 오랩니다. 나는 그것을 믿습니다.

"침묵의 강물을 마실 때 너 실로 노래 부르게 되고 산정에 오른 연후에만 비로소 산을 오르기 시작한다고 할 것이며, 대지가 우리의 사지를 삼켜 흙으로 환원시킨 연후에만 우리 비로소 춤추기 시작한다."라고 말한 칼릴 지브란의 글귀를 생각하노라니, 하느님과 함께 계시면서 우리를 따스하게 굽어보시는 고인들의 눈길이 바로 내 앞에 지금 다가서는 듯합니다.

나의 하느님 체험 증언

내 나이는 지금 40세입니다. 40년 전에 내가 진정으로 새 생명을 받아 새사람이 되었기 때문입니다.

1980년 6월 20일의 일이었습니다. 나는 1976년부터 심한 신경통과 협심증과 혈액순환 불순으로 자살 충동에 허덕일 만큼 전신의 여기저기가 아팠었습니다. 협심증이 불면증을 가져왔고 불면증은 극심한 두통을 수반하였으며, 내 체내의 세포가 몇억 개쯤이나 되는지, 그 수효만큼의 바늘이 내 전신의 근육과 뼈 마디마디를 쪼아대고 기다란 송곳이 양쪽 귀를 관통하는 듯 아팠습니다. 피멍이 전신의 여기저기에 버섯처럼 돋아나, 더운물로 그 하나를 마사지하면 피멍은 신체의 다른 부위로 옮겨가서 불쑥불쑥 여러 개가 한꺼번에 튀어 올랐습니다. 바른쪽 다리 무릎뼈에 감각기능이 마비되면서 임의로 다리를 들어 올리거나 내릴 수 없었고, 왼쪽 어깨뼈가 탈골되었다는데, 그 관절에서 완두콩과 같은 군 뼈가 솟아나 조금씩 자라면서 숨을 쉴 수조차 없는 단말마의 고통을 겪어야 했었습니다.

나는 그때 명동성당에 계시던 김영일 발타살 신부님께 전화했습니다. 너무 속이 상해 차라리 죽고 싶고, 죽음 이후의 지옥이란 곳이 아무리 고통스러워도 지금 당하는 고통이 너무 아프고 괴로우니 차라리 죽는 것이 나을 것 같다 말씀드렸습니다. 혼인 후 이십 년간 지속저으로, 내가 아들을 못 낳았다는 일과 또 아픈 동생을 데리고 시집에 와서 사는 일에 대하여, 나를 못마땅해하시는 시어머니가 밉다고 했습니다. 평생 아버지를 부르며 우는 동생이 밉다고도 했습니다. 동생만 데리고 살지 않아도 시어머니가 나를 그토록 미워하지는 않을 터인데, 부모 없이 나에게 얹혀사는 동생을 어떻게 해야 하느냐고, 고백했습니다.

그때 신부님의 말씀은 단호하고 분명했습니다. "네가 너 스스로를 돕지 않는 한 하느님도 너를 도울 수 없고, 나 역시 너를 도울 수 없다. 시어머니를 미워하고 동생을 귀찮아하는 한, 너는 이미 세상에 현존하는 지옥을 살고 있는 것이다. 시어머니가 어떤 식으로 섭섭하게 하든, 동생이 얼마나 언니를 고통스럽게 하든, 이 두 사람을 완전히 사랑하리라는 결심을 실천에 옮기지 않는 한, 너는 이 세상의 지옥을 벗어날 수가 없다. 용서하고 사랑해라. 지금까지의 피상적 신앙을 청산하고 진정으로 하느님 안에 살면서 하느님께 의지하는 참다운 신앙인이 되어라. 매일 성경을 읽어라. 원수까지도 용서하라 하신 예수 그리스도의 마음을 지니고 시모와 동생을 새로운 자세로 다시

대해 보아라."

수화기를 놓고 앉아 나는 오랫동안 생각했습니다. 어떻게 하는 것이 하느님 안에 살고 하느님께 의지하는 것일까? 나는 곧 생후 처음, 세례를 받은 후 삼십 년 만에 처음으로 성경을 사서 밑줄을 그어가며 열심히 읽기 시작하였습니다.

"나는 하느님을 사랑한다." 하면서 자기 형제를 미워하면, 그는 거짓말쟁이입니다. 눈에 보이는 자기 형제를 사랑하지 않는 사람이 보이지 않는 하느님을 사랑할 수는 없습니다. 우리가 그분에게서 받은 계명은 이것입니다. 하느님을 사랑하는 사람은 자기 형제도 사랑해야 한다는 것입니다(1요한 4,20-21).

주님의 손이 짧아 구해 내지 못하시는 것도 아니고 그분의 귀가 어두워 듣지 못하시는 것도 아니다. 오히려 너희 죄악이 너희와 너희 하느님 사이를 갈라놓았고 너희의 죄가 너희에게서 그분의 얼굴을 가리어 그분께서 듣지 않으신 것이다. 너희 손바닥은 피로, 너희 손가락은 죄악으로 더러워졌고 너희 입술은 속임수를 말하며 너희 혀는 불의를 지껄인다(이사 59,1-3).

그가 찔린 것은 우리의 악행 때문이고 그가 으스러진 것은 우리의 죄악 때문이다. 우리의 평화를 위하여 그가 징벌을 받았고 그의 상처로 우리는 나았다(이사 53,5).
때가 차서 하느님의 나라가 가까이 왔다. 회개하고 복음을 믿어라(마르 1,15).

성경을 읽는 사이, 차차로 내 눈을 덮었던 악한 마음의 막이 벗겨지면서 하느님의 말씀이 눈에 보이고 가슴 깊이 들어와 박혔습니다. 나는 스스로가 쌓아 올린 교만과 아집과 몰이해와 분노와 증오와 원한과 비애와 죄의식과 공포감 등으로 인해 죽어서 가기 전에 이미 이승에서 생지옥을 살아왔음을 깨닫고 회개하였습니다. 오래 앓아 온 동생을 내 십자가의 몫으로 받아들이어 사랑하며, 부당하게 여겨왔던 시어머니를 역지사지하여 그의 천상 반세기를 이해하고 위로하며, 사사건건 흠을 잡아내어 동료들에게 나를 비방한다는 사람을 측은히 여기게 되었습니다.

십자가에 못 박혀, 죽기까지 자기를 낮추고 겸손하게 하느님께 순종한 예수 그리스도의 수난을 묵상하면서, 내가 세상에 태어난 후 지금까지 알게 모르게 주고받은 모든 상처를 모두 내 탓으로 인정하는 전 생애의 회개와 초월적 평화에 나는 비로소 도달할 수 있었습니다. 성경의 구절과 말씀들이, 재림하신 예수님, 부활하신 예수님의 존재 양식으로 내게 인식되었고, 성경 구절의 글자 사이에서 성스러운 하느님의 영靈이 내 체내에 감돌아 젖어 들며 몸 안의 더러운 혈액이 새로운 생명수로 완전히 교체되던 그 날, 1980년 6월 20일, 내 나이 만 사십삼 세가 되던 내 육신의 생일이던 그 날, 나는 드디어 새사람으로 치유되어 다시 태어날 수 있었습니다. 내 질병의 원인은 분노, 원한, 증오, 아집, 애통, 죄의식 그리고 공포감 등에 기인했습니다. 정신적 갈등과 정서적 불안 신경증이 발본색원拔本塞源되지 않을 때, 의사의 투약만으로는 육체의 질병이 퇴치될 수 없습니다. 호전되는가 하면 다시 더 심한 재발에 이릅니다. 그런데 나는 성령의 은총 속에서 모든 섭섭한 사람들을 깊이 용서했습니다. 조건부 용서가 아닌, 무조건의 용서, 그대가 다시 나에게 섭섭한 행위를 거듭해도, 용서하고 평화를 잃지 않으리라는 절대적 용서를 한 것입니다. 그리고 그때, 내가 지녀온 육체적, 정신적, 정서적 질환에서 깨끗이 치유되었으며, 새 생명의 새 삶을 살게 되었습니다.

    그래서 내 나이는 지금 40세입니다. 영혼도 마음도 육체도 오직 하느님 은총 안에 복되고 건강한 사람으로 다시 태어난

지 40년이 된 때문입니다. 고통의 진원을 알아내어 한을 씻어 내고, "이제는 내가 사는 것이 아니라 그리스도께서 내 안에 사시는 것입니다"(갈라 2,20). (1980)

사무장과 그의 아내

딸들이 고등학교에 다니던 때 학교 근처 시흥동 성당에 다녔습니다. 그 시흥동 성당에, 어질고 친절하여 모든 형제자매의 사랑을 받던 한 사무장이 있었습니다. 그런데 그가 갑자기 불치의 중병에 걸리어 내장의 어떤 부분을 도려내고 사무장직도 내놓은 후 성당 앞의 버스정류장에서 엿을 팔게 되었습니다. 성품이 온후하여 그를 좋아하는 사람들이 많은지라, 그는 방을 얻으려는 사람과 방을 세내려는 사람을 연결해주는 복덕방 중개인 역할도 가끔 하였습니다. 그가 중간에 끼면 이기적 언행이 멈추어지고 거친 말들이 사라지며 정다운 상호이익의 타협안이 나오곤 하였습니다. 그러던 어느 날, 그는 기어이 세상을 떠나 그가 평생을 섬기던 하늘나라 아버지께로 갔고, 늙은 고양이처럼 쪼그리고 앉아 엿을 팔던 길가에는 그의 젊은 과

수댁이 비바람 눈보라 속의 엿판 앞에 앉아서 엿을 팔며 옛날 생시의 사무장을 언제이고 연상시켰습니다. 볼품없이 쪼그라든 병약한 몸으로 십구공탄 난로를 품고 앉아, 오가는 신자들이나 거리의 나그네들에게 언제고 잔잔히 미소를 짓던 엿장수 사무장은 이미 세상을 뜬 지 오래도, 아직 살았을 적 그의 모습이 내 마음에 살아남아 있는 그 연유가 무엇일까를 오랜 세월이 흐른 지금도 절실히 생각하게 됩니다. 그것은 세속적 의미의 큰 지식을 닦았다고 오는 것이 아니었고, 항시 평안과 기쁨과 사랑 속에 살 수 있었던 드높은 신앙과 지혜에서 연유한 것이었을 것입니다. 그는 고등교육을 받지 않았지만, 사람들의 격분을 가라앉혔고, 가난과 병고에 찌들어 늙은 고양이처럼 몸이 쪼그라들었어도 늘 기쁨과 평화 그리고 잔잔한 미소를 만나는 사람들 모두에게 선물 해 주었습니다. 성경에 "지혜를 깊이 생각하는 것 자체가 완전한 예지다. 지혜를 얻으려고 깨어있는 이는 곧바로 근심이 없어진다."(지혜 6,15) 라는 말씀이 있습니다. 여기서 '지혜'라는 말씀을 '죽음'에 일치시켜 생각해 보면 죽은 사무장의 평화와 기쁨이 이해됩니다. 그는 항시 죽음에 직면하여 살았지만, 사람들이 누구나 다 가지고 있는 죽음 혐오감, 죽음 공포감, 죽음 비애감 등을 구원의 믿음과 하느님 사랑과 부활의 소망으로 이겨내었고, 살아있는 이승의 순간순간을, 예수 그리스도의 삶과 죽음을 닮으려는 준비 기간으로 알고 살았습니다. 사람이 가진 으뜸의 지혜는 바로 좋은 죽음을 준비하는 신앙적 자세의 확립일 것 같습니다. 그래서 좋은 죽음을 준비하는 사람은 늘 복되고 온갖 근심에서 벗어나 삽니다. 크리스천을 몹시 박해하다가 결국에는 스스로가 크리스천이 되어 그리스도교 신학의 기초를 이루어 준 사도 바오로는 이렇게 사람이 지닌 참 지혜를 가르치셨습니다.

"주님의 날이 마치 밤도둑처럼 온다는 것을 여러분 자신도 잘 알고 있습니다. …… 아기를 밴 여자에게 진통이 오는 것처럼 갑자기 그들에게 파멸이 닥치는데, 아무도 그것을 피하지 못할 것입니다. …… 그러므로 이제 우리는 다른 사람들처럼 잠들지 말고, 맑은 정신으로 깨어있도록 합시다. 맑은 정신으로 믿음과 사랑의 갑옷을 입고 구원의 희망을 투구로 씁시다. 하느님께서는 우리가 진노의 심판을 받도록 정하신 것이 아니라, 우리 주 예수 그리스도를 통하여 구원을 차지하도록 정하셨습니다"(1테살 5,2-9).

세상에서 알고 사귀었던 사람 중에서 이미 이 세상을 떠난 사람이 적지 않지만, 그중에서 가장 큰 위안과 평화와 어진 덕으로 내 가슴 깊이 불망不忘의 자국을 남겨주고 가신 분 중의 한 사람이 바로 이 엿장수, 옛날 우리 성당의 병약한 사무장이었던 그 사람입니다. 그는 신부님이나 주교님이 뿌리신 만큼의, 아니 어쩌면 그보다 더 많은 신앙의 씨앗을 그의 곁을 스치고 간 사람들 가슴 깊이 뿌려주고 갔는지도 모릅니다. 그렇다면 어떻게 우리가 그의 가난과 아픔을 불행이라 말하겠습니까! 그의 가난과 아픔은 오히려 그의 신앙과 지혜의 원천이었다 할 것입니다.

주교님의 물 한 잔

하느님은 참말 존재하는가? 참으로 존재한다면 하느님은 인간을 보살펴 주시는가? 이같은 중학교 학생들의 설문에 대답해야 한다면 나는 서슴없이 긍정적으로 대답을 할 것입니다. 그 이유는 간단합니다. 내가 기억하는 몇 사람에게서 하느님의 모습을 볼 수 있었고, 또 하느님이나 베풀어 주셨을 은혜와 사랑을 그분들을 통해서 받았기 때문입니다. 하느님의 존재는 바로 사람들이 증거해 줍니다. 하느님이 아니고서는 도저히 실현할 수 없는 어려운 일을 때로 사람이 해 보여 주기 때문입니다.

그러한 몇 사람들 가운데 제임스 주교님이 계십니다. 그분은 말레이시아의 주교님입니다.

그분을 처음 안 것은, 내가 말레이시아 싸인즈 국립대학교에 부임한 며칠 후였습니다. 헐렁헐렁한 검정 통바지에 검정 운동화를 신은 노동자 차림의 한 사람이 나를 찾아왔습니다. 그는 내가 사는 구역에 있는 성당 주임신부이고, 또 교회에서 경영하는 유치원 원장이라고 자신을 소개하였습니다. 그래서 우리는 아주 사무적인 대화를 나누었습니다.

"저 애들이 모두 딸입니까?"

"그렇습니다. 영어를 몰라 학교에 못 보냅니다."

"집에서 무엇을 합니까?"

"우리나라의 교과서를 공부할 뿐입니다."

"그러면 모두 유치원에 넣으십시오."

"초등학교 오학년, 삼학년, 일학년 학생들인데 그 애들더러 모두 같은 유치원엘 다니란 말입니까?"

"첫 번째 층계를 거치지 않고는 아무도 열한 번째 층계 위로 오를 수가 없지 않습니까?"

그다음 날부터 즉시 나의 딸 세 명은 코흘리개 원아들과 함께 유치원에 다녀야 했습니다. 막내딸은 육아원에 보냈습니다.

삼 개월의 고달프고 힘겨운 언어교육이 시작되었습니다. 이 경우는 시작이 반이 아니라 시작이 전부였습니다. 몇 달 후 신부님은 세 아이를 각각 초등학교의 제 학년에 맞추어 입학시켜 주셨습니다. 얼마 지나지 않아 모두 성적이 우수하였으며 이듬해 졸업식장에서 큰아이는 교육감으로부터 성적 최우수상을 받기까지 했습니다. 신부님께서 스스로 계획하여 우리 집을 방문하시고, 부탁도 드리지 않았건만 문제점을 찾아서 도와주실 길을 모색해 주시지 않았더라면, 아마도 나의 네 딸은 그렇게 빨리 이국의 학교생활에 적응하지 못했을 것입니다. 딸애들 일로 은혜를 입은 후에, 나는 신부님이 좋아서 유심히 관찰하였습니다. 어느 모로 보나 볼품이라고는 찾아볼 수 없는 신부님의 허술한 외모에서 무언가 범인을 초월하는 신비를 느꼈습니다. 그래서 나도 모르는 사이에 어느덧 나는, 주교의 금관을 쓰고 주교의 금지팡이를 짚으신 제임스 주교님을 상상하기에 이르렀습니다. 그러던 어느 날 그분이 두 번째로 우리 집을 방문하셨습니다. 그때 나누었던 대화도 나는 잊지 못합니다.

"방해되었습니까?"

"아닙니다. 신문을 읽고 있었습니다."

"일본에서 발견된 벽화가 한국 고구려 시대 사람의 솜씨인 듯싶다는 기사는 나도 읽었습니다.”

"그렇습니까? 어디 벽화뿐이겠습니까? 사실 일본의 문화란 것이 결국은 우리 한국인에 의하여 전수된 것이 아닙니까?”

"그럼 한국의 문화는요?”

"……”

"중국인에 의하여 전수되었습니까?”

"……”

그는 나에게 대답을 기대하지도 않았습니다.

"나는 한국도, 일본도, 중국도 모릅니다. 그래서 '우리 한국인'이라고 강조하는 데에는 동의할 수 없는 기분입니다. '우리'라는 대명사는 전 세계 사람을 모두 통합해서 말하는 '우리 전 세계 인류'와 같은 경우에만 정당하게 쓰일 수 있는 용어입니다.”

나는 할 말을 잃고 말았습니다. 그리고 신부님에게 완전히 압도되었습니다. 잠시 후에 나는, "신부님같이 초자연적인 사람은 머잖아 주교로 승격되실 거예요.”라고 말머리를 돌려 내 감동을 표현했습니다. 그랬더니, 깜짝 놀라시며 "초자연적이라니요? 비자연적일 뿐입니다. 내 어깨와 의지는 비자연적일 만큼 유달리 약해서 무거운 십자가는 질 수가 없습니다. 주교는 신부보다 더 무겁고 외로운 십자가를 짊어지고 사는 분들입니다."라고 대답하셨습니다. 위선과 가식이라곤 찾아볼 수 없는 그의 겁먹은 듯해 보이는 표정에서 나는 겸손이 무엇을 의미하는가를 분명하게 읽을 수 있었습니다. 신부님은 이어서 '한국교회 최초의 일꾼들'을 보러 가지 않겠냐고 제안하셨습니다. 나는 일단 당황하지 않을 수 없었습니다. 말레이시아에서 어떻게 뜬금없이 '한국교회 최초 일꾼들'을 볼 수 있다는 말인가? 그러나 그의 담담한 표정에는 거절을 불허하는 위엄이 있었고, 또 '한국교회의 일꾼들'이란 말에 흥미가 발동하여 나는 즉시 따라나섰습니다.

신부님은 손수 차를 몰아 바닷가에 연해 있는 가장 길고 낭만적인 거리를 지나서, 육중한 건물이 만여 평의 푸른 초원으로 둘러싸인 'General College'라는 곳으로 안내하였습니다. 문자 그대로라면 일반 대학이지만 실은 타이와 싱가포르, 그리고 말레이시아 세 나라를 망라하여 담당하는 유일한 동남아의 가톨릭 신학대학으로 페낭에 세워진 지 백오십 년이 넘는다고 했습니다. 한국에 신학대학이 창설되기 이전인 20세기 초엽에 스물한 명의 한국인 학생이 이 대학에 입학하여 공부했으며, 그중 세 명이 신부로 서품되었다고 설명해 주었습니다. 나는 그곳의 소성당에서 내 키의 세 배가 넘는 초상화를 보았습니다. 그 밑에는 "이 대학의 상징인 임베르트와 샤스땡 신부. 이곳의 교수였으며 한국에 파견되었을 당시 1859년에 한국 신자들을 위하여 순교하였고, 1925년에 복자품을 받으셨다."고 씌워진 각판刻板 비문이 있었습니다(지금은 아마도 성인이 되셨다고 정정되어 있을 것입니다).

최후의 결정적 감명을 아끼셨다는 듯, 신부님이 마지막으로 나를 안내해 준 곳은 대성당의 제의방祭衣房이었습니다. 그곳에는 유리로 뚜껑을 한 보석함 같은 상자 속에 하얀 뼛조각이 안치되어 있었습니다. 누구의 유해란 말인가? 그러나 그것이 누구의 유해인지에는 별로 관심이 없다는 표정을 짓고 있는 나를 향해서 제임스 신부님은 "한국의 초대 신부, 김대건 안드레아 치명복자致命福者"(지금은 성인)의 유해라 알려 주셨습니다. 이어서 김대건 신부는 25세에 순교하였고, 1925년에 시복되었으며, 이곳의 많은 신학생과 사제들이 제의방을 드나들 때마다 김대건 신부님의 일생을 묵상하며 성직에의 열망을 되살리고 환속의 유혹을 초극하도록 도와주는, 성직자들의 수호성인이라고 말씀하셨습니다. 신학교를 뒤로 두고 돌아오는 길에 제임스 신부님은 굳이 차 한 잔을 사 주마라고 말하였습니다. 그 찻집에서는 85센트를 받는 물이 제일 싼 것이어서 나는 그것을 주문하였습니다. 그런데 나중에 계산할 때 보니 신부님이 마신 것은 단 15센트였는데 그것은 수돗물 한 잔에 얼음 한 덩이를 넣은 것이었습니다.

그 일이 있고 난 뒤 두 달 즈음 어느 날 아침, 말레이시아의 조간신문을 읽고, 참으로 하느님은 존재하시고, 또 우리 인간을 보살피신다고 나는 수긍하였습니다. 교황청이 제임스 신부를 말레이시아의 주교로 임명하였다는 기사가 보도되었기 때문입니다. 마침 일요일이었으므로 나는 딸들을 모두 데리고 신부님께 축하 인사를 드리려고 성당에 갔습니다. 그러나 그의 방 앞에는 "부탁합니다. 축하 인사는 피하여 주십시오."라는 메모가 붙어 있었습니다. 보좌신부의 미사가 집전 중이었습니다. 제임스 신부는 성당의 한복판 신자들의 한가운데에 서서 성가 지휘 삼매경에 빠져 있었습니다. 깡마른 열 손가락을 허공을 향해 펼치고, 몸을 앞뒤로 휘청거리며 온갖 정성을 다 바쳐서 성가를 지휘하시는 제임스 신부님. 그분의 흰 수단 자락 밑으로 여전히 검정 바지와 검정 운동화가 보였습니다.

주교가 되신 후 그는 말레이시아의 최남단 조호라는 곳으로 임명되셨는데 내가 한국으로 귀국하는 때를 맞추어 최북단에 해당하는 페낭에까지 비행기로 날아오셨습니다. 나와 내 가족이 페낭 비행장에서 비행기를 타고 귀국하던 날 아침, 주교님은 내가 자주 다니던 수녀원 성당에서 우리 가족을 위해 미사를 봉헌해 주셨습니다. 그날 제대 위로 나를 불러올리시어 주교님과 나란히 제단에서 내가 모셨던 성체와 태어나서 처음으로 마셨던 주님의 성혈을, 어떻게 나로서 그리스도의 몸이요 그리스도의 피라고 생각하지 않을 수 있겠습니까? 그때 나에게 보여 주신 주교님의 자애는, 분명히, 부활하신 예수님, 육화하신 예수님의 모습이었습니다.

뇌성마비 장애인의 아버지, 박병윤朴炳閏 신부님

38년을 헤아릴 만큼 세월이 흘렀습니다. 도림동 성당에서 울뜨레아 모임을 하던 날 나는 신심 롤료(가르침)를 담당했었습니다. 그리고 집에 돌아왔는데 그날 밤에 한 신부님의 방문을 받았습니다. 박병윤 토마스 신부님이셨습니다. 같이 일 좀 하자고 말씀하셨습니다. 신부님이 건네신 정관을 펼쳐보니 그 첫째

줄에 "총재總裁: 예수 그리스도, 지도신부: 박병윤 신부"라고 쓰여 있었습니다.

내가 난생처음 만난 신부님에게 즉시 순종하여 <뇌성마비 장애인 재활 시설 창립 협의회>를 위해 일하기로 수락한 것은, 옳은 일을 위해서 물불 가리지 않고 한 여인 봉사자를 찾아 골목골목을 물어 밤중 빗길에 나를 찾아오신 신부님의 열정에 감복한 탓도 있었지만, 더 근본적인 이유인즉, "총재: 예수 그리스도"라고 착상하고 쓰신, 신부님의 아름답고 신성불가침한 신앙에 연유했다고 고백해야 합니다. 그렇게 나는 신부님께 순종하여 그 창설 멤버가 되었습니다. 1982년에 우리는 뜻을 모을 수 있는 분들을 모시고 발기 미사를 봉헌했습니다. 그리고 그 발기 미사에서 나는 복지시설 건립을 위한 모금 강의를 했었는데 이런 말을 했던 것이 기억납니다.

"영부인 이순자 여사가 <새세대 육영회>를 운영하자고 모금했더니 순식간에 420억 원이 모금되어 거창한 회장으로 일하는데, 우리는 예수 그리스도께서 뇌성마비 장애우를 위한 집을 짓고자 3억 원 신입을 목표로 오늘 이 모임을 마련했는데, 420억의 140분의 1에 해당하는 3억 원이 신립되지 못한다면, 우리는 이순자 자식이지 하느님 자식이라 말씀드릴 수 없습니다. 그날 우리는 3억1천만 원의 신립서를 받았습니다. 그렇게 시작된 복지회는 8년간에 걸쳐 재단법인 인가를 얻기 위해 갖은 고생을 한 후 드디어 정식 인가를 받아 일을 추진하게 되었습니다. 다음 해 8월 12일에 복지회 발기 축복 미사를 봉헌하고 미사에 참석한 분들에게 다시 성금 신입을 부탁했는데 그곳 서초동 성당에서 다시 3억4천만 원이 신립되었습니다. 그곳의 모금 강론에서 나는 이런 말을 했습니다.

첫째, 나눔은 덕이 아니라 생명의 의무입니다. 나누지 않으면 생명에 불충한 죄인입니다. 세상의 모든 장애인들은 나 대신에 그리고 내 자손 대신에 눈물겨운 불구의 삶을 대신 사는 것입니다. 옳은 일을 위하여 일하다가 옥에 갇힌 사람들도 마찬가지입니다. 그들이 나 대신 옥에 갇혀 있어서 그보다 덜 정의롭거나 오히려 위선적인 나 같은 사람은 지금 편안한 장소에서 기름진 음식을 먹고 있는 것입니다. 낙태한 일이 있다면 우리도 살인자인데 우리 살인은 탄로 나지 않아서 감옥에 안 갔고 다른 사람의 살인은 탄로가 나서 감옥에 갔습니다.

은행에 가지고 있는 돈은 내 재산이 아닙니다. 나 대신 고통당하는 이웃을 위한 일에 쓰라고 하느님께서 나에게 관리를 맡기신 하느님 재물입니다. 이것을 조금씩 나누어주어 어떠한 면으로든 고통당하는 이웃을 편안케 하는 데 봉헌할 때 그 봉헌된 재물만이 하늘나라에 축적되는 내 재산입니다. 하느님이 나에게 주신 은총이 많이 있지만 그중 최상의 은총은 이러한 말씀을 여러분에게 옮길 수 있는 사람으로 나를 키워 주시고 복음적 삶의 양상을 깨닫게 해 주신 이 은혜라고 나는 생각합니다.

우리는 그날 3억 4천만 원이 신립되는 기적을 보았습니다. 기적은 하느님께서 홀로 이루시는 것이 아닙니다. 착한 사람들이 하느님 현존을 마음 깊이 느끼면서 하느님 자식들이 모두 편안하게 살게 하려면 자기 개인의 소유와 재물과 이기심을 허물어 나누며, 공동의 생명 완성을 추구하는 자리에서, 공동으로 창조되는 것입니다. 하느님이 박병윤 신부님을 이 땅에 내시고, 박병윤 신부님이 나를 선택하시어 이 조직에 묶어 주시고, 도망가려 해도 도망갈 수 없는 공동생명체의 한 세포가 되어 조직의 보호를 받을 수 있도록 나를 잡아 주신 은혜에 감사드립니다. 나의 생명은 뇌성마비 장애인을 돌보는 이 일로 말미암아 보호받고 성장할 것입니다. 장애우와 우리의 복지회는 바로 나를 살리는 생명의 핏줄입니다.

꿈속에서 만난 어른,
이장규李章圭 박사님

내 생애를 회고할 때, 나에게 가장 큰 삶의 시혜를 주고 가신 분의 한 사람으로 이장규 박사를 말할 수 있습니다. 그래서 나는 지금 행복합니다. 죽음의 공포와 사별의 애통에서 벗어나 내가 남은 생애를 살아갈 수 있도록 치유와 화평으로 이끌어 주신 분입니다. 이장규 박사는 그런 분이셨습니다. 1978년 8월에 나는 문학박사 학위를 받았는데, 학위논문으로 『한국문학에 나타난 죽음 의식의 사적 연구』와 『죽음 의식을 통해 본 소월과 만해』 두 저서를 발간하였고, 논문 작성과정에서 나에게 큰 도움을 준 두 권의 책 『죽는 이와 남는 이를 위하여』와 『죽음과 임종에 관한 의문과 해답』을 번역·출간하였습니다. 그리고 이 몇 권의 책 출판이 인연이 되어 나는 1978년 10월에 이장규 박사를 만났습니다.

여느 날과 다름없이 학교에 출근하였는데 조교가 메모를 건네주었습니다. 출근 즉시 원자력병원 원장 이장규 박사에게 전화해 달라는 내용이었습니다. 나는 그런 분을 알고 있지 않았기 때문에 불안과 긴장과 기대의 복합감정에 싸여 전화의 다이

얼을 돌렸습니다. "제가 이장규입니다."라고 답하시는 그분의 지적이고 다정하고 리드미컬한 음성을 들었을 때, 내 호기심과 기대감은 정말 컸습니다.

"전화를 주셨다고 해서요. 어쩐 일이신지요……." 그분은 내 긴장을 풀어 주시기 위하여 의례적인 인사말을 다 생략하고 이렇게 즉시 본론을 말씀하셨습니다. "이 교수님의 학위논문 두 편과 또 두 편의 번역서를 정독했습니다. 언더라인을 해가며 정독했고, 초판이라 오자가 많은 듯해서 일일이 교정해 놓았으니 제가 읽은 이 책을 재판할 때 교정본으로 참고하시고, 재판이 나오거든 저자 사인해서 제게 한 권씩 증정해 주십시오."

나는 너무도 고마워 숨이 막힐 뻔했습니다. "바쁘신 원장님께서 송구하게도 그 여러 권의 책을 다 읽으셨다니 부끄럽습니다." 내 대답을 받아 박사님은 말씀하셨습니다. "이 교수님! 의사도 아닌 문학도가 우리 의사가 해야 할 일을 해 주었다 싶어 고마운 마음에서 읽다가 정리한 교정본을 드리기로 하였습니다. 이 책을 드릴 테니 우리 병원에 오세요. 원장 차를 보내겠습니다. 제가 서울 시내의 제일 낭만적인 레스토랑에서 맛있는 프랑스식 점심을 사겠습니다. 곧 차를 보내겠습니다."

그래서 나는 그분을 만나러 가게 되었습니다. 조선일보사

뒤에 있는 원자력병원에 도착하여 기사의 안내로 이 층 원장실에 가서 비서가 원장실 문을 열었을 때였습니다. 안에서 바이올린의 선율 소리가 들려 나왔습니다. 그는 내가 방안에 들어선 것을 알면서도 눈길조차 주지 않고 바이올린 독주에 열중하고 있었습니다. 그가 놀라운 바이올리니스트임을 나는 즉시 알 수 있었습니다. 거기에는 백색 가운을 입은 의사들과 신사복 차림의 내방자들 몇 분이 이미 음악 감상에 심취되어 있었는데 방안에 들어서는 나를 반기며 하시는 박사님의 첫 말씀이 이러했습니다. "이 교수! 오늘은 운이 나쁜 건지 좋은 건지, 손님이 여러분 계시니 프랑스 요리는 차후로 미루고 오늘은 우리 모두 냉면으로 점심을 해야 하겠습니다." 그래서 그날은 방문객 모두와 냉면으로 프랑스 요리를 대신하였습니다. 나중에 들은 이야기이지만 선생님은 찾아오시는 방문객들 모두에게 점심을 대접하시는 것을 기쁨으로 알고 평생을 살아가신다 했습니다.

　언제였던가, 나는 선생님께 왜 내 책을 좋아하셨는지 여쭈어보았는데 글 속에 깔린 건전한 가톨릭 정신 때문이라 하셨습니다. 그래서 그렇다면 선생님도 가톨릭에 관심을 가져보시라 했더니 "세례를 받고 가톨릭신자가 되면 예수 그리스도처럼 살아야 하는데 나는 예수님처럼 살 수가 없어요. 내 처자식을 위하여 사는 개인주의에서 벗어날 자신도 없고요. 그래서 영세 입교할 수가 없어요. 그러나 죽을 때에 세례받으면 하느님의 말씀을 하나도 어기지 않고 예수님 같은 마음으로 임종할 수 있을 터이니 나는 임종 시에 세례받게 해 달라고 예수님께 청하며 삽니다." 하셨습니다. 세례를 받으면 이웃에 복음을 전하여 복음 선교에 크게 이바지할 수 있는데, 죽을 때 세례받으면 복음 선교의 공로를 쌓을 수 없지 않느냐 말씀드렸으나, 선생님은 웃으시며 복음을 전하지 못하는 불충보다는 예수님처럼 살지 못하는 불충을 피하는 것이 좋겠다고 말씀하셨습니다.

선생님은 철저한 휴머니스트였습니다. 나는 죽음의 공포와 사별의 애통이 인간의 가장 본질적이고 불가피한, 그래서 생명 모두의 정신질환이라고 생각되는데, 선생님은 나의 개인적 의견과 정반대의 견해를 가지고 계셨습니다. 엘리자베스 퀴블러 로스의 이론에 근거하여 죽음에 이르는 다섯 가지 단계를 기술한 것에 대하여 선생님은 단호히 반대의 의견을 내세우셨습니다. 우선 의사가 죽음에 이를 병을 진단하여 환자에게 통고하면, 인간은 우선 거부의 단계를 맞습니다. 내가 그런 흉한 병에 걸렸을 까닭이 없다고 거부하며 그것이 오진이라고 말해 줄 다른 의사를 찾아 헤매고 돌아다니며 재산을 소진합니다. 두 번째로 분노의 단계에 들어섭니다. 왜 하고많은 사람 중 하필이면 내가 그런 병에 걸렸을까 억울해하면서 건강한 가족이나 동료들, 또는 가까운 친구들에게 짜증을 내고 화를 냅니다. 세 번째는 타협의 단계입니다. 하느님이 생명을 6개월만 더 연장해 주시어 막냇자식 혼인하는 것만 보고 죽게 해 주시면 하느님 성전 건립기금으로 상당액을 봉헌하겠다, 병원을 지어 드리겠다, 재산을 공익에 헌납하겠다, 등등 여러 가지로 생명 연장과 재산 봉헌을 놓고 하느님과 홍정을 벌이는 단계입니다. 네 번째는 절망의 단계입니다. 이 상태에 도달하게 되면 대부분 사람은 어쩔 수 없는 상황에 대하여 더 이상의 희망을 포기하고 괴로워합니다. 마지막으로 다섯 번째 단계는 평화스러운 수용의 단계입니다. 신앙 안에서 죽음을, 하느님께 귀의하는 영생의 길이라 믿고 의지하며 평화스럽게 죽음을 수용하는, 성스러운 치유 단계입니다. 그런데 선생님은 환자에게 암에 걸렸음을 통고하는 일은 너무도 무자비한 일이라고 말씀하시면서, 불치의 암에 걸렸음을 통고해 주는 일을 거절하는 휴머니스트가 이 세상에 한 사람만 남는다면 바로 그 한 사람이 본인일 것이라 말씀하셨습니다. 나는 반대로, 모두가 정직한 통고를 겁내고 말하지 못할 때 오직 한 사람만 불치병의 득병을 통고하여 미리 죽음을 준비하도록 말해 주어야 한다고 주장하는 데 손을 들어 준다면 그 한 사람이 바로 나일 것이라고 말씀드렸습니다. 선생님은 그처럼 철저한 휴머니스트였습니다.

선생님처럼 착하신 어른이 세례를 못 받고 비신앙인으로 살다 그냥 돌아가시면 정말 복음 선교의 공은 쌓으실 수 없겠다고 생각하면서 살던 어느 날이었습니다. 외국에 나가 있다가 한 해가 지난 후 귀국하여 학교 수업에 임했던 어느 봄날 3월 아침 신문을 읽던 때였습니다. 나는 그만 너무도 놀라 흑하고 흐느끼었습니다. 이장규 박사께서 폐암으로 임종하셨는데 3월 28일에 명동성당에서 김수환金壽煥 추기경님의 주례로 영결미사를 집전한다고 쓰여 있었습니다. 나는 다음날 그 시간에 수업이 있어서 참석할 수가 없었고, 그날 인천에 가서 피정 강의를 마치고 밤중에 귀경하던 길이라 심곡 1동 성당 표지판이 눈에 뜨이자 염치 불고하고 뛰어 들어가 초인종을 눌렀습니다. 최기산崔基山 본당 신부님(그 후 주교님이 되시었음)이 주무시다 나오셨습니다. 나는 사정 이야기를 하고 다음 날 10시에 학교 수업을 해야 하니까 신부님께서 연미사를 지내달라고 부탁드렸습니다. 다음 날 수업 시간 내내 나는 선생님 생각이 나서 죽음에 관한 이야기를 했습니다. 왜 사나? 어떻게 살아야 하나? 장수란 무엇인가? 영생이란 무엇인가? 나눔의 삶이란 무언가 등, 이장규 박사의 삶을 통해 내가 체득한 내용을 강의했습니다.

임종에 이르러 세례를 받았으므로 선생님을 통하여 내가 배운 것은, 첫째 착하게 사는 삶의 순간순간이 모여 완벽한 삶을 형성하고, 완벽한 삶을 사는 사람이 완벽한 죽음을 맞이한다는 깨달음이었습니다. 선생님은 완벽한 임종을 맞으셨고 그것은 평생 자신을 찾아온 모든 사람과 식사를 나누신다는 그의 일상의 작은 덕행이 축적되어 가져다준 축복이었습니다. 둘째로 복음 선교의 공을 쌓을 수 없겠다고 한 내 생각이 얼마나 큰 기우였는가를 나는 그분의 선종 후에야 헤아릴 수 있었습니다. 왜냐하면 3천 명이 참석할 수 있는 명동성당을 가득 채운 조문객들이 김수환 추기경과 다른 수십 명의 사제가 봉헌하는 공동집전의 장엄 연미사를 보면서 사람들은 분명 가톨릭 의식의 아름다움을 느끼고 그런 장례 예절에 대한 호감을 지니고 돌아갔을 터이니 착하게 살았던 분은 죽어서도 무수한 친지들에게 복음을 전하는 결과가 된다는 놀라운 사실을 깨달은 것입니다.

선생님은 임종 후 시신이 되어서까지 복음을 전하셨습니다. 장례가 끝난 며칠 후였습니다. 꿈에 선생님이 오셨습니다. 남산에 교회를 짓고 있는데 같이 가보자 하셨습니다. 신축 중인 교회로 나를 안내하시면서 기사에게 오후 세 시 수업이 있으시니 그 전에 와서 학교에 모셔다드리라고 일렀는데 정말 그 시간에 선생님은 돌아가신 나의 어머니와 나란히 문을 열고 집에 들어오시어 나를 깨워주셨고, 깨어보니 세 시였습니다. 딸들과 내가 연탄가스에 중독되어 있었고, 응급치료를 거쳐 겨우 생명을 구했습니다.

이장규 박사는 나에게 누구신가?

내 영혼과 정신의 아픔을 치유해 주신 분. 돌아가시어, 내 꿈속에 나타나셔서도 나를 도우시어 나와 배우자와 내 자식들 생명을 구해 주신 분으로 영원히 기억되는 어른이십니다.

죽어서도 사는 삶

열심한 가톨릭 신자인 이유경 시인의 시에 죽지 않게 해 달라고 탄원하는, 「단 한 번 해본 기도」라는 시가 있습니다. 죽음만이 삶의 완성이고 거룩한 삶을 통한 거룩한 죽음만이 궁극의 구원임을 역설적, 반어적, 해학적으로 묘사한 시입니다.

한 다발의 돈과 목숨을 바꾸는 자도 자르는 자도 만드신

전능의 하느님, 억만금의 재화도 마다하시는,

양심의 뭉치 하느님.

들어 주셔요.

이 초라한 늙은이 이제 죽음 앞에 무릎을 꿇었습니다.

사신死神은 다가와 내 목덜미를 누르고

창가娼家를 어슬렁거리다 병을 얻었고

아내에겐 멸시와 행패

친구에겐 속임수와 위선

유혹에 몸을 담가

안일을 구가했습니다.

죽음은 내뺄 수 없는 소멸이며

기피할 수 없는 골목길임을 나는 압니다.

이 수많은 악을 짊어지고

지상에서 수난 할 수만 있다면, 그렇게 해 줄 수 있다면

그래 주셔요. 하느님, 죽음 저쪽의 낙원을 누가 믿습니까.

천국에서의 초월을 믿는 것은 미치광이의 뇌수입니다.

살아있는 자에게 생활을 주시고

죽은 자에게 망각의 어둠을 주신 하느님,

한 줌의 재로 변하는 공포에서 나를 풀려나게 하셔요.

화장장의 불꽃을 꺼 주세요.

아니 시계 바늘을 거꾸로 돌게 하셔요.

다시 젊음으로 돌아가 어머니의 자궁에서 출발하게

다시 지상의 일생을 펼치게 하셔요.

저 벼룩의 간 같은 무용지물도 만드신 당신의 여유라면

죽음의 강제에서 해방시켜 주세요.

죽음의 강제에서 해방시켜 주세요.

인간이 죽음의 공포에 병들어 있으며 그 공포로부터의 해방이 참된 구원임을 강렬하게 말해 주는 시입니다. 세상을 놀라게 하는 현대의 위대한 과학자들이 해내지 못하는 일에 꼭 두 가지가 있습니다. 생명의 창조와 죽음의 저지 그 두 가지입니다. 인공수정을 통한 임신도 이미 기존의 생명체인 난자와 정자를 결합하는 것이니 생명의 이용이지 창조가 아니며, 현대 의술이 인공심장조차 이식한다지만 그 경우에도 의술은 사람의 죽음을 지연시킬지언정 죽음 자체를 영구히 저지하지는 못합니다. 그래서 구약성경의 시편 작가도 죽음의 공포에 대해 묘사하기를, "제 마음이 속에서 뒤틀리고 죽음의 공포가 제 위로 떨어집니다. 두려움과 떨림이 저를 덮치고 전율이 저를 휘감습니다."(시편 55,5-6)라 하였으며 또, "기억하소서, 제 인생이 얼마나 덧없는지를 당신께서 모든 사람을 얼마나 헛되이 창조하셨는지를. 누가 영원히 살아 죽음을 아니 보겠습니까? 누가 저승의 손에서 자기 영혼을 빼내겠습니까?"(시편 89,48-49)라고도 표현하고 있습니다.

태어난 사람은 죽습니다. 죽음이 없다면 삶은 의미를 지니지 않습니다. 끝없이 영원한 슬픔과 모함과 원망과 질병으로 가득 찬 이 세상에서 영원토록 우리 앞에 전개된다면 우리는 신경쇠약에 걸리고 말 것입니다. 인생이 유한하기에 우리는 가치 있는 삶을 살고자 하며 자선을 베풀고 완성을 지향하고자 노력합니다. 한 발자국의 완성이 오른발을 성큼 전진한 것으로만 끝나는 것이 아니라, 다시 왼발을 끌어당겨 오른발에 모아 붙임으로 온전히 끝나듯이, 인생도 태어남으로만 완성되는 것이 아니라, 오른쪽 발을 번쩍 들고 있는 모습으로 비유되는 삶이, 비틀거리는 인생역정을 거쳐, 오른발을 성큼 미지의 시간과 공간을 향해 내딛는 죽음을 받아들이고, 거기 다시 왼발을 끌어와 함께 모으면서 생명의 원천이신 창조주의 뜻에 일치시킴으로써만, 인생은 완성됩니다. 죽어야만 인생이 완성됩니다. 그래서 영국의 신앙 시인 존 단은 그의 마지막 강론, 『죽음과의 투쟁』에서 "죽음으로부터, 죽음 속에서, 죽음을 통한, 삼원적三元的 구원이야말로 하느님의 권능 속에서 우리에게 주어지는 영광이며 은총"이라 말하였습니다.

『고백록』의 작가 아우구스티노 성인도 존 단과 비슷한 말을 했습니다. 그의 고백의 초점은 네 가지로 정리할 수 있습니다. 첫째는 "생명의 권태와 동시에 죽음의 공포가 항상 내 마음에 있었다."는 것이고, 둘째는 "하느님은 인간을 하느님께 향하도록 창조하셨기 때문에 인간의 마음이 하느님의 성총 속에서 쉴 때까지는 인간이 항상 허전할 수밖에 없다."는 것이고, 셋째는 "인간의 허전함은 죽음의 공포 때문인데, 죽음의 공포는 결국 하느님의 성총을 통하지 않고는 극복될 수 없다."는 것이고, 넷째는 드디어 그가 "하느님의 성총을 입어 하느님의 존재를 인식하는 순간 몸과 마음과 영혼을 다 바칠 수 있는 수도자의 성소와 성직자의 성소를 깨닫고 택하였다."는 것입니다. 어쩌면 아오스딩 성인이 거친 네 단계를 현대인도 어떤 모습으로건 겪어야만 하는 것인지도 모르겠습니다.

죽음이 생명의 원천인 하느님과의 합일임을 깨달았을 때 인간은 더 이상 죽음을 무서워하거나 슬퍼하지 않고 참으로 열심히 하늘과 사람 앞에 한 점 부끄럼 없는 자아로 완성되기 위해 수도하게 됩니다. 인간은 완성된 존재가 아니라 죽음을 향해 완성되어 가는 존재입니다.

신라 시대의 대승 월명사가 누이를 여의고 쓴 시 「제망매가 第亡妹歌」도, 결국 위에서 말한 아우구스티노 성인의 네 단계 고백을 인식함과 같은 내용입니다.

> 죽고 삶이 함께 있어 이승은 두렵고
> 갑니다, 말 한마디도 안주고 가십니까?
> 어느 가을 이른 아침에 여기저기 떨어지는
> 마른 잎새들 처럼
> 한 가지에서 났건만 가는 곳은 모르니
> 아아 죽어서야 만나올 내 누이여!
> 도 닦으며 그날을 기다리오리다.

수도 정진하며 죽음을 기다려야 하리라는 전 생애의 목표 설정과 생의 교훈이 담겨 있습니다.

나의 어머니는 6·25 한국전쟁 후 고통이 절정에 달했던 때에, 나에게 타고르의 시를 가르치며 재생의 의욕과 슬기를 키워 주셨습니다. 타고르가 일찍이 어머니를 여의고, 이어서 아버지와 형제와 자식과 손자들마저 다 잃고 끝내는, 어머니 대신 자신을 키워 준 형수까지 여의던 때에 얼마나 큰 슬픔에 싸였는지 가히 짐작할 수 있습니다. 그러나 그때 타고르는 다음과 같이 말했노라고, 타고르의 사위인 크리슈나 크리 팔라니는 『라빈드라나드 타고르』라는 전기에서 기술하고 있습니다.

　"그러나 이처럼 질식할 듯한 암흑 가운데서도 갑자기 그리고 때때로 나를 경탄케 하는 기쁨의 미풍이 내 가슴 위로 불어오곤 했습니다. 인생이 영원한 것이 아니라는 고통스러운 인식 그 자체가 위로의 원천으로 전환되었습니다. 무서운 인생 현실의 허물 수 없는 장벽 안에서 우리가 영원히 죄인일 수 없다는 사실, 그것은 진실로 내 가슴을 기쁘게 하는 반가운 밀물이었습니다. 나는 나의 강박감을 떨쳐 버려야 했습니다. 내가 형수의 죽음을 상실이라고 생각하는 한 나는 불행하였지만, 인생이란 결국 죽음을 통하여 자유로워지는 것으로 생각할 줄 알게 되었을 때, 비로소 거대한 평화가 내 영혼을 충만케 했습니다. 이러한 초월의 감수성이 내 안에서 성장하게 되자, 자연의 아름다움은 눈물로 씻긴 나의 눈에 더욱 깊은 의미로 다가왔습니다. 형수의 죽음은 전체로서의 인생과 세계를 바르게 바라보는 데 필요한 거리와 초월을 나에게 가져다주었습니다. 그래서 내가 거대한 죽음의 화폭 위에 그려진 인생 설계도를 바라보았을 때, 그것은 참으로 아름답게 생각되었습니다."

타고르는 참으로 사별의 애통과 죽음의 공포에서 벗어난 참 자유인이 되어 있었던 것입니다.

이 글을 마치려 하니 한 친구의 얼굴이 떠오릅니다. 일류대학의 4학년이던 아들이 자꾸 반정부 시위에 나가는지라, 휴학시켜 입대하게 했습니다. 그런데 제대를 며칠 앞둔 어느 날 아들이 죽었다는 연락이 왔습니다. 친구는 자식의 시체를 인수하여 선산에 묻었습니다. 매일 밤, 술을 먹고 몸이 축나더니 마음도 몸도 형편없이 시들어 갔습니다. 아들이 죽은 며칠 후 나는 친구를 만나 허허로운 벌판 청천 하늘 아래 서서 단호히 말했습니다. "친구여, 하느님께 감사하든지 하느님을 미워하든지 양자택일하세요. 스물세 해 동안 정들이고 살았던 아들이 남기고 간, 눈앞에 삼삼한 추억들을 주신 하느님께 감사하든지, 스물세 살에 데려가시려면 왜 자식을 주었느냐고 하느님을 미워하든지 택일하세요. 스물세 해만이라도 가졌던 게 좋아요? 차라리 안 가졌던 게 좋아요? 이 질문에 대답하세요!" 친구는 오랜 묵상 끝에, 그래도 가졌던 게 좋으니 하느님께 감사하겠다고 울며 통곡하였고, 그 후 서서히 술과 고통에서 벗어났습니다.

사람은 태어나는 순간부터 죽어갑니다. 태어남은 그 안에 죽음을 씨앗으로 포옹하고 있습니다. 태어남은 죽음을 전제로 한 것입니다. 그런데 죽음이란, 눈물도 이별도 슬픔도 없는 영생을 찾아가는 잠시의 통과제의요, 아픈 순간의 정점입니다. 그리고는 더 이상의 죽음이 없는 영생 속에 태어납니다. 죽음은 모든 속박으로부터의 해방이며 자유입니다.

천 년을 산다 해도 영원에 비하면 천 년도 순간인데, 어차피 백 년도 못살고 가야 하는 나그네의 짧은 생애에서 우리는 몇 해를 더 살까에 집착해서는 안 됩니다. 어떻게 잊히지 않을 좋은 삶을 살 것인가에만 관심을 쏟으며 살아야겠습니다. 그리하여 죽어서도 이웃과 겨레의 가슴 깊이 천 년 살아남는 삶을 살다 죽기 위해, 시시각각으로 바른 삶, 바른 죽음을 생각하며 살아야 합니다.

4장

성령과 함께

아픈 사람들에게

아픈 사람들을 위로할 수 있었으면 좋겠습니다.

내가 아파 보았기 때문입니다.

죽음이 무서워 늘 공포에 떠는 사람들에게 크리스천 신앙을 확신시킬 수 있었으면 좋겠습니다.

죽음의 공포에 내가 시달려 보았기 때문입니다.

사별의 애통 때문에 땅을 치며 통곡하는 사람들의 가슴을 평화롭게 도와줄 수 있었으면 좋겠습니다.

나 또한 사랑하는 가족을 잃고 가슴이 무너져 통곡해 본 일이 있기 때문입니다.

배고픈 사람에게 밥을 주고, 헐벗은 사람에게 옷을 주며, 지하도 층계에서 잠든 고아에게 거처를 마련해 주고, 직업이 없는 이에게 직장을 마련해 줄 수 있었으면 좋겠습니다.

나 또한 배고프고 헐벗은 채 거처와 직장을 찾아 전쟁이 휩쓸고 간 포연砲煙의 거리를 울며 헤매 보았기 때문입니다.

6·25는 참으로 잔악한 아픔과 상처를 내 '온몸'에 남겨 놓

고 갔습니다. '온몸'에 남겨진 상처. 내가 여기서 '온몸'이 라 말할 때, 나는 '온몸'이 가리키는 낱말의 개념 속에 영혼과 육신을 포함합니다. 육신의 아픔과 상처는 영혼의 아픔과 상처에 비해 그 진단과 치유가 비교적 과학적이고 또 용이합니다. 몇몇 큰 병원에는 아주 희귀한 기계가 갖추어져 있어 사람의 몸을 거기에 비추어 보면 몸의 아픈 데를 진단할 수 있다고 합니다. 나는 이 놀라운 기계에 대한 설명을 듣고 묘한 공상을 해보았습니다. 가령 사람의 몸을 비추어 사람 몸의 아픈 데를 진단해 내듯, 사람의 영혼을 비추어 그 영혼의 아픔과 상처를 진단해 내는 기계를 인간의 지식과 과학으로 만들어 낼 수는 없을지 라고요.

만약 어느 날 그러한 기계가 만들어진다면 그것은 지식이 아니라 신앙에 의한 것이고, 과학이 아니라 신비적 차원의 어떤 것이 될 것입니다. 그렇게 신비한 기계가 생겨 내 영혼을 거기에 비추어 보면 내 영혼의 사진에 투영되기를 소망하는 몇 가지 영상의 모습이 있습니다. 그 하나는, 하느님께 바치는 찬미와 감사이니, 내가 주님께 죄를 범하여 주님이 나로 인해 수난당하셨고 주님의 그 수난이 내 죄를 대속하셨기 때문이며, 그 둘째는, 하느님과 사람들을 향한 믿음과 소망과 사랑이니,

내가 그들을 불신하고 미워하고 회개하고 용서한 연후에야 드디어 구원받았기 때문이고, 그 셋째는, 아프고 서러운 사람들에게 바치는 내 위로의 염원이니, 세속의 원수가 준 아픔과 서러움을 하늘이 위로해 주셨고, 그 위로로 인해 이유 없이 나를 미워하는 사람들조차 용서할 수 있게 되었기 때문입니다. 아픈 벗이여, 슬픈 형제여, 무섭고 외롭고 억울한 자매여! 과학과 지식으로 따지지 말고, 세상의 온갖 고통을 짊어지고 계신 주님께 의탁하여 기도합시다.

"저는 당신의 크신 자애에 힘입어 당신 집으로 들어가 경외하는 마음으로 당신의 거룩한 궁전을 향하여 경배드립니다. 주님! 저의 원수들 때문이니 당신의 정의로 저를 이끄소서. 제 앞에 당신의 길을 바르게 놓아주소서"(시편 5,8-9).

겸손과 통회는 무한한 은총을 불러들일 것이며, 공포와 슬픔과 아픔과 억울함이 바로 평화와 축복으로 변화되는 신앙의 신비를 체험하게 될 것입니다. 아파 보지 않은 사람이 어떻게 건강의 기쁨을 알겠는지요. 죄를 지어보지 않은 사람이 어떻게 용서받은 영혼의 감격과 평화를 알겠는지요. 아픈 벗이여. 신앙의 신비를 믿고, 우리의 아픔이 은총으로 바뀌는 축복의 문을, 지금 쾅 두드리시지요.

난꽃은 떨어져도
향기로운데

평택에 다녀올 일이 있어서 고속버스를 탔던 때의 일입니다. 내 옆에 앉았던 젊은 여성이 20여 세밖에 안 되어 보이는데 당돌하고 단호한 음성으로 내게 묻는 것이었습니다.

"구원받으셨습니까? 할머니!" 나는 어찌나 놀라고 불쾌하고 또 그 여성의 당돌함이 괘씸하였던지 일체 대화에 말려들지 않았습니다. 버스가 평택 터미널에 도착하고 우리가 각자 등을 돌려야 했을 때 그 여성은 다시 한번 더 나를 향해 "구원받으세요. 할머니!"라고 천연스럽게 말하는 것이었습니다. 제 나이의 두 배가 실히 넘을 사람에게 그런 식의 접근으로 그런 건방진 질문을 할 수 있단 말인가 의문하며 그 여성의 언행을 괘씸히 여기다가 그러한 사실이 있었던 것조차도 기억에서 사라져 가던 초가을이었습니다. 배우자가 내게 말하기를 스승이 병원에 입원해 계시는데 며칠을 못 넘기실 것 같으니 함께 뵙고 오자 했습니다. 그러면서 몇 번이고 반복하여 당부하기를 스승께서는 당신의 병명을 모르시니 내색하지 말라 하였습니다. 병실 앞에 지키고 있던 가족들도 입실하는 방문객들에게 일일이 그것을 강조하고 있었습니다. 병실의 서향 창가에는 갸름하고 빳빳한 꽃잎이 세 개씩 붙어 있는 난꽃이 한창 만개해 있었으며, 스승은 화분의 흙 위에 떨어져 놓인 낙화 송이들을 응시하고 계셨습니다. 애들 아버지의 스승님. 두어 번 인사드린 일은 있어도 마냥 어렵기만 해서 숨죽이며 뒷걸음질해 물러나게 했던 어른. 그런데 췌장암으로 몇 번 수술을 거치시더니 피골이 상접해지어 그지없이 작아 보이는 쓸쓸한 모습으로 그 어른이 누워 계셨습니다.

나는 울었습니다. 누가 나를 경망하다거나 감상적이라고 나무랄 수 있겠습니까? 누군가 이 세상에서 한 사람이 죽어갈 때 그것은 나의 일부가 무너지는 것이라는 존 단의 시구가 떠올랐습니다. 나는 감히 그분의 여윈 손을 내 두 손으로 감싸고 울었으며 누군가를 위해 진심에서 우러나는 내심의 기도로 내 몸을 태웠습니다. 그런데 문득, 내 귓가에 그 촐랑대던 여성의 음성이 들려왔습니다.

"구원받으셨습니까? 구원받으십시오!" 나는 혼신의 힘을 다해, 피할 수 없는 이 죽음만이 어쩌면 이 세상 모든 아픔의 완전한 치유임을 깨닫는 초월적 기쁨과 평화를 우리 선생님이 지금 여기서 체험하게 해 달라고 마음속으로 기원하였습니다. 더

운 눈물이 그분의 손등 위로 떨어졌습니다. 나는 그리스도의 복음을 전하고 그분에게 대세代洗를 주어 구원받게 해 드리고 싶었습니다. 그 여성의 음성이 자꾸만 들려왔습니다.

잠시 후 그분은 우리 내외를 향해 미소를 지으셨습니다. 애들 아버지가 울먹이며 거짓말을 하고 있었습니다. "어서 쾌차하시어 수업하러 나오십시오. 선생님." 고독이 그분의 전신을 흘러내렸습니다. 대화의 단절, 완벽한 소외, 남는 이들 사이의 은밀한 모의, 진실이 통용되지 않는 극단적 배신으로 밀폐된 병실, 나는 거짓말을 할 수가 없어 말씀드렸습니다.

"선생님, 난꽃이 정말 아름답습니다."

"제일 좋아하던 거야. 중국 복건성산이지. 꽃이 피었다기에 옮기게 했어."

"선생님께 큰 위로가 되어 드리는군요."

"짙지 않은 은은한 향기. 개화와 만화와 낙화가 한결같은 꽃. 저 낙화를 보게. 도무지 가지에 달린 꽃송이와 다르지 않거든. 난꽃은 낙화조차도 향기롭고 아름다워. 지금에서야 그걸 생각했네. 인생도 그러해야지. 죽고 난 연후에도 잊히지 않을 그리운 추억들을 남기며 살아야겠어, 나아서 나가면……."

선생님은 며칠 후 구급차로 실려 나가 집에 당도하자마자

숨을 거두셨습니다. 그 후 나는 그 젊은 여성의 단호함이 부러워지기 시작했고 '구원'이 무엇인가를 자주 생각하며 살게 되었습니다. 인간 생명의 길고 짧음은 동물적 생존에 있는 것이 아니요, 어떤 사람으로서 무슨 일을 어떻게 해나가며 사는가에 있습니다. 옷깃 스치는 사람들 모두에게 어진 추억을 남기며 사는 것만이 진정한 의미에서 오래 사는 길임을 더 깊이 깨닫게 되었습니다. 스승님의 마지막 말씀에서 '구원'의 의미를 재확인한 나는 감히, 그리고 서서히 가까운 사람들에게부터 이렇게 말하고 싶어지는 것입니다. "구원받으셨습니까? 구원받으십시오"라고.

천국행 열차 대합실

부산에 가는 기차를 부산행 열차라 하고 경주에 가는 열차를 경주행 열차라고 하듯 천국에 가는 기차가 있다면 우리는 그것을 천국행 열차라 부를 수 있겠습니다. 신심이 깊고 겸손·온유하며 늘 성령 안에서 사시는지라, 내 마음 깊이 가까이 뵙고자 소망해 온 신부님 한 분이 계셨습니다. 그분은 성령 쇄신 봉사자 위원회 전국 총회에 참석하신 후 바삐 대구로 내려가시면서 잠시 내게 전화를 주셨습니다. 신부님께서는 곧 택시를 타고 서울역에 나가서서 제일 먼저 떠나는 차를 타신다고 말씀하셨고, 그래서 나는 부산행 새마을호 대합실에서 신부님을 배웅하겠노라 말씀드렸습니다. 오전 열 시쯤이었습니다.

　서울역에 도착하여 시계를 보니 정각 열한 시였고, 설마 어느새 신부님이 이미 열차를 타셨으리라 믿어지지 않아서 대합실 의자에 앉아 신부님을 기다리기 시작하였습니다. 처음 삼십 분 동안은 신부님이 아직 안 오셨다고 믿었고, 다음 삼십 분 동안은 이미 오셔서 열차를 타고 떠나신 것은 아닐까 염려하였고, 또 다음 삼십 분 동안은 내가 이제는 더 기다려야 할지 아니면 돌아가야 할지를 몰라 망설였습니다. 그렇게 두 시간을 흘려보낸 연후에 비로소 나는 그 사건 속에서 성령이 역사하시는 일이 필연코 있으리라는 신념으로 사건의 의미에 대하여 곰곰 생각해 보았습니다.

　나는 신비주의자입니다. 일상의 사건 하나하나에 대하여 그것을 우연의 연속이나 혹은 인간 의지에 의한 계획과 실천으로 생각하는 것이 아니라, 그 모든 일에 하느님의 성령이 역사하신다고 믿는 사람입니다. 가령, 성령쇄신지에 글을 연재한 일이 있는데 하루 전에 요청받기만 했더라도 아무 가책이나 망설임 없이 그것을 거절했을 것입니다. 성령쇄신지에 글을 쓸 자격도 능력도 없어서 못 쓴다고 거절했을 것입니다. 그러나 신앙의 신비에 근거하여 늘 생각을 정리하는 나는 다음 날 아침에 눈을 뜨면서 전날 밤 귀가 때의 자동차 충돌사고에 대하여 생각하기 시작하였습니다. 트럭과 승용차 세 대가 삼중 충돌한 참사의 한복판에서 내가 운전하던 자동차만이 아슬아슬하게 화를 면하고 온전했던 것입니다. 그때 나는 대림동 성당 기도회에서 강의하고 밤늦게 귀가하던 길이라 몹시 배가 고프고, 기진해 있었습니다. 그런데 이상한 것은 그 밤의 허기와 피곤과 감기로 인한 두통 등이 오히려 나로 하여금 오로지 주님만을 생각하게 해 주었고, 하느님이 내게 생명을 주고 키우고 가르치고 내 죄를 용서하고 치유하시고, 끝내는 "비천한 저를 들어 높이셨다."(루카 1,52) 하신 성모 마리아의 주찬미가를 더듬거려 외우는 순간, 갑자기 감사와 사랑의 열정이 끓어올라 눈물이 시야를 가려 버렸었습니다. 그래서 "주님! 저는 마음껏 감사의 눈물을 흘리겠사오니, 주께서 이 차를 운전하소서."라고 기도하였는데, 그 순간에 바로 자동차 충돌 사건이 벌어진 것입니다. 차 사고에서 피하게 해 주셨음을 주님께 감사합니다. 하느님은 나에게 내 목숨과 시간과 지식이 어느 것 하나 나의 것이 아니고 온전히 주님의 것임을 체험으로 가르쳐 주셨던 것입니다.

성령은 기적으로써 불가능을 가능하게 하십니다. 성령께서 사람에게 일을 주고자 하시면 반드시 그 일을 해낼 능력 또한 주십니다. 또 하느님이 사람의 생명과 재능을 거두어 가신다면 그 사람은 더 이상 일할 수 없어집니다. 우리의 시간과 재능은 주님의 것입니다. 그러므로 교회 공동체를 위한 일을 분부받으면서 바쁘다는 핑계로 거절할 수가 없습니다. 이러한 묵상과 반성으로 감사의 기도를 마칠 무렵에 성령쇄신지 편집자로부터 글을 연재하라는 분부를 받았기 때문에 무조건 수락할 수밖에 없었고, 또 무엇을 어떻게 계속 쓸 것인가를 궁리하다가 신부님의 전화를 받고, 서울역에 다녀온 것입니다. 내가 만약 그날 아침에 서울역에서 잠시라도 신부님을 뵈었더라면 나는 하느님의 의중을 생각해 보려 하지 않았을 것입니다. 두 시간 이상이나 대합실에 앉아 있었기 때문에, 끊임없이 새 사람들이 들어오고, 또 쉬었던 사람이 끊임없이 미지의 곳으로 떠나가는 대합실을, 이 세상의 축도로 비유해 보는 작업을 할 수 있었습니다. 대합실 안으로는 수많은 사람이 밀려 들어왔고, 표를 샀고, 개찰구로 밀려 나갔습니다. 으스대는 표정, 풀 죽은 표정, 양양한 표정, 서러운 표정, 짙은 화장, 고운 화장, 화장기 없는 맑고 투명한 신앙인의 얼굴, 긴 장화, 고급 구두, 낡은 신발, 다양한 걸음걸이들. 천태만상의 사람들이 들어와, 똑같이 같은 매표소 앞에서 표를 사서 같은 개찰구를 통해 예정된 기차를 타러 나갔습니다.

이 세상은 하나의 대합실입니다. 하느님으로부터 생명을 받고 나와 대합실의 입구로 들어선 우리는 그 안에서 여러 사람을 만나 이야기를 주고받고 인연을 맺는 가운데, 반드시 그 안에 현존하시는 하느님을 발견하여 뵙고 믿고 사랑하여 영원한 일치의 나라를 찾아가야 합니다. 올바른 차표를 사서, 올바른 차를 타야 합니다. 그 올바른 기차의 이름이 천국행 열차이고, 우리는 그것을 타기 위해 지금 대합실에 모여 있습니다. 천국행 열차의 대합실에는 항상 발차 직전의 마지막 순간만이 존재합니다. 마지막 순간에 사람이 할 일은, 용서하고 사랑하고 "내가 사는 한, 나의 하느님께 찬미 노래 부르는 일"(시편 104,33)일 뿐입니다. 하느님의 존재를 불신하면서 삼십 분. 그의 사랑과 자비를 의심하면서 또 삼십 분. 그런 식으로 인생의 시간을 낭비해서는 안 됩니다. 천국행 열차 대합실의 시간은 항상 발차 직전의 마지막 순간이기 때문입니다. 남은 시간이 길지 않습니다.

지금, 여기서, 그 일을 해야지, 훗날에 ……란 이미 늦습니다.

내 생명의 순간순간을 주관하시는 자비의 아버지시여!

밤에 신부님으로부터 장거리전화가 걸려왔습니다. 이달 말일에 갖는 대구 교구 은혜의 밤에 와서 강의해 달라는 말씀이셨습니다.

신앙의 신비여!
세상의 행운이 그 앞에서는 불행이 되고, 세상의 불운이 그 앞에서는 기쁨이 되게 하시는 주님!
주님을 찬미하나이다. 아멘.

천당과 지옥

인간 세상은 하느님의 거룩한 산으로 향해 가는 천국행 열차의 대합실이라고 말씀드렸습니다. 사람은 누구나 다 언젠가는 죽게 마련이고 죽은 다음에는 천당이나 지옥으로 갑니다. 연옥이 있다고는 하지만 연옥이란 천당에 가는 것이 전제되어 있는 것이기 때문에 결국 죽음 이후의 세상은 천당이나 지옥으로 나뉜다고 볼 수 있습니다. 고려 시대에 기화라는 스님이 계셨습니다. 그의 글에 「현정론」이란 것이 있는데 거기서 기화는 천당과 지옥이 존재한다는 것을 대중교화의 공리적 측면에서 설명합니다.

천당과 지옥이 설사 없다고 쳐도 사람들은 그런 말을 듣고서 천당을 생각하여 선을 좇고 지옥을 싫어해서 악을 버리게 되는 것이니, 천당지옥설은 인민을 교화함에 있어 그 이익이 막대한 것이다. 이뿐만이 아니라, 과연 천당 지옥이 존재하면 선한 사람은 반드시 천당에 오르게 되고 악한 사람은 반드시 지옥에 떨어지게 된다. 이런 것을 듣고 선한 사람은 더욱 선에 힘써서 천당의 낙을 누리려 하고 악한 사람은 스스로 악을 그쳐서 지옥에 들어감을 면하려고 한다. 그런데도 구태여 천당지옥설을 배척해서 망령된 것이라고 하는가?

이 말은, 천당 지옥이 있다는 것을 믿고 사는 신앙인은 현세에서는 선하게 살고 내세에서는 천당 복락을 누리게 되므로 오직 이익만 있을 뿐이고 손해 될 일은 없으니, 비록 천당지옥의 존재 여부를 직접 죽어서 살펴보고 오지는 못했다 하더라도, 있는 것으로 고집하며 살다가 손해를 보는 일이 없도록 하자는 뜻을 담고 있습니다. 깊이 반성해 보면 나의 신앙 태도도 위에 쓴 기화의 천당지옥설과 크게 다를 바가 없었던 것 같습니다.

나는 70년 전에 세례받고 입교하였는데, 그때 내가 배운 교리가 어찌나 심하게 연옥 불과 지옥 불의 무서움에 중점을 두었던지 그 당시의 내 신앙생활은 오직 지옥의 형벌을 받을까 봐 겁이 나서 억지로 끌려다니며 강요당하는 것처럼 느껴질 때가 많았습니다. 좀 더 정직하게 말하면, 생각과 말과 행동으로 저지르는 우리의 죄악에 대하여 앙심을 품고 처벌하시는 하느님이 무서워 억지로 십계명을 지키면서, 그것을 내심으로 귀찮아하는 생활을 해 온 것이 아닌지 의심스러웠던 것입니다. 그런데 최근에 이르러 신앙이란 지옥행이 무서워서 하느님을 믿는 것이 아님을 확신하게 되었습니다. 또 천당에 가기 위하여서만 하느님의 법을 지키는 것이 참신앙의 자세는 아니라는 사실도 깨달았습니다. 참 신앙이란 생명을 주시고 살리시고 기르신 하느님 아버지와 영원히 결합하기 위해 그 아버지가 가르치신 바른 법을 기쁜 마음으로 순종하고 지키는 것임을 알게 되었습니다. 예수님이 말씀하신 첫 계명이 사랑이지만, 그 사랑도 실은 순종에서 시작됨을 알았습니다. 이러한 내적 깨달음이 가져다준 기쁨과 평화와 행복감을 나는 이 짧은 글 속에서 모두 표현할 방법이 없습니다. 그것은 죄를 짓고 부끄러워하는 자식을 때리는 아버지가 아니라, 죄를 짓고 슬퍼하는 자식의 상처를 쓰다듬고 낫게 하시는 아버지와 함께 있다는 안도감으로부터 오는, 사랑과 화해와 일치의 충만감 같은 것입니다. 실로 하느님은 앙심을 품고 우리를 단죄하시며 벌주시는 재판관이 아닙니다. 가출한 자식으로 인해 애태우며 자식의 귀가를 밤새 기다리시는, 어진 아버지이십니다. 우리를 향해 화를 내고 계신 하느님이 아니라, 오히려 자식들에게 배신당하고 서러워하면서 자식들의 회심과 통회를 한없이 목메어 호소하는 쓸쓸한 아버지이십니다.

하느님은 말씀하십니다. "나는 너를 어떻게 나의 아들들 가운데 하나로 내세워 탐스러운 땅, 뭇 민족 가운데에서 가장 아름다운 상속 재산을 너에게 줄 수 있을까 하고 생각하였다. 나는 너희가 나를 '저의 아버지'라 하고 나를 따르던 길에서 돌아서지 않을 것이라고 생각하였다. 그렇지만 여인이 제 남편을 배신하듯 이스라엘 집안아, 너희는 나를 배신하였다"(예레 3,19-20). 이렇게 말씀하신 분이 하느님, 바로 우리의 아버지이십니다. 이러한 하느님, "당신의 자비에 따라 당신의 크신 자애에 따라 우리에게 베푸신"(이사 63,7) 하느님은 드디어 외아들 예수 그리스도이신 인간의 모습으로 이 땅에 오셨고, 흰옷이 피로

젖어 홍포가 되기까지 끔찍한 십자가의 수난을 몸소 당해내심으로써, 마침내 우리를 죄인의 신분으로부터, 사랑받는 자식의 신분으로 복권해 주시고 승격시켜 주셨습니다.

예수님의 전 생애를, 주님 수난 성지주일의 독서와 복음은 이렇게 묘사합니다. "매질하는 자들에게 등을 내맡겼고"(이사 50,6), "당신을 낮추시어 죽음에 이르기까지, 십자가 죽음에 이르기까지 순종하시고"(필리 2,8), 주께서 숨을 거두시는 광경을 본 사람들이 "참으로 이 사람은 하느님의 아드님이셨다."(마르 15,39)라고 말할 만큼 그리스도는 성부께 순종하시고, 사랑을 실천하셨습니다. 또 하느님의 사랑은 여기에서 멈추신 것이 아니고 창조주이신 성부의 구속救贖자요 메시아이신 성자의 협조자로서, 사랑과 일치와 능력의 성령을 우리에게 보내 주시었고, 능력과 사랑의 성령은 하느님의 성전인 교회를 세우고 가르치고 키우시는 신비와 기적을 세상 끝나는 날까지 주관하십니다. 이 삼위일체의 신비를 생각할 때 우리는 아버지 하느님의 사랑과 자비가 무한하고 영원하다는 것을 더 깊이 확신하게 됩니다. 이제 우리는 지옥이 무서워 하느님을 찾는 이가 되어서는 안 되겠고, 천당에 가기 위하여 하느님을 찾는 이가 되어서도 안 될 것 같습니다.

사랑 자체이신 아버지의 사랑이 너무 좋아, 오직 하느님과 함께 있고 싶어 하느님을 찾는 이가 되어야 하겠습니다. 죽음 이후의 천당과 지옥이야 가보지 않은 우리가 어떻게 알겠습니까만, "사랑, 기쁨, 평화, 인내, 호의, 선의, 성실, 온유, 절제"(갈라 5,22)로 주님과 하나가 되어 사는 사람은 이 세상에서 이미 천당을 살다가 죽어서도 천당에 갈 것입니다. "분쟁, 시기, 격분, 이기심, 분파, 질투" 등으로 주님을 떠나 사는 사람은 이 세상에서도 이미 지옥을 살아가는 것일 것입니다. 천당은 하느님과 하나가 되어 함께 누리는 기쁨과 평화이고 지옥은 하느님을 떠나 있는 슬픔과 불안일 듯싶습니다. 지상에서도 천상의 기쁨을 끊임없이 우리에게 허락하시는 주님! 세세 영원토록 찬미영광 받으소서. 아멘.

짚신에 감발하고

「김 삿갓」이라는 옛 유행가가 있습니다. 요즈음에는 별로 들어 본 기억이 없지만 내가 스무 살 안팎이던 1950년대 후반에는 남녀노소 할 것 없이 이 노래를 구성지게 부르며 인생의 허무를 노래했습니다.

죽장에 삿갓 쓰고 방랑 삼천리, 흰 구름 뜬 고개 넘어, 가는 객이 누구냐? 열두 대문 문간방에 걸식하며, 술 한 잔에 시 한 수로 떠나가는 김 삿갓

이러한 노래입니다. 6·25의 포연과 이산가족들의 슬픔과 죽음의 잔해들이 채 사라지지 않았던 그때, 우리는 모두 모진 슬픔과 가난과 고통 속에 살아가면서도 단 한 번 그 가난과 고통과 슬픔에 항거하지 않았습니다. 연이은 죽음의 위기와 공포 속에서 기어이 죽지 않고 살아남아 삶의 대열에 참여할 수 있었던 감격과 기쁨 때문이었습니다. 살아남았다는 사실에 스스로 놀라면서 하늘을 우러러 감사하는 마음이, 웬만한 가난이나 슬픔을 인내할 수 있도록 해 주었습니다. 그때 우리가 전쟁 이후의 가난과 슬픔에 익숙할 수 있었던 원인을 나는 그때의 유행가 「김 삿갓」에서 가끔 찾아 느끼곤 합니다. 소유물이라고는 대나무 지팡이에 삿갓 하나, 잠자리라고는 열두 대문 문간방, 먹는 것은 문전걸식이라는 이 노래의 분위기가 나 혼자만의 비운이 아니라, 우리 민족이 모두 함께 겪는 운명으로 수긍되었

기 때문에, 모든 개개인이 그 개개인의 상처와 슬픔을 민족 공동의 이름으로 이겨냈을 것입니다. 대중가요의 노래 한 가락에서도 그 시대 정신에 미치는 영향을 읽어낼 수 있다는 좋은 실례가 되겠습니다.

나는 그때 이 노래 속에 나오는 나그네의 모습에 가끔 나를 투영시켜 동일시하곤 했습니다. 삿갓을 쓰고 대나무 지팡이를 짚고 구름에 덮인 산을 넘으며, 전쟁이 무자비하게 휩쓸어 간 아버지와 오라비들을 찾아 삼천리 곳곳을 방랑하는 나 자신을 눈앞에 그려보곤 했던 것입니다. 그런 전쟁의 폐허에서 나는 하느님을 만나게 되었고, 잃어버린 아버지와 오라비들의 자리에 하느님과 예수님이 좌정하시면서, 가슴에 맺혔던 응혈이 서서히 풀릴 수 있었습니다. 신앙의 신비입니다.

지브란이라는 시인은 "슬픔은 그 가면을 벗기고 보면 기쁨이고, 기쁨은 그 가면을 벗기고 보면 슬픔이다."라고 노래했는데, 이 말은 슬픔이야말로 기쁨을 누릴 터전을 닦는 준비의 일이고, 또 기쁨이야말로 더 큰 기쁨을 수용할 더 큰 슬픔의 수용이라는 아주 깊은 의미를 지닙니다. 진정 하느님과 주님께서는 내 안에 하느님 성삼의 성전을 지어 주시기 위해 그 터를 닦으며, 내게서 내가 너무도 사랑했던 아버지와 오라비와 집과 농

원을 한꺼번에 거두어 가셨던 것 같습니다. 내가 지금껏 전쟁 전의 환경에서 호강하며 살아왔더라면 나는 내 안에 주님이 거하실 빈자리를 마련해 드릴 수 없었을 것입니다.

다윗의 노래에 이런 구절이 있습니다. "행복합니다, 당신께서 뽑아 가까이 오도록 하신 이! 그는 당신의 뜰 안에 머무르리이다. 저희도 당신 집의 좋은 것을, 거룩한 당신 궁전의 좋은 것을 누리리이다."(시편 65,5) 이 구절은 나에게 한 가지 체험적 깨달음을 주는 바가 있습니다. 즉, 나의 하느님은 내가 선택하여 갖게 된 분이 아니고, 하느님이 나를 선택하시고 한 식구가 되시고 내 안에 성전을 지어 한 몸으로 함께 살도록 은혜를 베풀어 주셨다는 깨달음입니다. 또 있습니다. 내 손과 가슴이 텅 빌수록 그 안에 주님이 크게 거하시고 내 손과 가슴에 세속적 애착이 가득할수록 내 안으로부터 주님이 추방된다는 사실입니다. 인간적 애착과 재물과 세속적 명예욕의 끄나풀들을 모두 자르고 성직이나 수도의 길을 택하는 사람들이야말로 바로 주님의 성전을 넓히고 주님만을 그 안에 모시기 위해 손과 가슴과 머리를 비운 결단의 사람들이라고 할 수 있습니다. 주님은 말씀하십니다.

자신을 위하여 보물을 땅에 쌓아 두지 마라. 땅에서는 좀과 녹이 망가뜨리고 도둑들이 뚫고 들어와 훔쳐 간다. 그러므로 하늘에 보물을 쌓아라. 거기에서는 좀도 녹도 망가뜨리지 못하고, 도둑들이 뚫고 들어오지도 못하며 훔쳐 가지도 못한다. 사실 너희의 보물이 있는 곳에 너의 마음도 있다(마태 6,19-21).

그렇습니다. 우리의 손과 가슴과 머리를 세상의 재물과 욕심으로 가득 채울 때 우리는 주님을 추방하는 것이고, 주님을 우리 안에 모실 때 세속적 재물과 욕심이 서서히 추방되어 나가는 것입니다. 하느님은 에제키엘 예언자를 통하여 인간을 배에 비유하시며 이렇게 말씀하십니다.

너는 너무 무겁게 가득 싣고 바다 한가운데로 나갔다. 노 젓는 이들이 너를 큰 바다로 저어 나가자 샛바람이 바다 한가운데에서 너를 부수어 버렸다. 그리하여 너의 재물과 상품과 물품 너의 선원들과 키잡이들 너의 틈을 메우는 수선공들과 너의 물품 상인들 네 안에 있던 모든 전사들 네 안에 모여 있던 모든 사람이 네 파멸의 날에 바다 한가운데로 빠져든다(에제 27,25-27).

이 말씀은 주님의 장막을 찾아가는 나그네의 길인 인생을, 하느님 뜻대로 살아가야 할 우리가 모두 반드시 지녀야 할 삶의 자세를, 구체적으로 제시해 주십니다. "하느님의 계명만 지팡이 삼아 의지하고, 다른 것은 믿지 말자. 하느님 말씀만을 삿갓 삼아 머리에 쓰고 다른 것을 보지 말자. 세속적 명예에 마음 쓰지 말고 오직 하늘 위 하느님 장막을 찾아 쉼 없이 걷되, 마음과 몸이 가볍고 빠르기 위해, 보화를 챙긴 등짐일랑 일체 벗어버리고 오직 짚신에 감발을 한 신앙적 자세로, 내처 곧은 길만 달리기로 하자." 이러한 내용을 다짐하게 해 줍니다. 나는 여기서 짚신이란 어휘를 수도자의 매무새에 비유해서 썼습니다. '감발'이란 말은, 나그네가 먼 길 떠남에서 단단히 각오하며 길을 걷기 편하게 천으로 발을 감는 것이니 역시 수도하는 삶의 자세라 할 수 있습니다. 죽장 삿갓에 짚신 감발하고 문전걸식하며 사는 나그네, 성직자와 수도자와 또 그분들처럼 살아가는 가난한 사람들! 그러한 분들을 끊임없이 있게 하여 주시고, 그리하여 그들로 인해 끊임없이 우리를 축복해 주시는 주님! 당신을 찬미하나이다. 아멘.

성령이 인도하신 '폐회 연설'
— 아시아 팬클럽 대회에서 —

마닐라에 7일간 머무는 동안 나는 <가난한 이를 위한 작은

자매회> 수녀님들과 함께 기거하며 <전교가르멜회> 수녀님들과 친교의 시간을 가졌습니다. 작은 자매회 수녀원의 현관홀, 흰 벽면에 걸려 있는 자그마한 액자에는 예수님의 얼굴을 그린 사진 한 장이 끼워져 있는데, 나는 그 사진 속 예수님의 두 눈보다 더 신비롭고 자애로운 눈길을 지금까지 내 생애에서 본 일이 없습니다. 그 사진 속의 예수님 눈길을 오직 한 번 만나뵙기 위해서라도 내 고된 여행은 실로 넘치는 보상을 받은 셈이었습니다.

예수님은 나를 향해 "용서해라. 내가 너를 도와줄 터이니, 너의 불완전한 용서를 지금 완성시켜라." 하시는 듯했고 나는 그 앞에 서서 끝없이 눈물을 흘리며 나를 슬프게 한 모든 사람에 대한 용서를, 성령의 도움으로, 완성했다는 기쁨에 충만할 수 있었습니다. 그 예수님의 사진 밑에는 또한 "용서하면 잊으리라"라는 말씀이 적혀 있어서 진정 오랜 세월 누적되어 온 슬픔과 한과 억울함 등이 주님의 피땀에 씻기어 깨끗이 잊히고 치유되는 희열을 맛보았습니다. 전교가르멜회 수녀원의 현관 벽에도 액자가 걸려 있었습니다. "인간에게서 위대성을 분별해 보는 길은 그 사람이 당신에게 무엇을 남겼는가를 살피는 것이고, 이 점에서 으뜸 되시는 분은 예수님이다."라는 감명 깊은 구절이 영어로 적혀 있었습니다.

  말씀이 강생하여 사람이 되신 우리 예수님, 순간마다 인류의 가슴 깊이, 또 내 가슴속 깊은 곳에 기적적인 사랑과 용서이 불꽃을 사르며 말씀이 되시어 부활하시는 우리 예수님, 그 예수님과 내적으로 깊이 일치한 자세로 나는 일주일 동안의 팬클럽 세계 작가대회를 말석에 앉아서 참가했습니다. 회의가 끝나는 마지막 날이 왔습니다. 이미 일정표도 마무리가 된 터라 더 이상의 중요한 일은 없을 것으로 생각한 한국 대표단은 그 전날에 이미 귀국했기 때문에, 한국인으로는 나 혼자만 마지막 날의 회의에 남아있었습니다. 그러나 예상했던 바와는 정반대 일이 일어날 줄을 누가 짐작할 수 있겠는지요. 그날따라 회의는 유례없이 진지했고 대회 회장이 마르코스 대통령에게 보내는 공개 서한문을 낭독하자 각국을 대표하는 문인들이 한 명씩 나와 그 성명서 밑에 자기 나라 이름과 자신의 이름을 쓰고 서명하였습니다. 성명서의 내용은 비장했으며 거기에는 "옥살이하는 시인과 소설가를 석방하고 자유 시민으로 살게 해 주지 않으면 독재자다."라는 호소와 경고의 메시지가 담겨 있었습니다. 나는 행여나 나 이외의 한국인 작가가 남아있을까 살피려 회의장에서 나와 호텔로 전화했지만 한 명도 남아있지 않고,

대회장에서는 참석국가 중 대한민국 한 곳만 남았으니 빨리 나와 서명하라며 출석자 명단에 기재되어 있는 내 이름만을 거듭 호명했습니다. 내가 다소 민망스러운 표정으로 회의장에 들어갔더니 필리핀 팬클럽 회장인 호세 씨가, "당신에게 피해가 갈까 봐 두려웠습니까? 싫으면 사인하지 마세요." 하며 섭섭한 표정을 지었고, 나는 마치 500명의 세계 대표문인들 앞에서 심문당하는 죄인 꼴이 되어 있었습니다.

"예수님, 이 순간, 말씀이 되시어 내 안에 부활하소서." 순간적 기도를 올리고 나는 대답하였습니다. "두려워서도, 피해를 염려해서도 아니고, 우리나라의 다른 동료 문인이 아직 남아있나 알아보고자 지체했습니다. 내가 여기 서명하는 것이 옳고, 또 여러분 모든 작가에게 기쁨이 된다면 나 또한 당연히 서명해야지요." 호세 씨가 다시 물었습니다. "그러면 왜 즉각 사인 못 하고 동료들을 찾으려 했습니까?" 나는 잠시 생각한 후, "아까는 인간적 생각으로 행동한 것이고, 지금은 크리스천의 신앙으로 행동하는 것입니다."라고 대답했습니다. 그랬더니 갑자기 큰 환호성과 박수갈채 소리가 장내를 뜨겁게 흔들더니, 눈물을 글썽이며 호세 씨가 나를 포옹하고 이렇게 말했습니다. "나도 가톨릭신자입니다. 한국동란 때에 한국전선에서 종군기자로 일했었습니다. 우리는 사실 서로 남이 아닙니다." 잠시 후 장내는 기도하듯 고요해졌고 갑자기 대회 회장이 일어나 마지막 폐회 연설을 한국인인 나에게 맡기자고 말했습니다. 나는 어떤 정신으로 어떻게 연단 위로 끌려 올라갔는지 모릅니다. 나는 성령의 은사를 청원하였습니다. 주님께서 내 안에 말씀이 되어 부활해 주시기를 간청하였습니다. 더듬는 영어로 조심스레 입을 열었습니다.

"나는 다른 분들처럼 여러분에게 '존경하는 각국의 대표자 여러분'이라는 수식어를 쓰지 않겠습니다. 온 인류는 한 분이신 아버지 하느님 아래 한 형제자매들입니다. 그렇게 되기 위하여 애쓸 때만 모든 국제회의는 의미를 지닙니다. 어떠한 국민적 우월감도 열등감도 이 자리에서는 통용될 수 없습니다. 분열을 없이하고 단합을 도모하기 위해서만 우리는 모여야 합니다. 나는 한국동란 때 아버지와 남자 형제들을 모두 잃었습니다. 무덤에 들어가 내 형제를 찾아야 하겠습니까? 한국동란에 참전했었다는 여러분들을 내 형제로 알아야 합니까? 우리는 모두 형제자매들입니다. 그러므로 지금, 이 나라 옥중에서 고생하는 작가들도 우리의 형제들임은 너무도 분명합니다. 나는 옥중 형제자매들을 구하기 위해 여기 서명했습니다."

내가 단 위에서 내려오자 작가들은 차례로 늘어서서 내 볼에 입을 맞추었고, 대회 회장은 내 짧은 인사말을 논평하여 "일찍이 들어 본 일이 없는 감동적이고 전설적인 연설"이라 하였습니다. 다음날, 나는 여기저기 문의하여 필리핀에 계신 한국인 사제와 수녀들을 만나 그분들의 노고를 위로해 드렸습니다. 특히 당시 그곳에서 뉴기니에 선교하러 가시기 위해 언어 연수 중이시던 네 분 신부님과 짧은 기도회를 할 수 있었습니다. 그것은 참으로 아름다운 전 생애 추억의 한 토막입니다. 방 안드레아, 연 레오, 김 미카엘, 김 요한 네 분 신부님, 그들이 하느님 성령 안에서 살지 않고서야 모기에 뜯기는 그 열대의 나라에서 그날 그렇게도 온유하고 평화스러워 보일 수만은 없었을 것입니다. "장차 우리에게 계시될 영광에 견주면, 지금 이 시대의 우리가 겪는 고난은 아무것도 아님"(로마 8,18)을 깨닫게 해 주시는 하느님 성삼께 길이 찬미와 영광이 있어지이다. 아멘.

"이 집의 주인은 예수님이다"
— 홍콩의 윌리엄 씨에게 —

인생은 하느님을 찾는 나그넷길이고, 나그네 행장은 물질에 구애됨이 없이 죽장삿갓에 짚신감발한 수도자의 그것이어야 하겠다는 깨달음은, 사랑을 베푸시는 아버지 하느님의 성령께서 나에게 주신 무상의 큰 은혜입니다. 고급 의상과 얼굴 화장과 호화주택과 화려한 가구 등 세속적 가치에 마음과 시간을 빼앗기지 않으리라는 내 생활철학과 그 실천은 결코 나의 인간적인 노력에서 가능한 것이 아니고, 하느님 사랑이 내 안에서 이루어 주시는 은사적 믿음입니다. 나는 그러한 인식과 실천이 내 남은 생애에 변치 않고 지속되기를, 순간마다 기도하며 살아갑니다.

여러 해 전 어느 연말의 성탄 전 두 주일간을, 나는 집을 떠나 이국의 여러 호화 도시들에서 나그네 생활을 했었습니다. 홍콩, 말레이시아, 싱가포르를 거쳐 마닐라 국제회의에 참석하고 온 것입니다. 그러나 나의 진정한 여행 목적은 마닐라의 작가대회 참석이 아니라, 실은 그것을 빙자하여 말레이시아의 주교님, 내 회심과 변화를 위해 인내하며 기도해 준 말레이시아의 옛 제자들을 만나 나를 위한 그들의 기도가 하느님으로부터 진정 응답받았음을 보여 주고, 그들에게 감사를 표하고 싶어서였습니다. "세상을 돌아보며 세상의 구석구석에서 주님을 뵙자. 어려움이 생기면 주님이 겪으신 고난을 묵상하며 가난한 나그네로 두 주일간 여행 일정을 잡자." 이렇게 결심하고, 한국은 겨울이지만 방문국들은 열대의 나라들인지라, 겨울옷을 벗어 끌고 다닐 것이 번거로워, 얇은 여름옷 다섯 벌을 겹겹이 껴입고, 추운 겨울 새벽 일찍 비행장으로 갔습니다.

"너희는 '무엇을 먹을까?', '무엇을 마실까?', '무엇을 차려입을까?' 걱정하지 마라. 이런 것들은 모두 다른 민족들이 애써 찾는 것이다. 하늘의 너희 아버지께서는 이 모든 것이 너희에게 필요함을 아신다. 너희는 먼저 하느님의 나라와 그분의 의로움을 찾아라. 그러면 이 모든 것도 곁들여 받게 될 것이다."(마태 6,31-33)라고 하신 주님 말씀을 묵상하면서 따뜻하게 난방이 된 대합실에 들어선 후 나는 여러 겹으로 껴입었던 여름옷들을 벗어 옷 가방에 챙겨 넣었습니다. 창틀도 없는 넓은 판유리 너머로, 우리가 탈 비행기가 눈에 띄자, 여행을 앞두고 여러 날 동안 가슴 두근거리게 했던 두려움과 불안이 안개 걷히듯 사라지는 것을 느꼈습니다. 공연히 비행기 타는 일이 두렵고, 추락사고 같은 것이 연상되곤 했던 것입니다. 돌아가신 어머니를 위한 연미사를 봉헌하고, 또 그 며칠 전에 타계한 학부모 어머니를 위해 기도하고, 또 온 가족을 위한 생미사를 봉헌한 일 등이 무의식적인 듯해도 사실은 죽음의 불안감에서 연유했던 것 같았습니다. 그런데 막상 여행일이 닥쳐 성령 가족 배지를 상의 카라에 부착하고 비행기 앞에 선 순간, 시커멓게 뭉글거리던 불안의 구름이 사라지는 기쁨과 평화를 느꼈습니다. 그것은 인간적 노력으로 얻어지는 것이 아니라 은사적 신앙을 바탕으로 한 하느님과의 일체감에서 오는 평화였습니다. 비행기 추락을 내심 두려워했던 것은 참으로 신앙이 부족한 사람의 행위였습니다.

의심은 도둑입니다. 의심은 아버지 하느님에 대한 직접적 불신입니다. 그리고 의심은 죄악입니다. 악마는 우리에게서 하느님의 축복을 빼앗아 가려 하고, 불신과 두려움과 걱정과 혼란으로 주님을 의심하도록 유도합니다. 그래서 나는 즉시 비행기에 탑승하는 순간 심령기도를 봉헌하며 주님을 찬미하였고 성경을 펴서 읽었습니다. "네 근심을 주님께 맡겨라. 그분께서 너를 붙들어 주시리라. 의인이 흔들림을 결코 내버려 두지 않으시리라"(시편 55,23). "두려워하지들 마라. 똑바로 서서 오늘 주님께서 너희를 위하여 이루실 구원을 보아라"(탈출 14,13). 그렇게 성경을 읽는 사이, 태초에 하느님이 펼치신 창조의 손길과 숨결이 비행기 창밖의 구름 위와 하늘 밑에 충만해 계심을 전신으로 느꼈습니다. 하느님을 사랑할 때 우주만상은 더욱더 빛을 뿜고 아름다워 보입니다. 홍콩 비행장을 벗어나서 나는 전에 내가 한 번 묵은 일이 있는 미라마 호텔로 갈 예정이었습니다. 미라마 호텔 앞은 번화한 상가이고 거기 한 기념품 상점의 젊은 주인 부부를 전에 만난 일이 있었기 때문입니다. 전에 내가 말레이시아 대학교에서 근무하다가 귀국하던 때, 나와 가까이 사귀던 중국인 이웃 아주머니께서 홍콩에 있는 동생 앞으로 그녀가 만든 음식을 전해 달라고 하여 그리했었고, 그때 그 동생 되는 윌리암 씨는 친구가 지배인인 미라마 호텔에 내 방을 예약해 준 적이 있었기 때문에 나는 호텔 예약 문제를 대수롭게 생각하지 않았습니다. 그러나 이번에는 윌리암 씨가 호텔에 전화를 걸어 보았지만, 성탄 휴가철이라 홍콩의 호텔은 이미 한 달 전에 예약이 끝나 있었습니다. 그때 윌리엄 부인이 말하기를 홍콩의 집들이 협소해서 부끄럽긴 하지만 우리는 같은 크리스천이니까 함께 자기 집에서 하루를 묵는 게 어떠냐 하여, 나는 감사히 그들 집에서 하룻밤을 신세 지기로 했습니다. 내가 그들 집 대문 앞에 섰을 때, 나는 우리네처럼 이름 석 자를 새긴 문패 대신에 "Jesus is the Lord of this house."(예수님이 이 집의 주인이시다.)라고 조각된 예수님의 나무판 문패를 보고 크게 감동하였습니다. 켄톤 지방 특유의 스팀 볼로 만찬을 들면서 우리는 한국의 미래, 홍콩의 미래, 세계의 미래, 그리고 하느님의 섭리 등에 대하여 밤새도록 이야기를 나누었습니다. 내가 저녁 성찬에 감사하다고 말하자 그 부부는 번번이 "예수님이 이 집의 주인이십니다. 주님을 찬미합시다."라고만 대답하였습니다. 나는 그들의 후대에 마음 깊이 감사하였지만, 웬일인지 미안하다는 생각이 조금도 들지 않았습니다. 방마다 벽면에 걸린 십자가 위 나무 조각에도 "Jesus is the Lord of this room."(예수님이 이 방의 주인이시다.)이라고 적혀 있었기 때문이었고, 그들과 내가 한 분이신 아버지 하느님 아래 한 형제이고 자매라는 확신으로 가슴이 기쁨에 벅찼기 때문입니다.

다른 여러 나라의 여행 일정을 다 마치고 집에 돌아왔을 때, 윌리엄 씨의 편지는 나보다 먼저 내 집에 도착해 있었는데, 거기에는 이렇게 씌어 있었습니다. "자주 저희 집을 찾아 주십시오. 그래야만 저도 한국에 갔을 때, 주님의 성전에서 함께 거할 수 있지 않겠습니까?" 온 인류가 한 아버지 아래 한 형제자매가 되게 하기 위하여 예수님은 지금도 십자가 위에 높이 달려 끊임없이 우리에게 사랑의 성령을 보내 주십니다. 온 우주와 온 인류의 주인이신 주님! 찬미 받으소서. 아멘.

성령을 거부하는 사람들
─말레이시아의 어느 노부부─

　마닐라 국제 문인대회 참석은 단지 하나의 구실에 불과했고, 나의 내심 여행 목적은 말레이시아와 싱가포르 방문에 있었습니다. 싱가포르 다리 하나를 연해 있는 말레이시아 남단 조호라는 도시에 계신 제임스 챤 주교님과 전에 말레이시아 대학에서 가르친 적이 있는 제자 쥰, 그리고 내가 근무하던 페낭 대학교 근처에 살고 계신 노인 부부 두 사람을 만나 보기 위해서였습니다. 내가 이 노부부를 잊지 못하고, 또 상당한 지출을 감수하면서까지 일행들과 별도의 코스를 계획한 이유는 그들에 대한 마음의 빚이 있음을 뉘우쳤기 때문입니다. 페낭 대학교의 교수로 있을 때 그 노부부의 집에 애들과 더불어 기숙했던 나는, 정해진 액수의 숙식비를 지불하는 것으로 내 의무를 다했다고 생각했고, 내가 출근한 뒤에 애들을 보살피고 나를 위해 성심껏 봉사해 주었던, 눈에 보이지 않는 정성에 대하여는 따로 감사의 마음을 갖지도 또 표현하지도 않았습니다. 그런데 최근에 이르러서야 나는 그들로부터 금전으로는 환산할 수 없는 은혜를 입었고 그에 대해 반드시 감사를 표시했어야 했다는 인간적 도리를 생각하게 되었습니다. 제임스 주교님과 내 제자를 보고자 한 이유는, 그 두 사람이야말로 무수히 내 거처를 방문하여 나를 위해 기도해 주었으며, 장시간에 이르는 부부 별거가 왜 하느님의 뜻에 어긋나는가를 역설하면서, "말레이시아의 생활이 아무리 편하고 윤택할지라도, 불편하고 가난하지만, 가족과 함께 사는 삶을 향해, 방향을 바꾸어야 한다."라면서, 내 귀국을 늘 종용했기 때문입니다. 나는 한국으로 돌아와 서울의 갈등과 매연과 허무와 가난에 시달리고 싶지 않았습니다. 주교님과 제자의 충고가 듣기 싫었습니다. 페낭 대학교와 말레이시아, 그리고 그곳의 사람들을 떠나, 시기와 갈등과 질투와 모함이 기다리고 있다고 생각되었던 서울에 돌아온 후 박사학위 과정을 마치고 학위를 받았으며, 숙명여대 교수가 된 연후에야, 많은 회개의 단계를 거쳐 하느님의 사랑을 체험하고, 그리스도의 수난에 감읍하게 되었으며, 하느님의 성령을 받아 신앙이 주는 기쁨과 평화의 의미를 깨닫고 새사람이 되었습니다.

하느님 성부에 대한 사랑이 인생의 궁극적 질문이고, 예수 그리스도에 대한 신앙이 그 모든 궁극적 질문에 대한 초월적 해답이라면, 하느님 성령에 대한 인식과 체험은 바로 실천적 성화요, 기쁨과 평화요, 천국의 현세적 실현 그 자체입니다. 그래서 성령을 받으면 과거의 온갖 죄악이 기억되어 하느님 앞에 가슴을 치며 통회하게 되고, 그 아파하는 마음을 하느님께서 씻어 살펴 주실 때, 영혼과 육신의 아픔이 치유 받아 환희의 눈물을 흘리게 됩니다. 하느님 세 분 위격을 구분해서 깨닫지 못하면 우리는 신앙의 신비를 체험하지 못합니다. 생명을 창조해 주신 하느님 성부, 죄악에 떨어진 우리가 다시 태어날 수 있도록 구원의 문을 마련해 주신 하느님 성자, 온 인류가 그 구원의 문을 거쳐 모두가 한 몸이 되어 사랑하고 일치하기까지 역사하시는 하느님 성령! 그러므로 하느님의 성령을 만나지 못하면 하느님 성부와 성자도 만나지 못합니다. 성령 안에서 살기 시작한 사람은 남의 눈에 있는 대들보보다 자기 눈의 티끌을 더 잘 봅니다. 생각지도 못했던 과거의 일들에서 잘못을 찾아 뉘우치게 되고, 하느님의 용서를 받아 아픔이 치유되면 환희의 눈물을 흘리게 됩니다. 내가 말레이시아를 찾은 이유는 바로 이러한 뉘우침에 연유했던 것입니다.

싱가포르 비행장에 도착할 시간을 주교님과 제자에게 편지로 알려 놓고 나는 말레이시아 북부에 있는 페낭 비행장에 내려 노부부의 환영을 받았습니다. 내가 지내던 옛 방은 깨끗하게 정돈되어 다시 나를 반겨 주었고, 정원 가득 피어있는 열대의 양란꽃들은 다시 나를 옛날의 낭만으로 이끌기에 충분할 수 있었습니다. 그러나 하느님 성령과 함께하며 사물을 옳게 분별하는 신앙적 지혜로 무장한 내 눈에, 남국의 정취와 풍요는 이번에는 달리 보였습니다. 오히려 그 물질적 풍요 속에 부식하고 있는 악한 것들의 양상을 분명히 보았습니다. 함께 살았던 황 씨 노부부는 옛날과는 달리 서로 증오하면서 따로 차를 몰아 별개의 성당에 나가고 있었습니다. 재산분배 문제에서 의견 충돌을 보았다는 것입니다. 밤이 되면 각 방에 들어가 원하는 텔레비전 프로를 각자 보다가 서로를 증오하며 따로 잠들었습니다. 사흘을 그 집에 머물면서 나는 노부부가 번갈아 나를 독점하며 상대를 비방하는 말을 들어주기에 지쳤고, 그 집의 구석구석, 방 안의 여기저기, 정원의 나뭇잎 하나하나에까지 매달려 있는 세속주의의 사탄, 시기와 질투와 교만과 증오의 사탄, 물욕과 사치의 사탄을 보았습니다. 나는 노부부에게 혼인 재결합 피정(M.E. 주말 피정)이나 성령 쇄신 세미나에 참석해 볼 것을 간곡히 청하였으나, 그들을 만약 재결합시키려는 의도가 내게 있다면 당장 그 집에서 나가 호텔로 가라는 격앙된 반응만 되돌아올 뿐이었습니다. 그들은 성령 쇄신이나 M.E. 피정이 그들을 이끌어갈 '자아 반성과 겸손과 온유와 회개'의 필연성이 무섭고 싫었던 것이었고, 그것은 바로 하느님 성부와 성자조차도 거부하는 교만이라고 생각되었습니다. 그들은 서로의 가치를 인정하고 그리워하기에는 피차 너무 부유했고 피차가 각각 지니는 별개의 재산 증식에 영혼이 얽매여 있었습니다.

오늘은 요한복음 20장을 묵상하였습니다. 거기에는 그리스도의 교훈이 이렇게 명백히 드러나 있습니다. "평화가 너희와 함께! 아버지께서 나를 보내신 것처럼 나도 너희를 보낸다! 성령을 받아라. 너희가 누구의 죄든지 용서해 주면 그가 용서를 받을 것이고, 그대로 두면 그대로 남아있을 것이다. 온 세상 사람들은 다 나의 형제이다. 그들에게 복음을 전하고 그들이 새 생명을 얻게 하라!" 성령 안에 사는 사람, 주교님과 내 제자를 만나러 싱가포르행 비행기를 타던 때, 나는 내심으로 구마기도를 하였습니다. "교만과 물욕의 사탄아, 노부부에게서 떠나 예수님께로 가라!" 그 노부부는 성령을 받아야만, 물욕의 사탄에게서 해방되어 닫힌 마음을 열고 상호 화해할 것이 틀림없어 보였습니다. 우리에게 분별의 힘과 믿음을 주시는 주님, 찬미 받으소서. 아멘.

성령과 함께 사는 사람들
— 제임스찬 주교와 선교사 데이비스와 제자 준에게 —

나는 마닐라로 강연하러 가던 때, 싱가포르에서 자가용으로 삼십 분 거리에 있는 말레이시아의 최남단, 조호라는 도시로 편지를 보냈었습니다. 마닐라에 가는 길인데, 하루 동안 싱가포르 공항에 내려 제임스 챤 주교님과 제자 준을 만나, 나를 위한 그들의 기도가 하느님의 응답을 받아 내가 진정 변화되고 구원받았음을 보여주고 싶다고 썼고, 비행기 시간을 알려주었습니다. 그럼에도, 한편으로 나는 만약 주교님과 제자가 내 편지를 못 받아 비행장에 나오지 못하면 어느 호텔에서 하룻밤을 묵을 것이며 어떻게 대처할 것인지에 대해 잠시 인간적 걱정을 하고 있었습니다. 휴대폰이 없던 때였습니다.

비행기에 탑승할 때였습니다. 중년 미국인 부부가 내 옆 좌우에 서더니, "성령을 받으셨군요?" 하면서 내 옷깃에 달린 성령 배지를 가리키며 환하게 웃었고, 놀랍게도 우리 세 사람의 좌석이 한옆으로 나란히 연해 있었기 때문에 우리는 서로 자기소개를 했습니다. 데이비스 여사는 온 세계를 돌아다니며 봉사하는 치유 복음 선교사로서 일정이 아주 바쁜 분이었습니다.

우리는 셋이서 손을 잡고 기도를 시작했습니다. 그런데 데이비스 여사가 기도를 끝내고 나서 내게 이렇게 말하였습니다. "마리아, 하느님이 예언하십니다. 당신을 오늘 내가 머물 앰버서더 호텔로 데리고 가서 몇 시간이고 함께 기도하며 심령기도에 대하여 확신을 가질 때까지 당신을 위해 봉사하라 하십니다." 지성과 교만의 찌꺼기로 인해 절대로 교우들 앞에서 심령기도를 못 하고 혼자만 숨어서 알렐루야를 웅얼거리는 내 부족한 믿음을 주님은 이렇듯 놀라운 방법으로 지적해 주신 것입니다.

싱가포르 비행장에는 내 제자 쥰이 나와 있었습니다. 쥰은 성경학 전공으로 박사학위 과정을 이수한 충실한 하느님 딸입니다. 어느 날 쥰은 성전에 앉아, "성경의 말씀대로 살고자 합니다. 주님, 그러나 심령기도의 체험은 주시지 않으셨으니, 그것이 좋은 것이면 제게도 체험을 주십시오." 이렇게 기도했다는 것입니다. 그때 쥰은, "미움의 찌꺼기와 뿌리조차 모두 제거해 버려라, 용서하라."라는 하느님 말씀을 들었고, 눈물을 흘리며 용서를 서약한 순간, 말로 형용할 수 없는 기쁨으로 충만해지면서 심령기도가 입에서 흘러나오더라는 것입니다. 데이비스 부부와 쥰, 그리고 나, 네 사람은 이렇게 끝없이 주님을 찬미하며 싱가포르 엠버서더 호텔 방에서 기도하였습니다.

다음날 새벽, 쥰은 차를 몰아 나에게 챤 주교님이 계신 조호로 가자고 했습니다. 그런데 그 전날 싱가포르 입국 때 보여주고 차 안에 놓아두었다는 쥰의 여권이 보이지 않아 오전 내내 찾았지만 결국 찾지 못하였습니다. 하는 수 없이 시내 성당에 가서 주일미사를 참석하고 비행장으로 가려는데, 그때가 성탄 전 주일이라 싱가포르 시내가 어찌나 차와 사람으로 붐비는지 마닐라행 비행기 이륙시간이 지날 때까지 우리는 여전히 자동차 홍수에 끼여 정지된 채로 싱가포르 시내를 빠져나가지 못했습니다. 그때 나는 비로소 "언제나 기뻐하십시오. 끊임없이 기도하십시오. 모든 일에 감사하십시오. 이것이 그리스도 예수님 안에서 살아가는 여러분에게 바라시는 하느님의 뜻입니다. 성령의 불을 끄지 마십시오. 예언을 업신여기지 마십시오."(1테살 5,16-20)라는 성경 구절을 기억하고는, 정성을 다하여 하느님께 감사하면서 심령기도로 주님을 찬미하였습니다. 주님을 찬미합시다. 주님의 사랑을! 드디어 비행장 주차장에 차를 세우고 차에서 내려 문을 닫으려는데, 놀랍게도 거기 운전석 아래 쥰의 여권이 떨어져 있는 것입니다! 또 비행장 대합실 안으로 들어서는데 웽웽거리는 방송 안내자가 마닐라행 비행기는 기관고장으로 인해 세 시간 연발한다고 말하였습니다. 오 그리고

"저의 주님, 저의 하느님"(요한 20,28) 거기에는 빨간 모자를 쓰신 정장의 챤 주교님이 두 팔을 활짝 벌리고 나를 반기며 서 계셨습니다. 주교님은 로마 출장에서 이제 막 돌아와 내 편지를 읽고 여장도 풀지 못한 채 비행장으로 오셨다는 것입니다. 새벽에 우리의 조호 행을 막으시려고 잠시 우리 눈에서 여권을 감추셨던 주님, 마닐라행 비행기의 출발시각을 늦춰 주신 주님을 찬미했습니다. 주교님은 교황 요한 바오로 2세께서 특별히 축복해 주셨다는 십자가, 팔찌, 반지, 배지, 그리고 가족들을 위한 성패를 나에게 주신 후 내 머리에 손을 얹고, 국제공항의 수많은 사람 한복판에서 나를 위한 너무도 감격스러운 기도를 주님께 바치셨습니다.

"비천한 종의 기도를 응답해 주신 나의 주님, 나의 하느님, 찬미 받으소서. 가족이 있는 한국으로 돌아가라는 내 말에 순종하고 돌아갔던 마리아를 축복하시고 변화시키셨을 뿐만 아니라, 하느님 왕국 건설의 빠른 완성을 위해 사도적 소명으로 무장시키어 만인 앞에서 일하는 마리아로 성장시켜 주신 주님, 찬미 받으소서. 아멘!"

주교님의 안수기도는 내 전신을 불로 태워 빛나게 재조형해 주셨습니다. 그 6년 전에 내가 피낭 싸인즈 대학교를 떠나 귀국하던 때도, 주교님은 교황 바오로 6세로부터 받으셨다는 동그란 금메달을 주셨고, 그것을 지난 십 년 동안 항시 지니고 살았던 터라, 그날 싱가포르 비행장에서 하느님이 친히 주교님을 통하여, 회개한 나, 탕자였던 자식에게 보여주신 큰 사랑으로 인해 나는 그만 "인간이 무엇이기에 이토록 기억해 주십니까? 사람이 무엇이기에 이토록 돌보아 주십니까?"(시편 8,5) 하면서 "저의 잘못은 기억하지 마소서. 주님, 당신의 자애에 따라, 당신의 선하심을 생각하시어 저를 기억하여 주소서"(시편 25,7). 라고 주님을 찬미하며 흐느꼈습니다. 마닐라행 비행기를 타고 높이 하늘에 올라 사라질 때까지 주교님의 모습이 한 알의 빨간 모래알이 되어 여전히 기도하고 계신 것처럼 내 망막에 남아 있었습니다. 나는 주교님과 하느님 속마음을 훤히 압니다. "잃었던 탕자가 되돌아왔을 때 송아지를 잡고 잔치를 베푸신"(루카 15,11-32) 아버지 하느님 마음을 잘 압니다. 주교님과 하느님이 나를 귀히 여기는 이유도, 내가 돌아온 탕자이기 때문입니다. "보지 않고도 믿는"(요한 20,29) 복된 믿음을 주신 주님! 주님을 찬미하나이다. 아멘.

모든 눈물을 닦아 주실 것이다
― 요한 묵시록 21장 4절 ―

내가 눈물을 흘리던 때, 내 눈물을 씻어 준 자매님이 계셨습니다. 조 마리아님. 내가 하느님 안에서 살아가도록 여러모로 도움을 주신 그분이 세상을 떠나 천국으로 가셨을 때였습니다. 자매님은 임종을 준비하시는 동안 고통받는 사람들을 위하여 하느님 품에 안기는 순간까지 기도하셨고, 성령께서 주시는 다음 말씀을 단계적으로 우리에게 전해 주셨습니다.

(1) 발병 초기에, 이사야서 53장 5절.

(2) 고통을 느낄 때, 로마서 8장 18절.

(3) 임종 준비에, 로마서 8장 35-39절.

(4) 임종 순간에, 요한 묵시록 21장 4절.

병석에 누우신 자매님을 처음에 방문했을 때, 환자의 눈길이 머무는 침상 건너편 벽에 붙은 종이에는 이사야서 53장 5절이 씌어 있었습니다. "우리의 평화를 위하여 그가 징벌을 받았고 그의 상처로 우리는 나았다." 그것은 흰 종이 위에 씌어 있는 까만 글자들이 아닌, 정녕 동정녀의 몸에서 태어나신 주님, 부활과 승천의 주님께서 그 방안에 숨 쉬고 계시면서 내 죄와 질병을 대신 치르고 계심을 느끼게 해 주었습니다. 고통이 심해졌을 때 자매님은 기도 중에서 다시 예언을 받으셨고 그것은 로마서 8장 18절의 말씀이었습니다. "장차 우리에게 계시될 영광에 견주면, 지금 이 시대에 우리가 겪는 고난은 아무것도 아니라고 생각합니다." 이 말씀은 그때 내 영혼을 얼마나 깊이 감동시켰는지 고통이 지니는 의미와 신비와 가치에 대하여 생전 처음으로 알아듣기라도 한 것처럼 내 영혼이 갑자기 은사적인 믿음과 지혜로 충만해지는 것을 느꼈습니다. 임종의 순간이 가까워져 오던 때 자매님은 그의 장부이신 김 바오로 형제와 한 시간 반에 걸친 화해의 시간을 가지셨고, 또 자식들과 형제자매들을 일일이 만나 서로 치유의 시간을 마련한 후 깊은 신앙으로 살 것을 당부하셨습니다. 그리고는 고통받는 이들을 위해 성령께서 주시는 예언이라 하시면서 로마서 8장 35절에서 39절까지를 읽게 하셨습니다. "무엇이 우리를 그리스도의 사랑에서 갈라놓을 수 있겠습니까? 환난입니까? 역경입니까? 박해입니까? 굶주림입니까? 헐벗음입니까? 위험입니까? 칼입니까? …… 우리는 우리를 사랑해 주신 분의 도움에 힘입어 이 모든 것을 이겨 내고도 남습니다. 나는 확신합니다. 죽음도, 삶도, 천사도, 권세도, 현재의 것도, 미래의 것도, 권능도, 저 높은 곳도,

저 깊은 곳도, 그 밖의 어떠한 피조물도 우리 주 그리스도 예수
님에게서 드러난 하느님의 사랑에서 우리를 떼어 놓을 수 없습
니다."

　임종의 순간에 자매님의 눈앞에는 주님과 성모님과 천사들
이 나타나 보인 것 같다고, 임종을 지켜본 이들은 나에게 그때
의 정경을 묘사하였습니다. 고통은 멎고 얼굴은 환하게 빛났으
며 형언할 수 없는 기쁜 미소가 자매님의 입가에서 떠나지 않
더라고 말했습니다. 자매님의 임종 소식을 듣고 그 댁을 찾았
을 때, 그곳에는 언제나 와 마찬가지로 두 눈가에 아지랑이 같
은 미소를 지닌 김 바오로 형제가 그의 아내를 대신하여 방문
객을 맞이하였고 집안의 어느 구석에서도 슬픔으로 우는 사람
을 찾아볼 수 없었습니다. 그곳은 누군가가 죽어서 슬퍼하는
세상 사람들의 집이 아니라, 누군가 태어나서 기뻐하는 하늘
나라 아버지의 집을 연상시켜 주었습니다. 나는 방 안에 들어
가 흰 벽에 크게 써 붙인 요한묵시록 21장 4절을 읽고서야 비
로소 그 댁의 잔칫집 분위기가 어디에 연유하는지 알았습니다.
그 글자들 한 자 한 자가 바로 부활하신 예수님이 되어서, 죽은
이와 남은 이들 모두의 눈에서 눈물을 씻어 주며 거기 좌정해
계신다고 나는 확신했습니다. 며칠 후 자매님의 삼우제에 나는

자매님의 가족들을 따라 한탄에 있는 가톨릭 공동묘지에 갔었습니다. 어디를 둘러보아도 천지에 보이는 것은 무덤뿐인 곳. 경사가 급한 산비탈을 숨차게 오르니, 탁 트인 산마루 위에 죽은 조 마리아님과 살아있는 김 바오로님의 부부 묘가 나란히 단장되어 있었고, 멀리 산과 들이 푸르고 아득하게 첩첩이 이어져 있었습니다.

이마에 닿을 듯해 보이는 하늘이 하느님 품 안이고 아득히 이어진 산과 들이 하느님 옷자락처럼 너울거리는 산마루 위에 누워서야, 진정 사람은 완전한 치유와 휴식과 완전한 평화에 이른다는 확신과 지혜가 나로 하여금 정녕 참 기쁨에서 우러나는 감사의 기도를 드리게 했습니다. "아버지 하느님. 사랑하시던 자매의 아픔을 완벽히 치유하여 주시고, 그 손을 잡으시어 당신의 복된 나라로 데려가 주셨음을 감사하나이다." 산에서 내려오면서 나는 옆의 자매님에게 이렇게 말하였습니다. "진정으로 완벽한 치유란 죽음의 순간에 이루어지는 것이군요." 밑도 끝도 없는 나의 이 말을 옆의 자매들이 어떻게 받아들였을 것인가에 대하여는 헤아릴 길이 없지만, 조 마리아 자매님의 임종과 그 임종을 통해 하느님이 우리에게 주신 예언의 말씀들은 앞으로 우리 모두의 입과 귀, 머리와 가슴 안에 담고 살아야 할 복음 말씀의 중심인 것으로 생각됩니다.

"모든 인간은 풀과 같고 그 모든 영광은 풀꽃과 같다. 풀은 마르고 꽃은 떨어지지만, 주님의 말씀은 영원히 머물러 계심"(1베드 1,24)을 깨우쳐, 살아남은 우리 모두가 다 주님의 평화를 누리게 해 주시기를 간구했습니다. 하느님 성부와 성자와 성령께, 영원무궁토록 찬미와 감사와 영광이 있어 지이다. 아멘.

두려워 말라, 내가 너희 곁에 있다

기도 중에 가장 아름다운 기도는 주님을 찬미하는 기도입니다. 찬미 중에 가장 아름다운 찬미는 주께서 베푸신 은혜를 몸소 증거하는 것입니다. 그러므로 주님의 은혜를 만인 앞에 증거 하는 것은 바로 가장 아름다운 찬미의 기도입니다. 나는 지난 1983년에 있었던 특별세미나를 통하여 주께서 베푸신 은혜를 증거 하고자 이 글을 씁니다.

1982년 특별세미나에서 통역하라는 명을 받았을 때, 나는 능력이 부족하다고 거절했었습니다. 그런데 지난 1983년 특별세미나에서 통역하라고 또다시 명을 받았을 때, 나는 번번이 거절할 수만은 없다고 생각되었습니다. 나의 거절이 순수한 겸손에 기인한 것이 아니고, 오히려 많은 사람 앞에서 망신을 당할까 봐 두려워하는, 위장된 겸손과 이기적 교만에 원인이라는 것임을 깨달았기 때문이었습니다. 그러다가 나는 한 가지 묘안을 궁리해 내었습니다. 즉 이 1983년 특별세미나의 강사로 오시는 린 형제 신부와 페리시 신부님을 직접 만나 뵙고, 내가 얼마나 외국어 듣는 일에 서툴며, 정녕 얼마나 능력과 자격이 부족한 사람인가를 말씀드리고, 서울대교구 성령 쇄신 봉사회 지도 신부께 내가 통역할 수 없음을 말씀드려 달라고 솔직하게 청하자는 생각이었습니다.

"좋은 통역자는 영어를 잘하는 사람이 아니라, 하느님을 사랑하고 그 현존을 체험하는 사람입니다. 35개 나라를 다니며 피정 지도를 하였지만, 오직 한 군데에서만 성령이 크게 역사하지 않으셨는데, 그 한 군데의 세미나에서 통역을 담당했던 분은 영문학 박사이고 교수님이신 분이었습니다. 그는 영어는 잘하나 하느님을 사랑하지 않았습니다. 그래서 실패한 통역이었습니다. 영어는 잘하지 못하나 하느님 사랑 안에 사는 사람은 통역할 수 있으며, 그 세미나에서는 성령이 충만하게 역사하십니다."

　페리시 신부님은 이렇게 나를 타이르셨습니다. 마지막으로 페리시 신부님이 하신 말씀은 "나의 분별에 의하면, 더 이상 재고할 필요도 없이 마리아 교수가 통역해야만 하겠습니다."라는, 명령에 가까운 분부셨습니다. "두려워 마세요. 성령이 함께 하십니다." 이렇게 세 분 사제 모두가 덧붙여 말씀하셨습니다. 영어책을 읽고 그것을 한국어로 번역하여 원고지에 옮기는 일은 영어사전을 들고 또 오래 생각하며 하는 것이니까 가능한 것이지만, 외국인이 하는 말을 귀로 듣고 그 자리에서 동시에 통역하는 일은, 나로서는 상상도 못 할 능력 밖의 일이 아닐 수 없었습니다. 그래서 초조한 하루하루를 보내며 나는 오직 깊이 기도할 뿐이었습니다.

　1983년 특별세미나가 시작되는 8월 9일 전날 밤, 나는 드디어 십자가 아래 꿇어앉아 깊은 기도 중에 이런 결론을 얻었습니다. "어쩌면, 세례받은 후 삼십 삼 년 동안 내가 저질러 온 모든 잘못의 보속을 위하여, 서강대학교 체육관에 가득 모인 사천 명 사람들 앞에서 내가 큰 망신을 당하며 겸손하게 연단 아래로 끌려 내려가게 되려는가 보다. 그러면 만일을 대비하여 마음의 준비를 하고 있던 능력 있는 분들이 나 대신 통역을 이

어받아 세미나를 진행하게 되려는가 보다. 그 망신을 주님께 봉헌하리라. 죽기에 이르도록 순종하신 주님의 겸손을 본받기 위해, 나도 순종하고 그 자리에 서고, 또 겸손하게 물러나리라." 이런 생각을 하며 그 생각을 주님께 봉헌하였습니다.

다음 날 아침 아홉 시. 1983 특별세미나는 서울대교구 성령 쇄신 봉사회 지도신부님의 개회사로 시작되었습니다. 이어서 세 분 강사 신부님이 주로 '한국 성령 쇄신의 의의와 그 전망'에 관한 말씀으로 인사말을 하셨는데, 말씀 한마디 한마디가 참으로 한국교회와 교우들을 격려하시는 내용이었기 때문에, 우레 같은 박수 소리가 끊임없이 터져 나왔습니다. 박수는 인간을 향한 것이 아니고 실은 눈에 보이지 않으나 우리 안에 현존하시는 하느님께 바치는 것이므로, 흔히 세미나의 박수가 성령의 크신 은총을 향해 우리 자신을 개방시키는 일이 됨을 우리는 자주 체험해 온 터입니다. "우리는 왜 여기에 모였습니까?", "하느님이 우리를 도구로 사용하시어, 온 세상에 복음을 전하고, 인류 구원의 사도가 되라고 선택하셨기 때문에 여기에 왔습니다." 이러한 한마디 한마디의 말씀 앞에서 어리고 순진하고 온유한 우리의 수천 명 교우는 진정으로 감격에 찬 박수를 하느님께 봉헌하지 않을 수 없었습니다. 그때 첫 강의가 끝나고 미사 봉헌을 시작하시기에 앞서, 김대균 지도신부님께서 내게 인자하게 말씀하셨습니다. "가장 어려움에 처했을 때 하느님이 가장 뚜렷하게 도와주십니다. 두려워 말고 주님께만 의지하세요. 연 삼 일간 밤낮으로 혼자 세 분 신부님의 말씀을 통역해야 할 터이니, 목에 힘을 빼고, 목소리를 낮추고, 고요하게, 겸손하게, 정성을 다하여 말씀의 뜻을 전하세요. 단어 하나하나를 해석하려 하지 마세요. 참 좋아요. 마리아. 잘했어요. 지금처럼 하세요. 그리고 목에 힘주지 마세요." 그러면서 환하게 웃어주셨습니다. "목에 힘주지 마세요."라는 "교만하지 말라."는 뜻으로 사용되는 일종의 은어입니다. 나는 그 자비로운 격려에 감동하여 오직 순종하였으며, 그 순간부터 통역으로 인한 일체의 두려움에서 완전히 벗어났습니다.

1983 특별세미나는 나에게, 평소에 별로 가까이하지 않았던 몇 가지 은사를 체험케 해 주었다는 데 큰 의미를 지닙니다. 분별, 믿음, 기적, 예언, 이들 은사의 체험이 그것입니다. 어쩌면 은밀한 기쁨으로 감추어 두려 했던 일을, 나는 여기서 고백해야만 할 것 같습니다. 세 분 신부님은, 청중을 네 명씩 짝지어, 각각 한 사람씩을 위해 하느님께서 주시는 예언을 받아 전해 주도록, 네 차례에 걸친 짧은 기도 시간을 갖게 하셨습니다.

자연히 나는 세 분 신부님의 안수를 받게 되었고, 그 세 분 신부님은 하느님으로부터 받은 예언을 내게 전해 주셨습니다. 먼 훗날, 내가 죽고 난 먼 훗날에도, 우리의 후손들이 진정 하느님의 성령 안에 살아야 함을 강조하는 하나의 교훈을 남기고 싶은 마음에서, 나는 이 세 분 신부님으로부터 전해 들은 말씀을 여기에 적습니다.

페리시 신부님이 말씀하셨습니다. "마리아, 성령께서 당신에게 분별의 은사를 약속하십니다." 린 마태오 신부님이 말씀하셨습니다. "당신에게 주님께서 통역을 명하시는데, 능력이 없어서 못 하겠다고 하니, 당신이 바닷물 깊이 빠졌습니다. 다시 주님께서 통역을 명하시는데, "능력은 없사오나 주님만을 믿사오니 함께 하소서."라고 말씀드리자, 당신이 바다 위를 걸어 주님께로 갔습니다. 린 데니스 신부님이 말씀하셨습니다. "스스로가 능력이 있다고 믿는 일만 하지 말고, 능력 없는 일도 주님을 의지하고 믿음으로 하라."고 말씀하십니다. "캄캄한 밤하늘 위에 맑게 빛나는 한 떨기 별빛처럼, 사람들의 길잡이가 되어 사람들을 주님께로 이끄는 사람이 돼라."고 주께서 명하십니다. "너는 내가 손에 쥐고 있는 빨간 장미 한 송이. 늘 이 장미꽃처럼 아름답게 하느님을 증거 하는 도구가 되어라." 이렇게 말씀하십니다.

이 세 분께서 전해 주신 예언의 말씀은 나에게 놀라운 충격을 주었습니다. 분별과 기적과 믿음과 예언의 은사를 주신 것입니다. 연 사흘간 내가 쓰러지지 않은 것도 주님이 하신 일이고, 세 분 신부님의 마음속을 읽어 그 말씀의 의미를 전한 것도 주님이 하신 일이고, 말끝마다 박수가 터져 나와, 성령의 열기가 우리 모두를 태울 듯이 우리 안에 충만하신 것도 주님이 하신 일입니다.

세미나를 마친 날 밤에 페리시 신부님이 말씀하셨습니다. "주께서 당신을 축복하십니다. 완벽하고 훌륭한 통역이었습니다." 린 마태오 신부님이 말씀하셨습니다. "죽는 날까지, 이번 피정의 사흘 동안 우리와 더불어 일한 것처럼, 그렇게 주님의 증거자가 되세요." 린 데니스 신부님이 말씀하셨습니다. "마리아는 마치 우리가 다음에 무슨 말을 하리라는 것을 이미 알고 있는 사람처럼 통역했습니다. 주께서 당신과 함께 계십니다."

내가 알아듣지 못해 당황한 때가 많은데 어찌 "완벽하고 훌륭할" 수 있었겠습니까만, 영어 실력이 아닌 한국어 실력이 큰 구실을 했을 터이고, 무엇보다 중요한 것은, 성령의 능력을 크게 개방시키기 위해 주께서 나를 도구로 쓰신다면 어떠한 부르심에도 겸손하게 응답하리라는 나의 순종을, 주께서 어여삐 보아주셨다고 고백할 따름입니다. 생명을 주신 아버지. 저의 죄악을 속량하신 구세주 그리스도님. 그리고 내 안에 살아 계시며 봉사와 은사와 겸손의 열매를 맺어 주시는 성령님!

영원무궁토록 찬미와 감사와 영광을 누리소서. 아멘.

5장

영화와 나

영화와 나

영화인들에게 내 충심의 쓴소리를 쓰는 자리이니 부끄러운 이야기 좀 하겠습니다. 아니 정직한 이야기, 어쩌면 아름다운 이야기를. 나는 영화로 인해 칠전팔기했고, 영화로 인해 내 인생의 물굽이를 전환시켰던 추억이 있습니다. 그 아름답고도 전설적인 이야기, 부끄러우나 정직한 이야기, 그래서 듣는 이로 하여금 영화를 숨 쉬는 생명체로까지 생각하게 할, 그런 이야기들을 고백합니다. 제작자나 감독, 출연자나 촬영기사, 그리고 영화제작에 동원되는 모든 사람이, 단지 영화를 만드는 데 그치는 것이 아니라, 한 여성이 진정 아기를 잉태하고 태교하고 진통하여 출산하듯, 그렇게 영화를 사랑하며 출산해야 할 까닭이 무엇인지 강조하기 위해, 반생애를 두고 감추어 온 아프고 아름다운 사연을 고백하려는 것입니다.

내가 대학에 입학한 1956년, 6·25 한국전쟁의 상흔이 서울 거리에 아직도 만연하던 때였습니다. 전쟁 속에서 아버지와 오라비들을 잃고 다섯 여동생과 어머니를 부양해야 하는 소녀 가장의 위치에서, 나는 맹목적으로 대학의 문에 들어섰습니다. 학교 신문도 만들고 가정교사도 하고 출판사 원고 교정도 보면서 학교에 다녀야 했던 나는 일인다역의 일들 속에서 나날이 기력을 잃어 가던 중, 피치 못해 학업을 포기하고 직업인이 되고자 서울시 교육위원회에서 실시하는 중등교원자격 검정고시에 응시하였습니다. 합격 소식이 일간신문에 보도되었습니다. 중학교 교사가 되리라는 부푼 꿈을 안고 귀가하던 길에 나는 우연히 『바람과 함께 사라지다』의 광고판을 보았습니다. 1957년 세모歲暮의 거리. 나는 입장권 한 장을 사서 혼자 극장에 들어가 영화를 보았습니다. 그리고는 커튼을 뜯어 옷을 만들어 입고 생활전선에 뛰어들던 스칼렛의 생존본능에 감격하였고, 그 일로 해서 중학교 복무를 포기하고 기어이 대학교 과정을 마쳤습니다. 1960년에 나는 드디어 대학을 졸업하고 시골 학교 국어 교사가 되었습니다. 수녀원에 입회하고 싶다는 소망과 가족을 부양해야 한다는 의무 사이에서 마음을 앓던 시기였는데, 나는 그때 나보다도 더 가난하고, 건강하지도 않으며, 또 군대 미필자로 직장에서 밀려난 형편없이 조건이 나쁜 한 청년과 나와 내 가족의 한 평생쯤 능히 호강시켜 줄 수 있는 현역 의사와의 사이에서, 갈등했습니다.

어느 날, 조건이 안 좋은 친구가 영화를 보러 가자고 했습니다.『흑과 백』이었습니다. 그것을 보고 나와, 추운 겨울밤의 을지로 거리를 걸으면서, 나는 드디어 오래 보류해 왔던 대답을 그 형편없이 조건 나쁜 청년에게 말해 줄 수 있었습니다. "혼인합시다." 그가 물었습니다. "어쩐 일이에요? 나 같은 놈하고 혼인하겠다니……." "어쩐 일이에요? 당신은 가난한 흑인, 쫓기는 흑인의 위치에 있으니까, 나까지 도망치면 부서질 테니까, 혼인한다고요." 나는 조건이 나쁜 그 청년에게 말했습니다. 그렇게 나는 혼인을 결심했고 혼인 후 닷새 만에 그를 군대에 보냈습니다. 그리고 그는 안심하고 군대에 다녀와 학업을 계속했습니다. 그런데 혼인하고서도 칠 년 동안 나는 내 가족을 부양해야 했기 때문에 시골 고등학교 교사를 계속해야 했습니다. 주말의 서울 거리를 가끔 둘이서 거닐다가, 서울역에서 다시 헤어져야 하는 이색적인 부부생활을 칠 년이나 계속했습니다.

1966년의 초겨울이었습니다.『영광의 탈출』이 상영되고 있었습니다. 함께 영화를 보고 나왔는데 내 마음이 남편에게 그지없이 미안해졌습니다. 폭탄에 맞아 쓰러져 죽어가면서, 기어이 손가락 하나만이라도 맞대어 보려고 애써 간격을 좁히며 마주 기어가던 영화 속의 두 젊은 남녀를. 나는 그때 인류의 역사를 되돌려서라도 두 젊은이를 살려주고 싶어서 엉엉 울었습니다. 그리고 영화 속의 두 젊은 남녀가 나와 내 배우자로 동일시 되어서 나는 그만 영화관에서 나오면서 힘주어 그의 손을 잡으며 말했습니다.

"직장을 그만둘게. 짐을 꾸릴게. 합가하겠어. 당신하고 함께 살 거야. 우리도 언젠가 영화 속의 젊은이들처럼 죽을 거 아냐."

그래서 나는 혼인 후 칠 년 만에야 남편과 한집에서 지낼 수 있게 되었습니다. 동생들을 따로 살게 했습니다. 배우자는 나에게 진학을 권유했습니다. 언제까지 내가 고등학교 교사로 머물면서, 자학하고 괴로워하겠느냐고 했습니다. 1971년이었습니다.

『바람과 함께 사라지다』의 두 번째 상영 선풍이 일던 때였습니다. 옛날에 내게 큰 용기와 결단을 주었던 일을 생각하며 나는 또 같은 영화를 보았습니다. 전반부가 끝나는 마지막 장면에서 스칼렛이 흙 묻은 무 하나를 뽑아내어 어두운 하늘에 우뚝 선 스카이라인을 드러내고 무를 입에 깨물어 물며 생존의 의지를 다짐하는 모습이 클로즈업되었습니다. 그리고 그 장면이 주던 감동을 평생 잊지 못합니다. 나는 거기서 다시 용기를 얻어, 대학원의 문을 두드리고 박사과정 입시원서를 사고 시험장에 앉았고, 그래서 시작이 반이 되어 문학박사 학위를 받고 드디어 대학교수가 되었습니다. 『바람과 함께 사라지다』의 스칼렛이 내 운명의 물굽이를 전환시킨 계기가 되었습니다.

내가 이 길고 긴 이야기를 늘어놓는 데에는 이유가 있습니다. 좋은 영화는 인간으로 하여, 해내기 어려운 큰 결단을 단행하게 하는 힘을 줍니다. 나에게는 이들 몇 편의 영화가 준 감격이 내 영혼을 더 높은 차원의 세계로 고양시켜준 소리 없는 추진력이었다고 고백할 수 있습니다. 영화의 세계는 적어도 나에게 그러한 인간 승리, 다시 태어나고 또 거듭 태어나고자 하는 의지의 원동력이었습니다. 대학원에 진학한 이후, 영화 한 편 보지 못한 바쁜 세월이 십 년 이상 흘렀습니다. 그러다가 1985년 정월에 나는 난데없이 날아든 위촉장을 한 장 받았습니다. 공연 윤리 위원회에서 나를 영화 심의위원으로 위촉한 것입니다. 나는 물론 내 배우자와 자식들도, 마치 내가 예술원 회원이나 학술원 회원이 된 것처럼 기뻐했습니다. 개인적인 추억으로 인해 영화에 대한 내 생각이 여전히 관념적이고 이상주의적이었기 때문에, 오늘의 영화 현실을 가늠하지 못하고 어린애처럼 기뻐만 했던 것입니다. 나는 심의위원이 됨으로써 드디어 내가 해야 할 일을 찾았다고 생각했습니다.

텔레비전 화면으로 프랑스 영화 『남과 여』를 보았습니다.

몇 번 보아도 그때마다 눈물이 흐르고, 몇 번을 보아도 여전히 가슴이 무너져 내립니다. 남편과 아내를 슬프게 잃은, 참으로 아픈 기억을 가진 두 젊은 남녀가, 아픔을 극복하며 조금씩 가까워집니다. 그 접근이 너무도 조심스럽고 경건하여, 보는 이가 이미 마음 깊이 두 사람의 결합을 허락하고 손뼉을 치고 축복해 주건만, 우여곡절 끝에 만난 두 남녀가 사랑을 완성하려는 찰나에서, 남편의 기억을 떨쳐버릴 수가 없다며 여인이 남자를 거절합니다. 두 사람은 헤어져 돌아갑니다. 여인이 기차를 갈아타야 할 역을 남자가 알고 있던 터라, 반대 방향으로 헤어져 가던 남자가 여인이 기차를 갈아탈 역으로 다시 갑니다. 여인은 회오와 절망과 그리움에 영육이 부서져, 기차에서 내려 다시 갈아탈 프랑스행 기차 쪽을 향해 가던 순간이었습니다. 그런데 거기 플랫폼에, 어질게 기다리며 맞이해 주는 남자가, 그가 받은 상처를 싸안은 채, 여인의 상처를 씻어 주려는 너그러운 자세로, 서 있었습니다. 여인이 뛰어가 안기면 넓은 바닷가 모래톱을, 껑충껑충 뛰노는 강아지가 클로즈업됩니다. 옷을 벗고 벗기고 살을 만져대는 장면 하나 없이, 그러나 일관된 짙은 애정이 인지되는 사랑 영화의 고전입니다. 어째서, 벗겨야만 영화가 된다고 생각하는 것인지요.

세계의 석학 오또 랑크는 그릇된 책이 독자의 생명을 단축시킨다고 개탄하며 절필을 했던 적이 있습니다. 나쁜 영화를 만든 영화인이 받아들여야 할 질책이요 교훈입니다. 어니스트 베커는, 인간은 그의 업적으로 인해 영생을 벌어들인다고 말했습니다. 좋은 영화를 만드는 영화인이 받아야 할 찬미요 격려입니다. 무의미한 생존은 삶이 아닙니다. 의미와 가치를 남긴 죽음은 죽었어도 죽은 것이 아닙니다. 물리적으로는 살아있어도 이미 죽어 있는 무가치한 생존이 있고 물리적으로는 죽어 땅속에 묻혔어도 여전히 살아 숨 쉬는 지고한 삶이 있습니다. 어떻게 돈을 벌 것인가에만 집착하지 말고 무엇을 후손에게 남겨주고 어떻게 민족문화 창달에 기여할 지에 관심을 두고 영화 제작에 임함으로써, 천년 세월 후에도 살아남는 영화인들이 되시기를 바랍니다. 영원히 살아남는 길입니다.

  나는 이 시대에 영화계에 발을 디딘 우리 모두가 죽어서도 살아남는 사람이 되어야 한다는 의지로 영화심사에 임했고, 사정이나 편견이나 선입관 또는 모든 아집이 가미되지 않는 순수한 비판 정신 하나만으로, 시종 영화 심의에 임했습니다. 내가 여기 영화인들에게 드리는 정직한 고언을 영화인들도 참으로 편견이나 선입견 없는 겸허한 심정으로 받아들여 주셨으면 합니다. 이 글을 읽는 영화인들 모두가 한국 영화 사상 대전환의 이정표를 세우는 장본인들이 되어주시기를 축원해 마지않습니다. 영화인도 죽습니다. 영화만이 남아서 그 만든 사람의 생명을 평가해 줄 것입니다.

프란치스코 성인과 간디

얼마나 더 살까? 어떻게 살아야 할까? 어떤 죽음을 맞이하게 될까? 이런 생각을 하면서 나의 임종을 생각해 볼 때가 있습니다. 말하기는 쉬워도 행동은 어렵습니다. 깨닫기는 쉬워도 실천은 어렵습니다. 그리스도의 가르침이 무엇인가를 천만 한국의 크리스천은 다 압니다. 나눔의 실천이 그것입니다.

그러나 나눔이 그리스도의 가르침인 줄 아는 것으로 크리스천이 되는 것은 아닙니다. 나눔을 실천할 때만 비로소 그리스도의 사람이 됩니다. 그런데 나눔의 실천은 성령체험으로써만 가능하므로 성령을 체험하지 않은 사람은 그리스도의 사람이 아니라고 사도 바오로는 말합니다. 이런 문제와 관련하여 나에게 참 좋았던 때를 기억합니다. 지극한 깨달음을 받았던 잊을 수 없는 해였습니다. 이유야 많이 있지만, 그중에서도 프란치스코와 간디 두 분 성인聖人의 영화를 보았던 해가 참 좋았습니다.

이 두 영화를 통해 나는 놓쳐서는 안 될 아주 큰 것을 배우고 내 삶을 또다시 바로잡을 수 있었습니다. 애정 영화의 바람둥이 역할을 가장 그럴듯하게 해내는 『나인 앤드 하프 위크』의 미키 루크가 프란치스코 성인 역을 연기하여 연기예술의 경이를 느끼게도 했습니다마는, 이 영화가 진실로 충격과 깨달음을 주는 것은 그러한 연출이나 연기의 예술성에만 있었던 것이 아니고, 역시 한 성인이 보여주는 내면적 갈등과 인간적 고뇌의 아픔에 대한 깊은 이해와 성찰에 연유했습니다.

예전에 이미 보았던 프란치스코 영화에서는 성인이 나무와 새와 바람과 하늘과 사슴들, 온갖 산천초목과 이야기하는 신비스럽고 위대한 천부天賦의 성인으로 묘사되어 있었지만, 이번의 영화에서는 가난과 순종과 정결을 지키기 위하여 피 흘리며 갈등하는, 고뇌에 찬 인간의 아픔이 처절하게 드러나 있었습니다. 거지 성인이라고 불릴 만큼 가난을 최고의 덕목으로 삼는 프란치스코는 어느 날 아버지의 재산을 다 털어 이웃에게 나누어 줍니다. 나들이에서 돌아와 이 사실을 안 프란치스코의 아버지는 아들을 끌고 교구 주교님을 찾아가 부당하게 임의로 나누어 준 재물을 다시 찾아달라고 주교님께 부탁합니다. 주교님이 아들을 타이릅니다. 그때 아들은 조용히 일어나 법정 밖으로 나가서 입었던 옷을 모두 벗고 알몸이 되어 들어와 "남은 재산이라곤 이것밖에 없습니다."라고 말하며 벗어든 옷을 아버지에게 내밉니다. 아버지가 울면서 "내 아들아, 늙은 아비에게 이런 심한 짓을 하지 마라." 하며 애원하지만, 아들은 "나의 진정한 아버지는 하늘에 계십니다."라고 대답합니다. 주교님이 놀라서 빨간 망토를 벗어 프란치스코의 몸을 가려주는데 프란치스코는 그것을 벗어 다시 주교에게 건네며 벌거벗은 몸으로 법정을 나가 산속으로 들어가서 수도자의 삶을 시작합니다.

믿음으로 하나 되어 형제들이 모여들고 프란치스코는 수도원장이 됩니다. 수도원장이 된 후 그는 철저히 수도 회칙에 순종하고 청빈을 지키며 음식을 구걸하여 형제들을 먹이면서 성인의 삶을 살아갑니다. 그런데 프란치스코에게 가장 수행하기 힘든 덕목은 순종이나 가난이 아니라 정욕을 이겨 내고 마음의 순결을 지키는 것이었습니다.

그는 여성을 사랑했습니다. 마음으로부터 그리워했습니다. 어느 눈 오는 날이었습니다. 눈이 산야를 덮은 추운 겨울에 발가벗은 몸으로 들판을 뒹굴면서 그는 신음합니다. 크고 작은 두 개의 눈사람을 만들어 끌어안고 형제들에게 "성욕의 유혹을 참을 길이 없습니다. 용서해 주세요. 이것은 내 아내이고 이것은 내 아들입니다."라고 소리칩니다. 그는 드디어 더 깊은 산속으로 들어가 "하느님 도우소서. 말씀하소서. 유혹에서 나를 해방시켜 주소서."라고 통곡하며 기도합니다. 바로 그때 프란치스코는 마침내 그리스도가 수난 때 받으신 오상五傷을 몸에 받고 유혹에서 해방된 성인이 됩니다. 유혹을 안 받는 사람이 성인이 아니라, 기도하며 유혹을 물리친 사람이 성인임을 나는 프란치스코 성인에게서 철저히 배웠습니다.

프란치스코의 영성을 사랑한 동양의 성인에 간디가 있습니다. 그는 재산을 다 털어 산속에 공동 주거 부락을 만들고 인도의 가난한 사람들과 함께 공동체를 이루고 살았습니다. "영국이 인도인을 한 명도 안 남기고 다 죽이는 한이 있어도 절대로 인도인의 협조를 받지 못할 것이며, 인도인의 협조를 받지 못하는 한 그들은 끝내 이 땅을 통치하지 못하고 물러가게 될 것"이라 장담했듯이, 인도는 결국 간디의 비폭력 무저항의 항거로 독립을 쟁취합니다. 이 영화에도 대단히 감동적인 장면이 나옵니다. 미국 뉴욕 타임스 여기자가 간디의 부인에게 말하기를 간디는 재산과 생명을 다 바쳐 조국을 구한 위대한 분이라고 이야기하자 부인이 기자에게 조용히 대답합니다. "아닙니다. 저의 남편이 위대한 것은 재산을 다 바친 것에 있는 것이 아닙니다. 그것은 가장 쉬운 일이었습니다. 가장 힘들었던 것, 가장 위대한 것은 나라와 백성이 독립과 해방을 맞이하는 그 날까지 부부에게 허용된 성생활을 포기하고 그것을 제물로 바쳐 성결하게 살아가는 것을 조국을 위한 기도로 바치자고 결심하고 지금까지 스스로에 대한 약속을 지켜 왔다는 바로 그것입니다."

내가 이 대화를 듣고 받은 충격과 감동은 실로 언어 표현이 불가능할 만큼의 큰 것이었습니다. 나는 대오각성이라 할 큰 깨우침을 얻고 지나온 삶을 재점검할 수 있었습니다. 간디의 부인은 간디의 결심 수행을 위하여 천 번도 더 그의 손을 잡고 그를 포옹하고 그를 위무했을 것입니다. 가장 가까운 위로자의 위치에서 폭풍을 잠재우는 어진 사랑을 수행했을 것입니다. 인간이 포기하지 못하는 최후의 항목이 무엇인가? 재산을 다 털어 이웃을 돕는 것은 쉬운 봉헌인 듯싶습니다. 인간은 이성의 사랑을 목말라 합니다. 그리워하고 보고 싶어 하고 위로받고 싶어 합니다. 재산을 다 바치는 엄청난 일을 해낸 연후에도 포기하지 못하는, 사람에 대한 그리움과 사람에 대한 기다림, 그것은 성행위만을 뜻하는 것이 결코 아닙니다. 따스한 손을 잡고 위로를 받고 싶은 지극히 작고 소박한 소망을 버리지 못합니다. 그래서 사랑은 생명에 활력을 주며 사랑의 상실은 생명력을 저해합니다. 인간은 사랑 없이는 살지 못합니다. 인간에게 있어 사랑은 밥이요 목숨 자체입니다.

그런데 어찌 된 일입니까? 우리 사회에는 미혼모와 가정폭력 피해 여성과 성매매 피해 여성들이 급증하고 있습니다. 남자들이 사랑하는 척하고 희롱하다가 무책임하게 내던져버린 여성들이 그리움과 기다림을 천형의 병으로 아파하면서 소외되어 시들어갑니다. 이들을 돕기 위하여 함께 흐느끼며 산 지 여러 해 됩니다. 나는 집을 바치고 땅을 바치고 월급을 바치고 내 자전적 고백을 담은 수상집들, 특히 『하느님을 체험한 성서의 여인들』 인세를 바치고 최후에 퇴직금과 연금 다 바쳐 <나자렛 성가원>과 <나자렛 성가정 공동체>를 운영하게 되었습니다. 이 시설들을 영속하게 하려고 사회복지법인 <나자렛성가회>에 소속시켜 사회 재산으로 환원하였습니다.

프란치스코나 간디의 영성에 힘입어 나의 아픔을 치유 받았기 때문에 가능하였습니다. 6·25 한국전쟁 이후의 참담했던 세월 동안 나는 기지촌의 성매매 여성들을 눈에 밟히듯 보았습니다. 그때 짙은 화장과 노랑 빨강으로 머리를 염색한 여인들을 다시 회상하고 또 회상하며 드디어 결심할 수 있었습니다. 그들을 재활시키는 시설을 운영하기로.

나의 죽음은 어떤 것이어야 할까?

이 질문의 대답으로서, 시작했습니다.

『꼴찌에서 일등까지』

새해가 시작되는가 하면 어느새 또 연말이 오고 또 다른 새해를 맞습니다. 그렇게 인간은 늙어갑니다. 탄생은 그래서 항상 종말과 죽음을 수반하여 동행합니다. 이제 또 한 해가 저물어 갑니다. 묵은해를 보내고 새해를 맞으면서 우리는 잠시 생각해 보아야 합니다. 우리는 이 한 해 동안 무엇을 했는가? 우리가 세상을 떠날 때 자식에게 그리고 세상에 무엇을 남기고 갈 것인가?

오래전에 『불임의 계절』이란 연극과 『꼴찌에서 일등까지 우리 반을 찾습니다』라는 영화를 본 적이 있습니다. 『불임의 계절』은 사학재단 학교 사회의 부조리를 고발한 작품이고 『꼴찌에서 일등까지』는 입시지옥의 교육이 성장기에 있는 청소년 학생들의 정신건강을 얼마나 파행적으로 이끌어 가는지를 고발하고 있습니다. "공부만 해라, 전쟁에서 2등이란 죽음을 의미한다."라고만 몰아치던 교사 밑에서 정서불안과 이기주의와 개인주의로만 치닫던 애정 결핍의 고교 남학생들이 진정한 교육이 무엇인지를 아는 새 담임선생님을 만나 서서히 치유되어 가는 훈훈한 미소를 담은 영화입니다.

고2에서 고3으로 올라가는 종업식 날 담임은 말합니다. "무사히 모두 고3으로 진학하게 된 것을 축하한다. 눈을 감고 조용히 내 말을 들어라. 대학입시 시험을 치르던 날, 마지막 답안지 위에 나는 더운 눈물을 쏟았었지. 누가 말했어. "내년에도 기회는 있으니까, 학생, 눈물을 거두게'라고. 시험감독 선생님이셨어. 나는 합격 안 될까 봐 운 것이 아니었어. 불합격을 걱정해서 운 것도 아니었어. 우리들의 찬란한 12년 학창시절이 단 하루의 답안지 작성으로 평가되어 무너지고 의미 없이 무산되는 것이 서러워서 울었던 거야."

그때 밖에는 눈이 내리고 있었습니다. 화면에는 색조가 바뀌어 흑백 배경에 서설이 대지를 덮고 있었습니다. 그리고 거기 점수 따위와는 비교도 안 되는 내적 평화와 행복과 기쁨, 그리고 신뢰와 사랑과 소망으로 한 무리가 된 건강한 젊은 생명이 생기를 회복하여 담임선생님께 사랑의 선물을 드리는 것이었습니다. 피날레 자막과 함께 60명 학생이 환한 얼굴로 자신의 생업에 충실하며 살아가는 훗날의 모습들이 보였습니다.

학생을 자녀로 두고 계신 학부모들이여! 생각해 봅시다. 나라를 잃고 2천 년이 흐른 후에 다시 이스라엘 국가를 재건한 저 무서운 유대인의 승리가 어디에 기인하는가를. 그것은 아버지 어머니들의 올바른 교육 때문이었습니다. 입시 위주 교육이 아닌 산교육, 이기심과 개인주의를 조장하는 교육이 아닌 전인교육 때문이었습니다.

참스승이신 아버님 어머님! 입시 질곡에서 자식들을 건져주고 착한 사람으로 자식을 기르시는 참다운 교육자가 되시기를, 간절히 축원해 마지않습니다.

『영혼의 승리』

오래전에 『영혼의 승리』라는 영화를 보았습니다. 유대인들 수백만 명이 아우슈비츠 감옥으로 끌려와 왼쪽과 오른쪽으로 나뉘는데, 한쪽은 가스실로 죽으러 들어가고 또 한쪽은 노동할 수 있어서 실낱같은 목숨을 연명합니다. 할머니와 아기와 엄마가 나뉘어 갈라지는 순간이었습니다. 아기를 할머니의 팔에 안겨 주고 엄마는 반대쪽으로 끌려갑니다. 할머니와 아기는 건강병동에서 행복하게 살게 될 것이라고 독일 병사가 말합니다. 가스실로 들어가면서 할머니 쪽의 사람들은 모두 독일 병사를 향해 미소 지으며, 학예회 때 무대 위에서 관중을 향해 답례하듯 그렇게 머리를 숙여 우아하게, 고맙고 또 고맙다고, 정말 고맙다고 절들을 합니다. 그리고는 가스에서 질식되어 서서히 죽어 갑니다. 죽으러 들어가는 독가스 방을, 살러 들어가는 특혜의 방으로 알았던 것입니다.

같은 아우슈비츠 감옥에서 권투선수인 살라모 아로슈는 사랑하는 애인 알레그라를 다시 보리라는 사랑의 일념 하나로 목숨을 유지합니다. 어느 날 지하조직의 레지스탕스들이 폭약을 구해 옥사를 폭파하여 큰 혼란이 일어난 틈을 타서, 아로슈는 여자 옥사 쪽으로 달려가 천행으로 알레그라를 만나고 자신이 살아있음을 알립니다. 혼란이 진정되기 전에 남자 막사 쪽으로 되돌아가야 하는 아로슈는 알레그라에게 말합니다. "죽지 않고 살아남아 있는 한 당신이 이 세상 어디에 있더라도 기필코 당신을 찾아낼 거야." 알레그라는 아로슈에게 대답합니다. "당신이 찾는 곳에 내가 반드시 있을 겁니다." 전쟁이 끝나고 아로슈는 아우슈비츠 감옥의 높은 담장 밖으로 길게 뻗어있는 망망한 길을 혼자서 걸어갑니다. 앞을 보고 눈 비비며 다시 보고 또 보아도 아무것도 보이지 않는 감옥 밖의 망망한 앞길을 혼자서 걸어갑니다. 아로슈는 말합니다. "내게 남은 것은 알레그라에 대한 사랑뿐, 그녀를 찾아 인생을 다시 시작하리라."

삶과 죽음의 명암 속에서 인간 의지의 위대함을 보여주는 장면입니다. 알레그라는 육체적으로 그 자리에 없어도, 사랑의 약속과 포옹과 추억 속에서 분명 아로슈와 더불어 어디에나 공존하기 때문입니다. 알레그라는 아로슈의 발길이 머무는 곳 어디에서나 그를 기다릴 것입니다. 아로슈의 마음이 머무는 곳 어디에서나 다시 태어나고 부활할 것이기 때문입니다.

유대인은 히틀러의 아우슈비츠 감옥에서 너무도 큰 아픔을 견뎌냈기 때문에, 암에 걸려 단말마의 고통을 호소하는 환자들에게 히틀러의 사진을 보여주어 고통을 진정시킨다고 합니다. 정녕 아이러니한 역설적 진실입니다. 인간은 고통을 더 큰 고통으로 극복하고 슬픔을 더 큰 슬픔으로 위로합니다. 그것이 인간의 지혜이고 특권입니다. 나는 히틀러의 사진을 보며 고통을 이겨 내는 유대인을 생각하면서, 이 글을 씁니다.

  정염의 불 끄는 백열의 푸른 불로 살아라.

  광란의 파도 잠재우는 바다 밑 영겁의 물로 살아라.

  시린 가슴 덥히는 태고의 하늘로 살아라.

  깊은 산 별빛도 혼자 조는 산사山寺를 품고

  짐짓 너그러이 화평한 외로운 산봉우리로 살아라.

  하늘 심장 아주 가까이 늑골의 바로 곁에

  생명의 사랑 먹고 핀

  한 송이 성결한 구름 꽃으로 살아라.

  바람도 쉬어 넘는 산마루를 안아 편히 품고 잠재우는

  한 송이 외로운 구름 꽃으로 살아라.

  인욕의 굽이굽이 오르고 올라 구름자락 옷으로 갈아입고

  성결한 산마루로 살아라.

  어여쁜 구름 꽃으로 살아라.

 아파보지 않은 사람은 치유의 참뜻을 모릅니다. 슬픔을 겪지 않은 사람은 기쁨의 본질을 모릅니다. 고통을 감내하지 않은 사람은 행복의 진실을 모릅니다. 유대인이 히틀러의 사진을 보며 고통을 진정시킨다면 그리스천이 그리스도의 사진을 보며 치유 받지 못할 고통이 무엇이겠습니까? 오늘 내가 수용하는 아픔이 내일 온 누리 온 인류를 위한 축복이 되기를 빕니다.

『인터 걸』, 그 끈끈한 조국애

오래전 일입니다. 요란한 화장에 호화로운 옷을 입은 한 여인의 방문을 받았습니다. 미국의 시민권을 가지고 있는 그 여인은 동두천 기지촌에서 만난 백인 장교와 혼인하여 미국에 갔었는데, 상류사회의 가족들로부터 소외될 때마다 고국에 계신 가난한 부모님이 그립고 고국의 산하와 풀포기와 개나리 진달래가 그리워져서 다시 돌아왔다고 말했습니다. 자신의 체내에 흐르는 기름기와 혼인선물로 받은 자가용이 우울증과 허전함을 치유해 주지 못하더라고도 말했습니다. 조국의 산에 올라 안개 한 번 마시면 몸속의 기름기가 빠지고, 조국의 바닷가에서 숨 한 번 크게 쉬면 골수에 맺힌 우울증이 나을 것 같다고 말했습니다.

나는 이 여인의 사연과 너무도 흡사한 내용의 러시아 영화 『인터 걸』을 보기로 하고 여인과 함께 극장에 갔습니다. 경험과 이해의 공감대를 형성하여 언어가 필요하지 않은 유대감에 이르기를 바랐기 때문입니다. 영화는 나의 기대를 채워주기에 넉넉하고 남았습니다. 화면 가득히 눈물로 범벅이 된 엘레나 야코블레바의 얼굴이 지금도 눈앞에 보이는 듯합니다. 자신의 결혼동의서에 도장을 찍어 주는 조건으로 아버지가 요구한 거액의 돈을 벌기 위해 일본 상인에게 마지막 성매매를 하는 장면입니다. 극 중 여인 타냐는 말합니다. "눈물을 흘리며 그걸 안 해 본 사람은 내 인생을 비난하지 말아요." 폐쇄사회인 러시아를 탈출하기 위해 국영 관광호텔에서 외국인을 상대로 성매매를 하는 "인터내셔널 걸" 타냐는 낮에는 간호사로 일하는 미모의 여성인데 성매매를 하는 과정에서 알게 된 스웨덴 엔지니어로부터 청혼을 받습니다. 두 모녀를 버린 아버지로부터 결혼 동의서를 받기 위해 20년 만에 아버지를 찾아간 타냐는 3천 루블을 요구하는 아버지로 인해 마지막으로 성매매를 하지 않을 수 없게 됩니다. 흔들리는 침대. 눈물로 범벅이 된 타냐의 얼굴. 몸을 팔지 않아도 되리라는 희망조차 보이지 않는 타냐의 허탈한 얼굴. 돈을 세어 보는 아버지를 뒤로하고 타냐는 배우자가 기다리는 스톡홀름으로 갑니다.

　꿈같은 신혼생활이 흐르던 어느 날, 고향 마을의 트럭 운전기사를 만나게 됩니다. 고향의 가족들에게 선물을 보내는 기쁨은 점차 그리움으로 변하고, 자본주의 사회에서 러시아 이주민이 갖는 사회적 소외감은 날이 갈수록 깊어집니다. 고향으로 선물을 보낼 수 있게 되었을 때 처음으로 준비한 타냐의 선물은 새 부인과 가난하게 사는 파렴치한 아버지에게 보내는 양말이었습니다. 한편, 타냐가 성매매 여성이었다는 사실을 알게 된 타냐의 어머니는 가스통을 틀어놓고 자살하고, 어머니를 꿈에서 만난 타냐는 상트페테르부르크로 돌아갈 것을 결심합니다. 수치와 가난과 암달러 거래라는 누명으로 체포령이 내려있는 조국을 향해, 그러나 산천이며 풍습이 자신의 마음속 허기를 채워줄 고국을 향해 타냐는 질주합니다.

　이 영화 『인터 걸』로 엘레나 야코블레바는 89년 동경국제영화제에서 여우주연상과 심사위원 특별상을 받았고, 90년 칸 영화제에 초청받습니다. 이 영화로 인해 그는 국제 스타가 되었고, 러시아 민중과 고르바초프와 러시아의 개혁파 주체 세력들의 극찬을 받아 다음 세대의 인민배우로 지목됩니다. 러시아에서만도 사천만 명의 관객을 동원한 이 영화는 비록 성매매를 소재로 하고 있기는 하지만 항간에 물의를 일으키는 유형의 저급한 섹스물이 아닙니다. 신랄한 정치비판을 저변에 깔고 폐쇄와 불륜의 남성 풍토를 고발하는 수준 높은 여성영화입니다.

풍요로운 서방국가와 자본주의 사회를 동경하며 스웨덴 스톡홀름에 불시착한 한 러시아 여자의 비극적 러브스토리이며 현실 인식을 통해 삶의 지평을 개척하고 자아를 실현하는 사실주의 영화입니다. 타냐의 과거를 알아낸 남편의 동료들이 보이는 멸시와 냉소. 남편의 고뇌. 부부 싸움 중에 그들은 이러한 대화를 나눕니다. "러시아식은 여기선 곤란해. 러시아사람 집에 데려오지 마!", "빌어먹을! 당신에겐 당신 풍습이 있고, 내게는 내 풍습이 있어.", "아기를 못 낳는 이유는 당신의 과거 생활 때문이야!" 타냐는 이 말에 격분하여 남편의 따귀를 때립니다.

인간에게는 끊임없는 변화의 기회가 있습니다. 그래서 인간은 변화하고 성장합니다. 성장한 인간이 성장한 사회를 만듭니다. 그런데 사랑하여 혼인하고 결합한 연후에도, 두고두고 의견의 충돌이 있을 때마다 끝없이, 과거의 약점을 들추어내어 배우자를 괴롭히는 남성 앞에서, 아내의 변화와 성장은 저지당하고 언제까지나 과거의 허물에 짓눌리게 됩니다. 타냐가 보여주는 여성의 사랑, 모성적 포용과 눈물겨운 용서, 모국의 영원한 부강과 번영을 기원하는 조국애. 이런 것들이 예술의 이름으로 그처럼 적나라하게 표현된 영화는 일찍이 없었습니다. 특히 암달러를 얻기 위한 지식인층 여인들의 성매매 현실, 빈곤, 슬럼가의 열악한 주거 환경, 알코올 중독, 자본주의 국가로의 탈출을 동경하는 정치 현실 등 국가의 치부를 이토록 노골적으로 보여줄 수 있는 슬라브 민족의 대담하고 겸허하며 솔직한 개방정책에, 나는 놀랐습니다. 우리의 북한과 그곳과 같은 혈통의 우리 배달겨레와 이산가족들을 생각하면서.

수치에서 벗어나는 길은 수치를 숨기는 데 있는 것이 아닙니다. 러시아를 알고 싶으면 이 영화 『인터 걸』을 보라 말하고 싶습니다. 성매매 섹스물을 기대한다면 이 영화를 볼 이유가 없습니다. 이 영화는 민족과 조국의 아픔을 함께 고뇌하는 지성과 민족공동체에 대한 고결한 사랑을 느끼게 하며, 끝내 치유와 구원의 길을 모색하게 해 줍니다. 나와 함께 『인터 걸』을 본, 미국에서 온 여인은, 미국의 집과 벤츠 차와 물질적 풍요가 행복과 기쁨을 주지 못한다며, 나와 함께 성매매 피해 여성 재활 쉼터인 <나자렛 성가정 공동체>에서 일하고 싶다고 말했습니다.

하와를 위한 눈물

내가 여성이고 보니, 여성의 아픔과 의무 등에 대하여 생각하는 기회를 자주 얻습니다. 책을 읽거나 영화를 볼 때도 항상 여성의 시각에서 감상하게 됩니다. 프랑스 영화에 『La Derobade(탈주)』라는 영화가 있습니다. 영어 더빙 수출용에는 『The life』라는 제목이 붙어 있고, 우리말로는 『밤이여! 안녕!』이라는 제목으로 서울에서 개봉되었습니다.

차갑고 정숙하고 순수해 보이는 미모의 소녀가, 포주에게 억압되어 몸과 정신과 수입금을 모두 갈취당하면서 유흥가를 전전하는데, 경찰 단속에 걸려들어서도 남자 포주의 신분을 감추어주고 혼자 징벌을 받습니다. 끝내 소녀는 성매매 폐업 선언을 하고 성매매 여성의 명단에서 자신의 이름을 말소하기 위해 경찰에 출두하는데 "포주에게 몸값을 얼마나 지불했느냐?"라는 경찰 심문을 받을 때도 "애초부터 그런 남자는 없었다."라고 남자를 감추고 감싸 줍니다. 마침내 소녀는 비록 매 맞아 죽는 한이 있더라도 포주의 마수에서 해방된 자유인으로 살다 죽겠다고 결심한 후 피투성이가 되어 탈출하는데, 그때에도 포주의 이름을 밝히지 않고 그의 변화를 축원합니다.

나는 이 영화를 보면서, 여성의 자유와 해방, 여성의 인권, 그리고 여성이 지닌 고유의 사랑과 미덕이 무엇인가에 대하여 생각해 보았습니다. 그리고는 창세기에 등장하는 아담과 하와의 이야기로 여성이 폄하되어 온 통념을 다시 한번 성찰해 보았습니다. 아담은 거기서 "여자가 과일을 따 주기에 사과를 먹었다."라고 말하며 자기 행위에 대한 책임을 하와에게 전가합니다. 그러나 아담의 행위는 아담 자신의 자유의지로 이루어진 것입니다. 유혹하는 자에게 부분적 책임이 있다면 유혹에 굴복한 자에게는 절대적이고 전적인 책임이 있습니다. 유혹을 받아들이는 선택의 자유가 있듯 유혹을 물리치는 선택의 자유 또한 인간은 공유하고 있기 때문입니다. 따라서 "여자가 과일을 따 주기에 사과를 먹었다."라는 핑계는 결코 잘못을 용서받을 수 있는 충분조건이 될 수 없습니다.

하느님의 말씀을 직접 들은 아담이, 뼈에서 나온 뼈요. 살에서 나온 살, 자기 아내를 위기에서 구해주지는 못할지언정, 오히려 유혹에 떨어진 하와와 합세하였으며, 게다가 자신의 잘못을 하와의 탓으로 책임 전가하기까지에 이르는 일련의 행동에서, 우리는 아담의 허약함과 불완전함과 비굴함을 절감합니다. 남녀는 어떤 경우에도 주종의 상하 관계가 아닌 대등한 관계에서, 서로 마주 보아야 합니다. 그래야만 가지런히 우람하게 자라서 풍성한 열매를 거두는 두 그루의 은행나무처럼, 서로 생명의 완성을 위해 기르고 키우고 먹이고 보호하는, 진정한 자유인의 경지에 도달합니다. 자신의 행위는 자신에게 책임이 있음을, 아담과 하와의 이야기에서 다시 한번 확인하며, 하와와 우리 모든 여성의 눈에서 눈물이 걷히는 여성 해방의 날이 오기를 기원해 마지않습니다.

영화 수입업자들에게

　1989년 연말에 나는 인도네시아 자카르타에서 개최된 아시아 태평양 영화제에 참석했었습니다. 좋은 한국 영화가 출품되어 있지 않아, 일본 영화와 홍콩 영화, 그리고 대만, 방콕 또는 말레이시아와 인도네시아 영화들이 수상작품으로 선정되어 상영되었고, 시내 큰 극장에서는 우리나라 영화시장과 다를 바 없이 곳곳에서 미국 영화가 대형 광고판을 모두 점령하고 있었습니다. 공식 행사의 일환으로 참석한 국가 대표 단원들 모두가 함께 모여 「자국 영화산업의 발전 모색을 위하여」라는 주제로 토론회를 벌이었는데, 일본 대표단의 발언 하나만을 제외한다면 모든 국가 대표의 발언이 모두 단일한 결론으로 종합되는 듯했습니다. 그것은 한마디로 말하면 미국 영화의 범람이 극심하고 관객의 선호도가 미국 영화에 편중돼 있어서, 미국 영화 수입이 현행대로 지속될 경우 아세아에서 자국 영화제작의 위축은 물론 자국 영화 부재 속에 미국 영화만 성행하게 될 것이며, 종국에는 자국 영화산업의 도산은 물론 미국의 문화적 식민지화에 희생될 것이라고, 비슷비슷한 말들로 기염을 토하는 것이었다고 종합될 수 있었습니다.

각국의 대표단이 한마디씩 말한 후 드디어 침묵을 지키고 있는 한국인 대표에게 마이크가 돌아왔습니다. 나는 영화에 대하여 아는 것은 없지만 오직 하나 내가 영화를 사랑하고 또 수입 영화 심의를 담당하고 있다는 것 때문에 떠밀리다시피 강제로 무대 위로 끌려 올라갔습니다. 내 말은 이렇게 요약될 수 있었습니다. "우리나라에도 UPI 직배 영화가 극장가를 휩쓸고 있어 자국 영화인들의 생존권을 박탈한다고 반대하는 여론이 비등했었지만, 미국 영화가 자국 영화를 망친다는 논리는 책임과 의무를 수행하지 못한 사람의 변명에 불과하다. 배용균 감독이 만든 『달마가 동쪽으로 간 까닭은』이 42회 로카르노 영화제에서 그랑프리를 수상했고 이보다 앞서 베니스영화제와 모스

크바영화제에서 여우주연상을 받은 것으로 미루어 보건대, 한국 영화의 가능성은 참으로 희망적이다. 예술성과 시장성의 공존 가능성을 긍정적으로 전망하게 해 주었다. 좋은 영화를 만들겠다는 열성과 꿈과 애정, 민족문화의 창달에 영화인의 양심이 직접 간접으로 기여한다고 믿는 신의와 소명의식을 제작자와 출연자와 연출자 및 관객이 삼위일체로 이루어 나갈 때 좋은 자국 영화가 탄생할 것이다. '미국 영화 때문에'라는 표현은 변명은 되겠으나 해결책은 되지 않는다. 남의 탓으로 돌릴 것이 아니라 자기 탓을 발견하여 보완하는 일, 그리고 자기 능력을 함양하고 모색하는 일에 총력을 기울여야 하겠다."

나의 이러한 발언은 큰 호응을 받았을 뿐 아니라 덤으로 우리나라 영화가 영화제에서 능력을 과시한 일들도 크게 홍보하는 임무를 수행한 셈입니다. 또 하나 내가 그 자리에서 제의한 것은 아시아의 여러 나라가 영화를 공동으로 제작·배급함으로써 시장을 확대하고 제작비의 영세성을 극복하는 일도 모색할 수 있지 않겠느냐는 가능성의 제시였습니다. 아시아의 여러 나라가 뭉친다면 미국 영화의 홍수를 막지는 못해도 그 저지선을 강화하는 것이 될 것이고 궁극에는 저지가 아니라 공존 공생이요 또는 상호부조의 차원에서 문화를 창달 육성해 가야 함이 바람직하리라고 말하였는데, 머리를 위아래로 끄덕이면서 듣는 모습들이 내 말에 호응한다는 눈치여서, 모처럼의 발언자로서 기분이 나쁘지 않았습니다.

이 자리를 빌려 내가 말해두고 싶은 것이 또 하나 있다면 영화제에서 본 일본 영화의 추세에 관한 것입니다. 일본 사람들의 출품작은 모두 한결같이 2차 대전 도발의 비인도적 행위를 참담하게 회개하는 내용이어서 영화산업을 통해 전 세계인의 대단한 동정심을 불러 모으고 있었습니다. 그들의 의도가 얼마나 큰 성공을 거두었다는, 그들의 직접적인 피해국과 피해 민족의 한 사람인 나 같은 식자층 사람조차도 그들의 영화에 감동하여 이제는 증오에서 벗어나 용서하고 아시아의 일치와 융성을 위해 악수할 때가 아닌가를, 순간적으로나마, 생각하는 감상에 빠졌다는 점에서 알 만합니다. 그뿐만 아니라 이제는 일본 영화의 수입을 국가가 저지할 것이 아니라 우리의 차세대 국민에게 보여주어야 하지 않겠느냐는 생각까지 하게 되었다는 것을 환기해 보아도 알 만합니다. 그만큼 일본 영화의 원대한 제작 의도를 간파하면서 영화산업이 국가와 민족을 세계에 알리고 세계의 인정을 받는 데 있어서 얼마나 큰 역할을 담당하는지 깨닫게 하는 자료로서 제시할 만합니다.

외국영화를 심의하면서 느낀 생각을 쓰는 자리에서 내가 너무 딴말한 것 같습니다. 그러나 지금까지의 말이 곧 외화 수입 심의를 하면서 느낀 감상의 서론이고 결론이라는 생각에는 큰 차이가 없습니다. 다만 무수히 많은 좋은 영화를 모두 다 수입할 수 없는 영화의 홍수 속에서 문화적 도덕적 양심의 차원은 전혀 고려하지 않고 오직 시장의 흥행성만 노린 영화 선택만큼은 정말로 삼가야 한다는 결의를 거듭거듭 최소한의 양식으로 알아야 할 것을 당부하고 싶습니다.

가령 89년도 외화 수입 심의 총 편수는 278편이었는데 그 중에서 수입 불가 처분을 받은 작품의 수는 23편이었습니다. 표현의 자유라는 민주화의 기치 아래 심의기구 및 제도의 무용론을 부르짖는 영화인들의 아우성 속에서, 매일 한 편의 영화를 심의하여 온 나는, 단 하루를 더 심의하고 심사위원직을 그만두는 일이 있어도, 양심과 인격을 걸고 심의에 임할 것이며 절대로 수입해서는 안 되겠다고 생각되는 영화일 때에는 수입업자가 어떤 비난을 퍼붓더라도 부결의 용기를 꺾지 않으리라는 결의로 업무에 임하는 것을, 남모르는 기쁨으로 알고 일했습니다.

부결 영화의 내용은 ① 생명경시 ② 마약 범죄 행각의 구체적 세부 묘사 ③ 과다한 외설 장면 ④ 과다한 잔혹 폭력 ⑤ 괴기성 살인 행각 ⑥ 완전범죄를 고무 찬양한 내용 ⑦ 변태적 성행위 ⑧ 근친상간으로 한국적 전통 윤리관에 어긋난 것 ⑨ 포르노적 터치의 성행위 ⑩ 어린이 유괴로 인해 사회악의 조장이 우려된 것 ⑪ 동성연애의 소재 등으로 요약됩니다.

물론 이러한 내용이 소재가 되었다고 해서 무조건 부결된 것은 아니고, 이야기나 주제가 설득력이 없거나 오직 변태적 과장 행위만 나열되었을 때 부결되었음은 더 설명할 필요가 없을 줄 압니다. 영화가 도덕·윤리 교과서이어야 할 이유는 없지만, 도덕과 윤리를 분명히 저해하며 건전한 정서 함양에 조금도 이익을 주지 못하는 영화를 굳이 수입하여 민족문화의 건전한 창달에 손실을 초래할 필요도 없는 것이 아닌지요. 비록 그것이 돈벌이에 유관하다고 하나, 돈을 버는 것은 좋지만 적어도 국가와 민족에게 이익을 주면서 벌 일이지 국가 민족에게 해를 끼치면서 버는 것이어서는 결코 안 될 일입니다. 내가 수입한 영화가 민족의 정서 함양에 얼마나 기여하고 민족문화의 창달에 얼마나 기여했는가를 생각하는 영화인으로 이 시대를 산다는 것은 얼마나 보람 있는 삶인지요. 나도 그 대열 속에서 그들과 동행하고 싶습니다.

6장

고마운 사람들

"면허증 가지셨습니까?"

스승님 부부가 함께 도미渡美 하시던 때, 포니 승용차를 내게 주고 가셨습니다. 기름값과 세금이나 내면서 출퇴근길에 살살 몰고 다니라 말씀하셨습니다. 차를 집 앞에 세워둔 후 운전 연습을 거쳐 면허증을 받아 운전을 시작한 후 오랫동안 얼마나 조심스레 운전했던지 아무 사고 없이 평탄한 날들을 보냈습니다. 그런데 어느 날 전경대원이 내 차를 세웠습니다. '일단정지'를 안 했다는 것이었습니다. 나는 브레이크를 밟고 속도를 줄인 후에 아무 행인도 없음을 확인하고 나서 다시 전진했으므로 내가 무엇을 잘못했느냐고 언성을 높여 항의하였습니다. 그러나 전경은 '서행'과 '일단정지'가 엄연히 다르다면서 3만 원 벌금에 15일간 면허정지 처벌을 부과하였습니다.

차 운전을 하지 못하게 된 일로 인하여 그 며칠 사이에 여러 가지 사고가 연이어 일어났습니다. 전철역 층계에서 넘어져 여러 사람이 지켜보는 가운데 뒹굴었으며, 왼발의 뼈를 다쳐 계속 침을 맞아야 했고 그 후 한동안 보행이 편치 않았습니다. 설상가상으로 택시 안에 상의를 놓고 내렸는데 그 호주머니에는 한 달간의 봉급봉투가 들어있었고, 다리를 다쳐 번번이 택시만 타야 하니 그 출혈도 적은 것이 아니었습니다. 그런데 그 어려움 가운데에서 내 영혼의 눈에 비쳐드는 한 줄기 빛을 보았습니다. 그 전경이 내게 참 좋은 일을 해 주었다는 생각이 불현듯 들었습니다. 교통법규를 완전하게 준수하게 함으로써 발생 가능한 더 큰 사고를 미리 막아 주었고, 불우이웃에게 자진하여 돈을 주지는 못했을 내가 봉급봉투가 들어있는 상의를 택시에 놓고 내림으로써 누군가 정녕 다급한 사람이 그것을 사용했을 수 있다고 마음을 바꾸어 가지게 했습니다. 그래서 나는 나에게 면허정지 처벌을 내린 그 전경에게 내가 그를 감사해야 하는 이유를 상세히 밝혀 쓴 후 그날의 잘못을 즉시 인정하지 않고 오히려 언성을 높여 항의했던 점에 대해 간곡히 사과하는 편지와 함께, 나의 수상집을 보내 주었습니다. 그로부터 며칠 후에 나는 그 전경으로부터 이런 답장을 받았습니다.

"선생님과 만남 이후 저의 고통은 선생님의 고통에 비할 바가 아니었으며 젊음의 혈기와 또 법규준수라는 명목으로 저 자신의 행위를 합리화시켜보려 애썼지만, 양심이 용서치 않아 며칠 밤을 심고로 전전긍긍했습니다. 보내 주신 책을 밤새워 읽는 사이 마음 깊이 쌓여 온 기성세대에 대한 울분이 치유되었고 10년 전에 잃어버린 아니 내가 떠나 버린 예수 그리스도를 다시 만나게 되었습니다."라는 눈물겹고 감동적인 고백이 담겨 있었습니다. 예전에도 늘 그랬지만 나는 요즘 더욱 차 운전에 조심합니다. 제한속도를 지키려 애를 씁니다. 그런데 마구 고속 운행하는 기사들이 마치 내가 큰 죄인이기나 한 것처럼 눈을 부라리고 욕설을 퍼부으며 내 차를 추월합니다.

엊그제는 순찰 중이던 경장님 두 분조차도 나를 무면허 기사로 오인했던 모양입니다. 길가로 내 차를 세우더니 의아해하는 나에게 "면허증 가지셨습니까?" 하고 물었습니다. 60km라고 쓰여 있는 원효대교 입구에서는 90km 이하로 달리는 차가 나 이외에 별로 없고, 또 원효대교 중간쯤에서는 모두 110km를 넘는 속도로 달리고 있었습니다. 제한속도를 지키는 사람이 오히려 무면허 운전사로 오해된 상황이 하도 우스워서 우리는 다정하게 악수를 하고 헤어졌습니다. 정상이 비정상으로, 준법이 위법으로 오해되는 일이 비일비재한 세상. 두 분 경장님으로부터도 책 잘 받았다는 편지가 왔습니다. 복된 인연이었습니다.

인간들의 만남.

그 날낱의 현장에 실로 하느님의 사랑과 배려가 존재하심을 체험하면서 나는 오늘도 지나가는 순찰 경관이 나를 세워 "면허증 가지셨습니까?"라고 물어주기를 은근히 바라는 마음으로 느긋하게 핸들을 잡습니다. (1990)

고마운 강도님

강도에게 고맙다는 표현을 쓴다고 이상하게 여길지 모릅니다. 이상하게 여기는 것이 당연한 일입니다. 그러나 근년의 체험으로 이렇게 감사해 본 일이 없습니다.

오래전. 딸들이 학교에 다니던 때, 어느 토요일 오전 11시쯤이었습니다. 막내딸에게서 학교로 전화가 왔습니다. 차분한 음성으로, 다친 데가 없으니 안심하라고만 강조하였습니다. 굳이 전화하여 무사하다고 말을 하는 걸 보면 무슨 곡절이 있는 것이 분명하였습니다.

"강도가 들었구나? 애야!"

"네, 그렇지만 다치지 않았으니 부디 놀라지 마세요. 엄마!"

"너희는 신분을 확인하지 않고 문 열어 주는 일이 없지 않니?"

"조율사가 피아노 조율 중이라 불안해하지 않았어요."

10년 만에 처음으로 피아노 조율사를 불렀던 것입니다. 자식들 네 명이 대학에 입학한 때까지 피아노 뚜껑을 닫아 놓았던 터라, 이번에 찾아온 조율사는 소개인의 소개를 거쳐 몇 차례 돌고 돌아온 사람이긴 해도, 집에 있던 두 딸은 오래간만에 듬직한 어른 남자가 피아노를 조율하고 있으니 안심하고 문을 열어 준 모양입니다. 어쨌든 조율사는 바지 주머니에 있던 돈 18만 원을 빼앗겼다고 말하여 나는 18만 원에 2만 원을 얹어 20만 원을 변상해 주었습니다. 제일 서글픈 것은 어느 신부님이 어머님의 유품인 금가락지를 주신 것, 칠순 할아버지가 금반지를 주신 것, 어느 여학생이 입학 선물로 받은 금반지를 <나자렛 성가원>에 바친 것 등 모두 피맺힌 사연을 담고 있는 봉헌물들을 가져간지라 마음이 서글펐습니다.

그러나 어쩌면 바로 이 절절한 사연의 봉헌물들로 인하여 그 강도들이 변화되는 계기가 되리라 믿으며 하느님의 축복을 기원했습니다. 나는 지금 그 강도를 전혀 미워하지 않습니다. 전혀 밉지 않습니다. 오히려 감사할 뿐입니다. 명민한 딸을 주신 것을 하늘에 감사하고, 딸애들을 괴롭히지 않고 조용히 물건만 가지고 나간 것을 감사합니다. 행여 딸들을 괴롭혔다면 내가 지금 어떻게 하늘 아래에서 눈을 뜨고 살아서 이 글을 쓸 수 있겠습니까?

딸은 문을 열자마자 칼을 들이대며 들어오는 세 젊은이를 보고 바로 눈을 감았다는 것입니다. 그리고 방에 끌려 들어가면서 소매 없는 옷을 입어 흰 살이 노출된 것을 생각하고는 담요로 몸을 감싸고 말했다는 것입니다. "세 분 아저씨. 저는 눈을 감았고 아저씨들 얼굴을 안 보았습니다. 이불로 저를 덮으시고 조용히 모두 다 가져가세요. 저는 아저씨들 얼굴을 안 보았습니다!"

강도는 내 딸애 말대로 물건만 가지고 돌아갔습니다. 말 한마디, 거친 행동 하나 없이, 조율사의 지갑과 몇 가지 돈이 될 물건들을 싸 들고 조용하게 갔다는 것입니다. 딸의 신고를 받고 집으로 여러 명의 경찰관이 위로 차 찾아왔다면서 학교의 내 연구실로 전화했지만 "강도가 갔으니 이제는 딸애가 공부할 시간입니다. 방해하지 말고 돌아가 주세요."라고 말했습니다. 그때 초인종 울리는 소리가 났습니다. 딸이 받는 것 같았습니다. 누구였냐고 물으니 방범대원 아저씨들이 와서 들놀이를 가는데 경비보조 좀 해 달라는 것이었답니다.

"강도가 제 한 달 용돈마저 다 가져갔기 때문에 수중에 동

전 하나 없습니다."라고 말할 때 비로소 치안 부재의 상태가 안타까워 가슴이 슬픔으로 떨렸다며, 그러나 "아무 데도 다친 데가 없으니 엄마 정말 안심"하라고만, 딸은 거듭 나를 위로했습니다. 강도에게 감사하다는 마음이 여름 하늘의 솜구름처럼 가슴 속에 피어나 퍼졌습니다.

"하느님. 착한 강도님들을 축복하시고 거듭 태어남의 크신 은총을 그 착한 강도들에게 베푸소서. 아멘"

70년 전의 소년 경찰관

경찰관과는 되도록 인연을 맺지 않고 살려는 것이 일반적인 경향이라면 경찰관들도 그 이유를 생각해 보는 것이 당연할 듯합니다. 오죽하면 사건이 발생하였을 때 경찰에 신고하지 않고 그냥 지나치려 하는지요. 신고하고 조사받고 나서도 후속 처리는 별로 해 주지 않고, 도와달라는 인사만 치르느라 피곤했다고 말하는 사람들이 많은 것도 사실입니다. 어쨌든 나는 강도를 당하고 신고라는 것을 해 본 일이 있는데 신고는 했지만 한 달이 지나도록 종무소식이어서 이에 항의하는 글을 썼으나 며칠 후 없애버리고 부정적 비판을 유보해 두기로 했었습니다. 내 마음속에는 이 언짢았던 사건 하나만 제외한다면 경찰관을 감사와 연민으로 바라보게 하는 너무도 애정 어린 추억의 편린들이 많습니다.

눈보라 속에 검은 가죽 잠바를 입고 추위 속에서 시민의 통행을 위하여 거리를 안방 삼아 사는 사람들! 비바람 속에 천근같이 무거운 우비를 입고 고무장화를 신은 발이 무릎까지 물에 잠긴 채 사방에서 밀리는 차량 한복판에서 교통정리를 하는 교통경찰들! 생활비를 벌어먹을 수 있는 일이 그 일 하나만은 아닐진대 그처럼 혹독한 고생을 감수하는 것은 목적이 밥벌이에 있는 것만이 아니라, 그 일의 필요성을 절감하고 나서는 주인의식이요 소명의식에서 비롯됨이 아니겠는지요.

숙명여대 현직 교수 시절이었습니다. 남영동 전철역 앞에서 딸을 내려 주고, 또 차를 갈아타야 할 남편을 내려 준 후 나는 숙대 쪽으로 들어서야 했기 때문에 급히 1차선으로 다가섰는데, 뒤에 따라오던 경찰차의 저지를 받았습니다. 경찰차의 앞을 가로막은 일과 대각선이 될 만큼 1차선 진입이 심했다는 것입니다. 나는 거기서 좌회전을 안 하면 한 블록을 돌아야 하고 그러면 첫 시간 수업에 늦는다고 말했습니다. 앞으로는 조심하라 당부한 후 경찰이 나를 보내 주었습니다. 학교에 들어온 후 나는 즉시 용산 경찰서 교통계로 감사의 편지와 내 수필집 일체를 우송했습니다. 거기에 보태어 『열한 시에 만납시다』라는 KBS 방송 녹화 비디오를 보내 주면서 이것은 <나자렛 성가원> 가족들이 보는 교육용이니 돌려 달라고 썼는데, 며칠 후에 그분이 학교로 나를 찾아오셨습니다. 나는 출타 중이라 자리에 없었는데 책을 잘 읽었다는 인사와 함께 비디오를 몇 개 복사해 왔으니 교육용으로 사용하라며 주고 갔다는 것이었습니다. 오랜 세월이 흘러 그분의 이름이나 얼굴이 다 잊히어도 그의 어진 마음씨와 너그러운 미소는 비디오테이프와 함께 내 가슴 속에 계속 살아남아 있습니다.

또 한 번은 큰길 가에 차를 세우고 가구를 둘러보던 때였습니다. 경찰이 거리에 서 있었습니다. 나는 차에서 내려 경찰에게 말했습니다. 가구점에 들어가 가구 하나를 빨리 결정하고 집 약도를 그려주고 나오는 일을 할 동안만 주차를 허락해 달라고. 그는 그 자리에 서서 지킬 테니 5분 안에 나오라고 말했습니다. 그러나 나는 10분이 넘어서야 나오게 되었습니다. 다음날 나는 딸아이를 그 장소에 보내 전날의 그 경찰을 찾아내 수상집들을 전했습니다. 지금 나는 그분 이름도 얼굴도 잊었지만, 그 따스한 마음과 어진 미소는 지금도 눈앞에 살아있습니다.

그러나 지금 나에겐 무엇보다도 70년을 못 잊는 눈물겨운 추억 하나가 있습니다. 70년 전에 6·25의 슬픔을 거치고 살아남은 나는 빈손으로 다섯 여동생을 거느린 가장이 되어 있었습니다. 나는 피난민이 되어 방값이 가장 저렴한 곳에 방을 얻었고 그 옆은 기지촌 '위안부'들이 모여 사는 곳이었습니다. 낮에는 시장에 나가 성냥과 비누 등을 팔아 조석거리를 마련했습니다. 그러던 어느 날이었습니다. 소년 경찰이 나를 따라온 것입니다. 방 앞에 와서 내 어머님의 병환을 묻고 하루가 무사했는지 살피고 돌아갔습니다. 매일 그랬습니다. 그리고 또 어느 날 관내 시민 웅변대회가 있는데 나가보라고 안내장을 들고 왔습니다. 나는 출전하여 일등상을 받았고, 그 후 지속적으로 경찰들의 도움을 받아 슬픈 삶의 현장 속에서 무사히 보호받고 살아남았습니다.

70년 전의 일입니다. 그의 이름은 무엇이었나? 지금은 어디 살고 있는가? 14세의 나는 너무도 어려, 막걸리를 넣어 찐 시큼한 밀가루 떡을 받아먹고도 그것이 사랑의 표현이었음을 몰랐습니다. 이름은 무엇이었나? 어디에 살고 있나? 거리의 경찰관이 무조건 내 눈에 어여삐 보이는 이유는, 70년 전의 그 순하던 소년 경찰이 지금도 내 가슴에 살아남아 있기 때문입니다.

경찰이 없었다면 어찌 살았을까요.

　연일 마당 비가 퍼붓던 지난 장마 동안 텔레비전에는 폭우 속에서 애쓰는 많은 사람 얼굴이 비쳤습니다. 남자들 얼굴, 군인들 얼굴이, 그리고 경찰관의 얼굴이. 나는 딸들에게 거듭 확인시켜 말해 주었습니다.
　"남자 없이는 하루도 살 수 없구나. 경찰관들이 없이는 정말 살 수 없구나. 저 수고하는 사람들을 보아라. 폭풍우 속에서 고생하는 경찰들을 보아라. 우리 여자가 못할 위험한 일들을 저이들이 해 주는구나."
　나에게는 내 가슴 깊이 둥지를 틀고 자리 잡은 소중한 추억의 경찰관들이 많이 있습니다. 그 이름도 모르지만, 만약 전화를 주시어 "글 속에 등장하는 사람이 바로 접니다."라고 말씀하시는 분이 계신다면 당장 뛰어나가 다시 만나고 싶은 추억의 경찰관들이 여러분 있습니다.
　남편의 직장 가까이 살려고 봉천1동에 살던 때입니다. 나는 압구정동에서 강변도로를 타고 반포가도를 지나 국립묘지 앞에서 흑석동으로 꺾어졌는데, 바로 거기에 행인을 위한 횡단보도와 신호등이 있다는 것을 모르고 있었습니다. 자정이 가까운지라 사람이 한 명도 없었는데 횡단보도를 건너자마자 경찰관이 내 차를 세웠습니다. 나는 차에서 내려, "깊은 밤에 정말로 수고가 많으십니다."라고 위로했습니다. 그분은 항상 길을 잘 보고 다니라는 것과 예상치 않은 곳에 횡단로가 많으니 모르는 길은 더 잘 살피라고 말해 주었습니다. 다음날 나는 그 경찰관에게 감사 편지와 함께 내 수필집을 보내 드렸습니다. 그리고 며칠이 지나서였습니다. 부인과 자식에게까지 내 책을 읽혔다고 하면서 가족과 더불어 성당에 나가기로 했다고 그 경찰관이 전화를 주었습니다. 그 후 몇 번인가 소식이 오고 갔는데 이제는 전화도 바뀌고 집 주소도 바뀌어 소식이 끊어졌습니다.『경우 신보』를 읽으면서 내 이름을 보면 분명히 기뻐하며 전화를 걸어 주려니 생각하며『경우 신보』에 글을 써 주기도 했습니다.

    수원에서 강연을 마치고, 산업도로를 타고 상경하던 때, 시흥에 이르러서였습니다. 시흥 전철역으로 들어가는 길은 서울-시흥 간 고속도로 진입로이기도 한지라 차의 행렬이 신호등에서 석수역까지 늘어져 있었습니다. 그런데 신호가 너무 짧아

두 대만 지나가면 다시 신호가 끊어지기를 열 번도 더 반복했습니다. 열두 번째에도 내 차 앞에 세 대를 두고 신호가 끊어졌습니다. 바로 그때였습니다. 내 바로 앞의 차, 그러니까 앞에서 세 번째의 차가 앞차의 좌측으로 옮겨가는 것이었습니다. 그래서 나도 너무 지쳐 그 차의 뒤를 쫓아 슬그머니 옮겨가고 말았습니다. 그런데 좌회전 신호를 받아 돌자마자 결국 골목에 있던 경찰이 앞의 차와 내 차를 세웠습니다. 꾸지람이 추상秋霜같았습니다. 면허증을 보이라는데 그날따라 면허증이 다른 옷 주머니에 있었기 때문에 나는 가슴이 탕탕 뛰었습니다. 면허증조차 제시하지 못하자 경찰관은 나를 정말 몹쓸 인간으로 취급하는 듯했습니다. 그리고 나를 파출소로 연행했습니다. 컴퓨터에 내 생년월일을 넣으니 거기 우리 집 주소를 비롯해 내 이름이며 전화번호 등이 소상히 나왔습니다. 면허번호도 나왔습니다. 그러자 파출소 소장이 벌떡 일어나더니 말했습니다. "이인복 교수님이시군요.『11시에 만납시다』에서 잘 뵈었습니다." 옆에 앉아 있던 경찰관도 일어나 내게 악수를 청하며 말했습니다. "그날 프로를 본 후, 교수님 책을 얼마나 읽고 싶어 했는지요. 시간이 없어 지금껏 서점에 가지 못했습니다." 내 가방 안에 마침 몇 가지 책이 들어있었기 때문에 경찰관의 말이 끝나자마자, 여기 그 책이 있다고 말하며 내밀었습니다. 소장 등 경찰관들은 <나자렛 성가원>을 운영하는 데에 그 이익금이 봉헌되는 책을 그냥 받을 수 없다면서 기어이 책값을 지불하겠다고 고집하는 것을 겨우 뿌리치고 돌아왔습니다. 읽고 싶던 책의 저자를 만나게 된다니 이렇게 기쁜 일이 어디 있느냐고 그분들은 말했고, 15일 정지당했을 벌을 면제해주니 이렇게 황공할 일이 어디 있느냐고 나도 답례했습니다. 그 인자하신 소장님과 다른 경찰관들을 오래 잊지 못합니다.

전에, 1년 동안, 경찰 가족의 글을 심사하여 등수를 정하고, 심사평을 쓴 일이 있습니다. 그래서 나는 누구보다도 경찰 가족들의 애환에 익숙한 셈입니다. 고위 경찰관이 미처 모르는 참담한 아픔을 나는 그 무수한 사연들 속에서 읽으며 흐느껴 운 적이 많습니다. 연립 주택을 마련하기까지의 참담한 가난과 저축, 경찰 사위 안 본다는 부모님께 저항하여 결혼하기까지의 눈물겨운 사연, 다른 동서들과 잘 어울리지 못하는 경찰 남편의 자긍심을 북돋아 준 현명한 아내의 수기 등을 읽으면서, 세계 명작을 읽을 때처럼 많이 울었습니다.

대한의 경찰관들이여! 부디 온 국민을 업고 가는 어진 아버지 어진 오라비들이 되십시오!

7장

태산 같으셨던
나의 어머니

어디쯤 가고 있는가, 나는 지금

가을이 깊었습니다. 노면에 굴러다니는 나뭇잎들이 겨울을 재촉합니다. 엊그제는 시골에서 농사짓는 어느 자매님이 무공해 식품이라며 흙 묻은 무 한 자루와 로열젤리라는 벌집 한 덩이를 가지고 왔습니다. 무나물을 해 먹고 따뜻한 물에 벌꿀을 녹여 먹으면 이 가을에 큰 보약이 되리라고 말했습니다. 이렇게 가을이 되면 세상의 사물은 한 해의 사명을 다하여 인간에게 유익한 공헌을 하고 생명의 역사를 마감하는데, 나의 삶도 이 가을이 가고 이 해가 저물기 전에 무언가 이웃과 세상에 공헌하는 바가 있어야 하겠다는 생각이 가을 낙엽처럼 가슴에 쌓이고 또 쌓입니다. 계절 탓인 듯합니다. 팔순을 지나 구순을 향해 가는 나이 때문인 듯도 합니다. 세상에서 이 한 몸이 없어져도 세상은 여전할 것이고, 필시 내 가족들도 그럭저럭 얼마간의 아픔을 이겨 내면 돌 던져진 호수에 파문이 가라앉듯 잔잔하게들 살 것인데, 나는 왜 내가 없으면 집안이 제대로 운영되지 못할 것처럼 분주하게 안팎으로 관여하는지 부끄럽고 당혹해질 때가 많습니다.

그럴 때, 내가 너무 바쁘다고 생각될 때, 나는 일부러 기차 여행을 합니다. 일찌거니 역에 나와 기차를 기다리는 동안 대합실의 무리 진 사람들 틈에서 서성입니다. 그러면 세상의 혼잡과 그리고 내가 가고 있는 인생의 방향 정립이라는 문제에 골똘해집니다. 나는 바른 목적지를 향해 바르게 가고 있는가 자문해 봅니다. 승차권은 반드시 차창 가를 택해 구매합니다. 산과 강과 들, 나무와 하늘이 모두 번번이 다른 감회를 주어 창밖을 내다보는 일 자체가 절실한 기도가 됩니다. 하느님과 나누는 깊고 긴밀한 대화의 시간이 됩니다.

강물이 흐릅니다. 인생도 그렇게 흐릅니다. 어제 흐르던 강물이 지금 흐르는 강물이 아니고 지금 흐르는 강물이 내일 흐를 강물이 아니듯 오늘 우리의 목숨은 오늘의 강물, 오늘의 인생입니다. 사물은 변하고 쇠퇴해 사라집니다. 인생도 변하고 사라져 갑니다. 나만 더 오래 이곳에 머물 수는 없습니다. 나도 강물처럼 흘러가야 합니다. 나는 지금 어디로 가고 있는가를 생각합니다.

하느님을 생각합니다. 떡갈나무 잎사귀들이 지천으로 떨어져 산과 들이 진홍색 이불을 덮은 듯합니다. 썩어 거름이 되어 내년에 다시 모체의 나무에 나이테로 남고, 기름진 자양이 되어 새순으로 돋아날 낙엽들이 세상을 이불로 덮어주고 있습니다. 구순을 향해 가는 겨울. 하루해로 치면 나는 지금 노을 진 서산마루에 서 있고, 한 달로 치면 그믐날에 와 있으며 한 해로 보면 연말에 와 있습니다. 두 손 모으고 간절히 또 간절히 기도합니다.

    하느님, 내 생명의 주님!
    주님이 원하시는 삶만을 살다 귀천하게 하소서.
    하느님, 내 생명의 주님!
    세모가 왔습니다.
    생명의 저녁이 깊었습니다.
    밤입니다.

100m 달리기에 출전한 올림픽 달리기 선수처럼 그렇게 팽팽히 긴장과 바쁜 일정에 쫓기며 일하고 살아온 지난날들을 용서해 주시고, 느긋한 심호흡과 여유와 휴식으로 천천히 새해의 품에 아기처럼 안기게 하소서.

세속에서 분주하고 화급하고 소용돌이치던 분심을 용서해 주시고, 태고의 하늘과 깊은 원시림의 옹달샘과 바다 밑 태곳

적의 산호 밭 같은 주님의 마음을 배우게 하시고, 낙엽이 썩어 수목에 나이테를 더해 주는 숭엄한 나눔의 슬기를 익히고 실천하게 하소서.

성화 되고 싶으면 시시각각으로 죽음을 생각하라고 말한 세네카의 말이나, 거룩한 하루가 저녁 단잠을 가져오듯 거룩한 한 생애가 평화로운 죽음을 가져온다고 말한, 다빈치의 철학을 익히게 하소서. 그리하여 전 생애 전환의 유일무이한 변화의 한순간이 될 수 있도록, 헐벗은 이 겨울의 저녁노을 같은 가슴에, 향주삼덕의 따뜻한 확신과 소망과 사랑의 기쁨을 심어 주소서. 생명의 주이신 나의 하느님 성삼이여!"

태산 같으셨던 나의 어머니

태산 같으셨다고 내가 말하는 나의 어머니는 겨울나무에서 마지막 떨어져 나부끼는 마른 잎사귀 같은 분이셨습니다. 희고 투명하고 마르고 병약하셨습니다. 그런데 그분을 태산 같다고 말하는 이유는 그분 사랑과 인정과 마음 쓰심이 하늘 같고 바다 같고 태산 같으셨기 때문입니다. 어머니는 비록 장수하시지는 못하셨지만 장수한 어떤 사람도 이웃 사람들에게 남기지 못한 크고 큰 활력의 여운들을 남기고 가셨습니다. 세상 사람들의 마음속에 존경과 그리움으로 남아있는 한 그는 죽어서도 살아남은 사람이요, 세상 사람들에게 증오와 혐오의 대상인 한 그는 살아서도 죽은 사람이라고 할 수 있다면, 나의 어머니는 분명 이웃 사람들 속에서 거듭거듭 부활하시는 분입니다. 내가 한세상을 살아가면서 하느님께 가장 감사하는 것이 무엇이냐고 하느님이 내게 물으신다면 나는 서슴지 않고 그 태산 같으신 어른이 나의 어머니였다는 사실이라고 대답할 수 있습니다.

    내가 근무하던 대학교 숙명 여대의 서관 건물은 효창공원을 내려다보고 있어서, 나는 수업 중에 가끔, 창밖으로 눈길을 돌리는 버릇이 있었습니다. 단 한 명의 학생이라도 수업에 열중하지 않는 학생이 있어서 내 눈에 거슬릴 때 나는 창밖을 내다봅니다. 대체로 나의 그런 궁상 끼 어린 습벽에 익숙해진 모양이어서, 그럴 경우, 학생들의 자세가 다시 진지하고 엄숙해집니다. 창밖을 내다보는 그 짧은 순간에 나는 늘 온몸이 조여드는 놀라움과 전율에 잠깁니다. 10여 초 내외, 아니면 아무리 길어도 1분 안팎인 짧은 순간에, 어떤 광기와도 같은 서정에 '잠긴다'라고 말하면 심한 과장이 아니냐고 반문할지 모르나, 그것은 내게는 진실이고 습관이고 애도의 한 모습입니다.

창밖. 남자들이 모두 출근한 뒤에서, 남자들의 걸음이 멈춘, 부녀자들만의 세상인 한낮의 효창동 거리가 내려다보이는 창밖. 거기 어디엔가 반드시, 회색 분위기의 내 어머니 모습을 닮은 한 여인이 보이게 마련이고, 그럴 때, 나는 머리가 올올이 일어서듯이 놀라, 눈을 커다랗게 열고 어머니 같아 보이는 대상을 응시합니다. 백 번을 그랬으나 단 한 번도 내 어머니였던 적이 없는 어머니의 환영을 번번이 거리에서 보고 놀라는 것입니다.

새벽꿈에 어머니를 뵈었던 일이 있습니다. "일어나라. 방문이 열렸다." 하셔서 깜짝 놀라 깨어보니, 단단히 잠그고 잤음이 틀림없는 방문이 열려 있고, 검은 복면을 한 사람이 허리 굽혀 내 얼굴을 들여다보고 있었습니다. 나는 잠결에 "어머니 오셨어요?" 하면서 벌떡 일어나 밤손님의 옷소매를 잡았는데, 내가 잠들었나 보려고 나를 들여다보던 밤손님이 내 기척에 놀라, 그만 외마디 소리를 지르며 한걸음에 도망가 버렸습니다.

또 있습니다. "어머니와 나와 우리 이웃 모두"라는 차원에서 어머니가 내게 관여하신 꿈 이야기 하나 더 하겠습니다. 반세기 전 내가 아주 젊었던 현직 교수 시절이었습니다. 그때 나는 뚝

섬에 있는 보사부 연수원에 토요일 아침마다 가서 특강을 했습니다. 이웃에게 남기고 간 기여도에 따라 장수와 단명이 좌우된다는 뜻의 "죽어서도 사는 삶"이라는 제목으로, 매주 바뀌는 수강생들에게 비슷한 강의를 했습니다. 그러던 어느 토요일 새벽이었습니다. 어머니가 꿈에서 말씀하였습니다. "오늘은 중앙청에서 근무하는 참사관급 이상의 고급 공무원들이 수강자라고 알고 있지만 그렇지 않다. 대상이 바뀌었다. 전국 각 지역 어디에나 있는 가엾은 딸들과 그 포주들이 모였다. 강의 준비를 다시 해라." 깜짝 놀라 깨어 시계를 보니 새벽 4시였습니다.

살아생전의 어머니께서 매일 방문하시며 위로하고 달래고 또 혹은 직업전환을 타이르던 사람들이 바로 성매매 종사 여성들이었고 어머니가 그들을 '딸'이라 불렀으며 그들이 내 어머니를 어머니라고 불렀으니, 생시의 어머니 모습이 꿈에 보인 것이든 또 혹은 참으로 어머니가 나를 도우시려 현몽하신 것이든, 나는 꿈속의 어머니 말씀을 가슴에 담고 연수원에 갔습니다. 그런데 놀랍게도 거기, 그날 강의 일정이 바뀌었다면서 실제로 성매매 여성들이 모여 있었습니다. 나는 어머니를 통해서 초자연적인 신비를 참 여러 번 체험한 셈입니다.

오늘은 묵은 일기장을 꺼내 옛날을 더듬어 봅니다. 마지막 뵙던 날에 내가 쓴 일기 구절이 눈앞에 다가옵니다. "어머니는 이제 60을 갓 넘은 초로이시나 내 아버지와 내 오라비들을 다 잃은 전쟁의 상흔이 뼈에 사무쳐, 살아 계신 것이 기이하리만큼 메마르셨다. 시간은 흐르고 어머니께 남은 시간은 서서히 단축되는데 아들 없으신 어머니를 당연한 듯 홀로 버려두고 달이 달을 거듭해도 찾아뵙지 못함이 정녕 슬프다. 오늘은 만사를 제치고 사위와 함께 찾아뵈었더니, 입을 사려 무시고 여태껏 단 한 번 발설하신 바 없으신 속마음을 열어 보이시는 것이다. "여보게, 내 생전에 통일이 되겠나?" 그러나 사위와 나는 대답을 못 드렸고, 나는 입술을 깨물며 울음을 참았다. 통일되고 납북된 아버지를 다시 만나 마지막으로 어머니 야윈 손목을 한 번만이라도 잡으신 후 어머님이 돌아가신다면, 더 길이 살아계심을 바라지도 않을 것을."

어머니를 뵌 마지막 날의 일기 구절입니다. 어머니의 은혜를 어찌 글 몇 줄에 담을 수 있겠습니까만, 그 무엇보다도 가장 중요한 어머니의 은혜는, 죽어서도 이웃 안에 살아남는 사람의 삶이 어떤 것인가를 행동으로 보이며 사셨다는, 그 정신적 유산입니다.

오늘은 어머니께 축하의 악수를 청합니다. 아픔도 슬픔도 보고 싶음도 그리움도 그리고 정녕 또 다른 죽음도 눈물도 질병도 없는 영원한 시간과 무한 공간에, 어머니는 아프지 않은 아름다운 모습으로 살아 계실 터이니까요.

기도와 어머니

　우리 집 안방의 한쪽 벽면에는 어머니 사진이 걸려 있습니다. 학교 연구실 내 책상 앞에도 어머니 사진이 모셔져 있습니다. 집을 나가거나 집으로 들어올 때, 또 연구실을 나가거나 연구실을 들어올 때, 나는 반드시 어머니 사진 앞에 경건히 서서, 하느님께 기도합니다. 하느님 곁에 계실 어머니 사진을 보면서 하느님께 기도하면 어머님 곁에서 웃고 계시는 하느님도 보이는 것 같고 기도의 목적과 올바른 삶의 자세를 더욱더 선명히 깨닫게 됩니다.
　어머니는 평생 병약하신 분이셨습니다. 늘 식사도 못 하시고 아랫목에 누워 사시사철 링거 주삿바늘을 혈관에 꽂고 사셨습니다. 재산과 지위를 지니셨던 내 아버지가 지아비가 아니었더라면 어머니는 나의 유년 시절에 이미 열 번도 더 목숨을 거두셨을 그런 약질의 몸이셨습니다. 어머니는 육체가 몹시 허약하셨지만, 인내와 정신력에 있어서 누구도 따를 수 없는 강직한 분이었습니다. 그러한 기억의 편린들이 내가 세상의 고뇌를 싸워 이겨 나가는 가장 큰 원동력이 되어주었습니다. 6·25 이전에 아기 출산 때를 제외하고는 늘 의사의 치료를 받으며 사셨던 나의 어머니는 6·25 사변으로 지아비를 잃으신 이후에는 돌아가시는 날까지 병원에 다니지 않으셨습니다. 그냥 고통을 참다 가셨습니다. 오직 기도하는 마음 하나로 병과 싸우며 사시다 가셨습니다.

폭풍의 파도 속에서 우리가 살아남은 그 기적의 나날이 가능했던 이유를 나는 오직 어머니의 기도에 연유한다고 생각합니다. 어머니는 온종일 기도하셨습니다. 잠시도 쉬지 않고 온 정신 온 육체의 기력을 집중하여 정신일도 하여 기도하셨습니다. 우리가 살던 고장의 사람들은 그래서 어머니를 보면 '기도하는 여인'이라 불렀습니다.

어머니는 타고르의 시를 사랑하셨습니다. 아내와 자식과 손자와 며느리 등 수십 명 손아래 가족들이 차례로 다 죽고 처절한 고독 가운데 살아남으면서도 타고르는 운명을 탓하지 않고 오히려 이렇게 기도 시를 지어 읊었습니다. 내 어머니의 애송

시이자 또 나의 애송시가 되어준 타고르의 시는 모든 사람의 애송시일 수도 있을 것입니다.

    위험에서 벗어나게 해 달라고 기도하지 말게 하시고
    위험에 처하여서도 겁을 내지 말게 해 달라고 기도하게 하소서
    고통을 멎게 해 달라고 기도하지 말게 하시고
    고통을 극복할 용기를 달라고 기도하게 하소서
    인생의 싸움터에서
    동조자를 찾게 해 달라고 기도하지 말게 하시고
    인생과 싸워 이길 신앙과 자신의 힘을 달라고 기도하게 하소서
    근심스러운 공포에서 구원해 달라고 기도하지 말게 하시고
    자유를 싸워 얻을 인내를 달라고 기도하게 하소서
    겁쟁이가 되고 싶지 않습니다. 하느님! 굽어보소서!
    매일매일
    우리 집안에 성공과 기쁨과 행복이 연속될 때만
    하느님이 자비하시다고 생각하는
    비겁한 신앙인이 되지 말게 하시고
    거듭되는 실패와 슬픔과 고통 속에서도
    타락하거나 좌절하거나 자살하지 말라 하시며

하느님이 내 손을 힘껏 쥐고 계신다고.
찬미 감사드리며 사는 사람이 되게 하소서.

창조가 무無에서 유有를 만들어 내는 것이라면, 전쟁 이후 반세기를, 남편도 재산도 직장도 없으신 병중의 어머니가 우리 자매들의 생명을 보호하시고, 또 내가 죽지 않고 살아남아 사회의 한 일꾼이 되었다는 커다란 은혜의 현실을, 나는 창조된 기적이라고 생각합니다. 병원 한 번 다녀보시지 못하고 임종하신 그분의 사진 앞에서 이제 나는 돈이란 것이 인격의 고하와 삶의 가치를 좌우하는 최상의 것이 아니라는 결론에 이르렀습니다. 어머니를 아는 이웃은 모두 그분을 사랑하고 존경했었습니다. 나는 지금 옛날의 어머니처럼 가난하지도 않고, 그분보다 더 좋은 음식을 먹고, 더 좋은 의복을 입고 더 좋은 집에서 살고 있지만 아무도 나를 내 어머니보다 더 사랑하거나 더 존경하지 않는다는 것을 압니다. 나는 항상 반성합니다. 어머니 사진 앞에서 그분의 눈빛과 미소 짓는 입모습과 타인을 향해 열린 순한 귀와 타인의 가슴을 위해 환하게 트인 가슴과 무엇보다도 쉬지 않고 기도하시던 그 모습을 기억해내고 사랑하고 닮으려 애씁니다. 삶의 목적을, 착하게 살며 이웃에게 기쁨을 주다가 하느님 성삼의 현존 안에서 죽는데 두고 사는 나는, 오늘도 어머니 사진 앞에서 기도합니다. 하느님 곁에 계실 어머니 사진을 보면서 하느님께 기도하면, 어머님 곁에서 웃고 계시는 하느님도 보이는 것 같고 기도의 목적과 올바른 삶의 자세를 더욱더 선명히 깨닫게 됩니다.

"죄악과 유혹에 떨어지지 않도록 보호하소서. 하느님. 어머님처럼만 살게 하소서. 하느님"

이렇게 끊임없는 기도를 반복합니다.

유산을 남기고 가는 사람들

가을입니다. 유난스럽던 무더위와 백 년 만의 재해라는 대홍수의 아픔을 위무하며 가을이 자비롭게 우리들의 곁으로 다가왔습니다. 이루 말할 수 없는 어진 손길로 우리 영혼을 어루만지며 가을이 인정스럽게 우리 가슴의 문을 열고 들어섰습니다. 가을은 독서가 좋아지는 계절이고 또 기도하고 싶어지는 은총의 때입니다. 웬만한 시이면 다 좋아지는 계절이니, 가을을 노래한 좋은 시는 얼마나 더 좋겠습니까?

요즘 나는 너무도 좋은 시를 읽었습니다. 김광규 시인의, 「오솔길」이라는 작품입니다. 전문을 외워 자주 상기하며 내가 좋아하는 그만큼 이 글의 독자들 모두가 삶의 길잡이로 삼으면 좋을듯하여 전문을 여기에 옮겨 싣습니다.

> 지장보살 앞에 놓인
> 망자들의 사진
> 내 또래도 눈에 띄고
> 젊은 얼굴도 더러 있다.
> 나도 꽤 오래 살았구나
> 손자의 운동화 빌려 신고
> 절을 찾아온 할머니들과
> 중년 등산객들 틈에 끼어 서서
> 명부전冥府殿을 기웃거린다.
> 어둑한 침묵의 한구석에
> 목탁과 복전함福田函
> 주민등록증과 돈지갑이 들어있는
> 바른쪽 속주머니를 지나
> 갈빗대 밑에서

뜨끔거리며 자라는 죽음

어버이를 잃거나

자식을 낳거나

먹고 마시고 즐기며

오십 년을 어질러 놓은 자리

서둘러 대충대충 치우려 해도

이제는 빠듯한 시간이다.

아무도 눈치채지 못하게

슬픔의 배낭 조금씩 줄이고

그림자 슬며시 숲속에 남겨두고

일찍 어두운 산길

혼자서 총총히

떠나야겠구나.

지천명知天命의 50대 인생이 어떻게 인생의 마지막을 정리하며 살아야 하는가를 가슴 저리게 말해 줍니다. 죽은 이들의 사진을 보니 50대도 있고 더러 젊은이들도 있어 50도 오래 산 것으로 느껴지는데, 노인과 중년 등산객들에 끼어 명부전을 기웃거리니 목탁과 복전함이 보입니다. 권세나 돈도 죽음을 막아

주지는 못하고, 이제 시인도 50에 이르렀으니 욕심 같은 것들은 다 버리고, 가졌던 것은 슬그머니 세상에 유산으로 남겨주며, 이제는 혼자 죽음을 맞이해야 하겠다는 내용입니다. 이런 득도의 내용이 묘사되어 있습니다.

사람은 누구나 다 죽습니다. 태어난 것이 개인의 의지가 아니듯 죽는 것도 개인의 의지가 아닙니다. 죽고 싶을 때 죽을 수 있는 것도 개인의 의지가 아니고 더 살고 싶다고 더 살 수 있는 것도 아닙니다. 오직 우리가 의지를 총동원해야 할 삶의 의무는 그 운명적 목숨을 어떻게 운영하나, 그 하나에 있을 뿐이며, 그 질문에 대한 철학적 대답을 시도한 것이 위의 시 「오솔길」의 내용입니다.

산다는 것은 늙는다는 것을 의미합니다. 그리고 죽습니다. 아무도 예외가 아닙니다. 권세나 돈도 인간의 죽음을 물리치지 못합니다. 그러니 이제 미련일랑 버리고 생명의 유산을 남겨주며 좋은 죽음을 준비하여야 합니다. 쬘레 라는 독일 여성 신학자의 마지막 말이 생각납니다. 그는 말했습니다. "내가 먹던 20세기의 빵을 내 후배가 먹고, 내가 입던 20세기의 옷을 내 후배가 입고 내가 마시던 20세기의 포도주를 내 후배가 마시게 되리라는 것, 그 하나를 생각할 때만 나는 나의 죽음이 무섭지 않다."라고. 죽음이 무섭고 혐오스러운 것이긴 하지만 우리가 남기고 가는 권세와 재산을 우리의 자녀나 후배가 누리리라고 생각할 때만 비로소 우리는 죽음의 번뇌를 극복할 수 있다는 것, 인간의 의식이 참으로 드높은 공동생명체 의식으로 고양되어 있을 때만 가능한 것이고, 그래서 쥘레의 말은 감동적입니다.

미국의 철학자 어니스트 베커의 말도 우리의 마음을 공동체 의식으로 고양시켜 주기에 넉넉합니다. 그는 말했습니다. "천재는 그의 작품을 통해서 그 생명의 존재가치를 벌어야 한다. 그것은 그 작품이 그 사람의 생명 존재를 정당화해야 할 책무를 수행해야 한다는 것이다. 생명의 정당화란 무엇을 의미하는가? 그것은 영생불사하는 자격을 얻음에 의하여 죽음을 초월한다는 것을 의미한다. 천재는 그가 남기는 작품의 형태 속에 영구히 남아있으며 생사도 운명도 제압하는 영생을 살아간다." 석가모니 부처가 남기고 간 불교 가르침의 업적. 공자님의 남기고 간 유교 철학의 업적. 그리스도가 남기고 간 사랑과 용서와 인류 구원의 업적. 이 작품이 세 분 생명의 유산이고, 이 유산이 그들 생명을 영속시키는 자격을 벌어 주었습니다.

나는 나의 생명을 너무도 사랑하고 소중히 여기고 그래서 공간적으로나 시간적으로나 확대 지속시키려는 애정을 지녔기에 나눔을 실천합니다. 이웃에게 나누어 준 것만 내 것이고 나누지 못한 것은 아직 내 것이 아님을 압니다. 상담에 응하는 일, 도와주는 일, 돈이건 시간이건 대화건 무언가를 이웃과 나누는 일 모두가 다 생명의 확대 지속에 연결된다고 믿습니다. 위의 시 「오솔길」이 말하는 "내 그림자 아름답게 남겨주고"가 의미하는 것이 바로 나눔의 유산을 의미합니다. 인간은 장수하고 싶은데 누구나 다, 더 살고 싶고 더 살아야 하겠는데, 그만 죽습니다. 그리고 죽음을 극복하는 하나의 길은, 자기를 나누어 주는 것임을 「오솔길」은 아름답게 말해 줍니다.

8장

〈나자렛 성가원〉 가족들

'성공'이라는 이름표

막내딸이 성심여대 학생일 때, 딸을 전철역 앞에 내려 주고 숙명여대에 오면 일곱 시가 조금 넘는 새벽 시간이었습니다. 나는 아침 이슬이 내린 학교 교정을 거닐면서 하루 일을 계획하고 기도에 잠겼습니다. 그리고는 공부를 시작하였습니다. 내 기도는 천 날이 하루 같은 내용이었습니다.

하느님, 오늘 제게 인연 맺어 주시는 생명을 통하여 찬미영광 받으소서. 오늘 제가 만날 모든 사람과 또 그 사람들이 죽는 날까지 만나게 될 모든 이들에게 주신 생명을 통하여 찬미영광 받으소서. 제가 상처 준 사람들과 저에게 상처 입힌 사람들에게 주신 생명을 통하여 찬미영광 받으소서. 우리의 생명이 아버지 하느님의 뜻을 이루심에 도구가 되게 하시고, 눈앞의 성공을 확인할 때만 하느님을 찬미하는 사람이 아니라, 거듭되는 실패 속에서도 그 섭리의 뜻을 깨달으며 주님을 찬미하는 사람들이 되게 하소서. 아멘!

나는 6·25 한국전쟁 후 70년을 오직 한 가지 소망으로 살아왔습니다. 미혼모와 성매매 여성과 가정폭력 피해 여성들이 세례받고 기도하며 거룩하고 깨끗하게 생활할 수 있는 평신도 수도원 <성가정 공동체>를 창설하자는 내용이었습니다. 나는 아버지와 오라비들을 전쟁으로 잃고, 외삼촌 댁이 있는 부평으로 이사가 살았는데 부평에는 '위안부'들이 모여 사는 집창촌이 있어서 팔을 끼고 거리를 누비는 유엔군들과 위안부들을 너무 많이 보았습니다. 그때 그 언니들이 천 겹으로 보호벽을 쌓아주어 내가 성폭행당하는 일을 피하였다고 생각하며 성매매 피해 여성 재활 쉼터 <성가정 공동체>를 운영하는 것이 장래의 희망이 되는 나날을 살았습니다. 그래서 보건소를 찾아가 무면허 간호사로 취직하여 성매매 여성들에게 성병 치료제인 페니실린 주사 놓는 일을 감당했습니다.

무엇인가를 골똘히 생각한다는 것은 바로 기도하는 것이고, 오래 기도하는 일은 반드시 이루어진다고 믿는 것이 내 신앙이니, 평신도 수도공동체인 <성가정 공동체>도 기필코 이루어질 것으로 믿고 살았습니다. 적게는 나의 삶이 수도자의 삶으로 변모될 것이요, 조금 더 나아가 나의 가족과 내 주변 사람들과 내가 사랑하는 사람들의 삶이 수도자의 삶으로 변모될 것이며,

끝내는 6·25 이후 지금까지 무한히 소망해 왔던 내 기도가 실현될 것으로 믿고 살아왔습니다.

　천신만고 끝에 대학에 입학하여, 은사님들을 만나고 학창을 보내던 때였습니다. 교수는 교수로 태어나며 그들의 학문도 그들만의 전유물이라고 생각하던 때였습니다. 나는 오로지 다음 학기 장학금을 받기 위하여 일등을 해야 한다는 것만이 지상과제였고, "크고 웅대한 미래지향적 포부를 지녀라." 같은 수사적 표현은 가슴에 와닿지도 않았습니다. 나에게 내일을 생각할 여유는 없었으며, 오직 그날그날의 의무만을 지극한 정성으로 이행했을 뿐이었습니다. 그리하여 매 학기 아슬아슬하게도 근소한 성적 차로 나는 수석을 유지했고, 8학기 내내 장학금을 받고 대학을 졸업할 수 있었습니다. 성적을 잘 받기 위하여 사력을 다해 집필한 학창 시절의 리포트가 문단의 평론분과에 당선되어 내 이름 앞에 얼떨결에 문학평론가라는 수식어가 붙었습니다. 아버지와 오라비들을 잃은 슬픔이 너무 커서 온종일 울면서 글을 읽고 글을 쓴 날도 있었습니다. 그러다가 사별의 애통을 어떻게 극복할 수 있을까를 연구 주제로 하여 학문을 계속하는 가운데, 어느덧 내 이름 앞에 문학박사라는 수식어가 또 하나 붙었습니다. 그 후 나의 글들은 한 덩어리로 모여 책이 되고, 또 모여 다음 책이 되는 것을 반복하는 동안, 저서가 10여 권이 되고 죽음 관련 저서 번역본이 10여 권이 되었습니다.

성공이란 먼 미래의 날에 내가 되어 있는 모습을 미리 그려 놓고 그 실현을 위해 노력함으로써 얻어지는 것인가를 오래 생각해 보았지만, 꼭 그렇지만은 않은 것 같습니다. 오늘 나에게 부과된 과제를 완수하기 위해 그날그날 최선을 다해 일하는 것이 미래 성장의 비결일 것입니다.

나는 오래전 내 나이 60대에 한라산 백록담 등반에 성공한 일이 있습니다. 마음이 착하여 축복받은 사람만이 백록담을 볼 수 있다는 말이 생겨날 만큼 한라산의 기후 변화는 시시각각으로 심하고, 또 1,700m 고지까지 간 사람들도 마지막 200m를 포기하여 하산하기도 하며, 여름에도 짙은 안개와 폭풍우에 얼어 죽는 사람이 나오는데, 동네 뒷동산에도 안 다녀 본 노인이 어디를 오르느냐고 갖은 이유를 들어 동행이 나의 한라산 등반을 만류했지만, 나는 일행에 뒤처지면서도 끝까지 따라갔습니다. 그러니까 중도 탈락의 가능성은 초장부터 얼마든지 있었습니다. 드디어 1,700m 고지의 대피소에서 쉬며 일행이 점심을 먹고 다시 등반에 오를 때였습니다. 평소 다리가 시원치 않던 나는 이제 도무지 촌보도 움직일 수 없는 형편에 이르렀고, 일행은 거기까지 따라온 것이 이미 기적이니 '이쯤에서' 포기하라며 당연하다는 듯 나를 산 중턱에 남겨두고 다시 행군을 시작했습니다. 일행을 떠나보낸 후 쓸쓸히 아픈 다리를 쓰다듬던 때였습니다. 소망과 기도의 상관성에 대해 생각했습니다. "평신도 수도공동체의 창설을 위하여 아픈 다리를 끄는 발자국 하나하나를, 피를 짜서 바치는 기도로 알고 하느님께 봉헌하자." 이런 결심이 나를 벌떡 일어나게 하였고 나는 심장이 터지고 무릎 아래가 빠개져 나가는 아픔을 한 발짝 걸음을 떼어 놓을 때마다 기도로 바치며, 백록담이 내려다보이는 정상까지 오를 수 있었습니다. 정상에 이르러 나는 엎드려 기도했습니다.

"기적을 이루소서. 이 나라를 통일하소서. 미혼모와 성매매 여성과 지아비를 잃은 불우한 여성들과 가출 여성들과 가정폭력 피해 여성들이 모두 모여, 기도하며 성결하게 사는 기혼여성들의 수도원 <성가정 공동체>의 집을 중도에 포기하지 말고 끝까지 창설 운영하게 해 주소서." 그때 나는 하늘에서 "내가 너희들이 거할 집을 지어 주리라."라고 말씀하시는 소리를 들었습니다.

나는 한라산에 오른 것이 아니었습니다. 오늘 나에게 맡겨진 지상과제인 소외 여성의 보금자리 건설과 조국 통일을 위하여 내 생명이 소진하도록 오직 기도했을 뿐인데, 나도 모르는 사이에 '한라산 등반 성공'이라는 또 하나의 이름표를 받았을 뿐입니다.

성공은 막연한 목표를 동경하는 데 있는 것이 아닙니다. 매일 매일의 삶 자체와 목숨의 시시각각을 혼신의 힘을 다해 최선으로 봉헌하며 살 때 소위 '성공'이란 이름표가 부수적으로 주어지는 것입니다. 나는 하느님이 머지않은 날에 반드시 <성가정 공동체>를 이루어 주시리라 확신하면서, 북한 하늘을 향하여 삼배한 후 하산하였습니다. 그리고 드디어 숙명여대 교수직을 정년으로 퇴임하던 때 퇴직금과 연금을 일시금으로 받아 살던 집을 매각하여 합하여서 큰 집을 짓고 지금은 그 집에 가정폭력 피해 여성 자활 쉼터 <나자렛 성가원>과 성매매 피해 여성 자활 쉼터 <나자렛 성가정 공동체>가 18명 사회복지사의 상담과 보호를 받으며 행복하게 살고 있습니다.

시주가 곧 기도

새해를 맞아 깊은 침묵 속에 기도하며 묵은해를 반성하고 새해를 설계한 것이 엊그제 같은데 어느새 다시 조락의 계절, 11월의 문 앞에 섰습니다. 가슴에도 머리에도 이불깃이나 옷자락 사이사이로도 시린 바람이 불어 들어, 입어도 춥고 먹어도 배고프고 가족이 옆에 함께 있어도 공연히 쓸쓸하고 외로운 겨울의 문턱에서 이제 우리는 또 반성과 설계의 끝없는 반복을 거듭해야 합니다.

살아있기 때문입니다.

우리 생명을 경작하여 기필코 생명을 완성해야 하는 목숨의 의무를 지니고, 우리가 살아있기 때문입니다.

유대인이 읽는 『미드라시』라는 책에 이런 글이 있습니다. 아득한 옛날에 아브라함의 아들 이사악이 하느님께 여쭈었습니다. 하느님은 첫째 날에 빛을 만드시고 좋아하시고, 둘째 날에 하늘과 땅을 만드시고 좋아하시고, 셋째 날에는 땅과 바다를 구분하셨고, 땅은 푸른 싹을 돋게 하고 씨를 맺는 풀과 과일나무를 제 종류대로 땅 위에 돋게 하시고 좋아하시고 넷째 날에는 해와 달과 별을 만드시고 좋아하시고, 다섯째 날에는 동물을 만드시고 좋아하셨습니다. 그런데 "여섯째 날에는 사람, 아담과 하와를 만드신 후 즉시 좋아하시지 아니하시고 하느님이 창조하신 모든 것을 다 둘러보신 연후에야 좋으시다 하였으니 그 연유가 무엇입니까?"라고요. 하느님께서 이렇게 대답하셨다는 것입니다. "나는 들에 피어있는 들국화 한 송이도 완벽한 생명체로 만들어서 내보냈고 들에서 뛰노는 토끼 한 마리도 완벽한 생명체로 만들어서 내보냈다. 그런데 너희 인간은 완벽한 존재로 만들어서 내보낸 것이 아니라 태어나는 순간부터 죽는 순간까지 사랑을 실천하여 너희 생명을 완성시켜 나에게 돌아오라는 의무를 주어서 창조하였기 때문에, 생명을 완성시킬 것인지 완성시키지 못할 것인지 염려하는 아버지 마음으로 인간을 바라보매, 온전히 기뻐할 수만은 없었구나!" 읽어도 또 읽어도 다시 또다시 수긍이 가는 절묘한 말씀입니다.

그렇다면 생명의 완성이란 무엇이겠는지요. 사랑을 실천하여 완성시킨다 하셨습니다. 소유를 이웃과 나누는 그것일 밖에 없습니다. 재물이건 시간이건 노동력이건 지혜이건 친절이건 이웃에 나누어 주어 돕는 것이 사랑의 실천이겠습니다.

나는 전에 이성철 종정 스님과 조선일보 기자와의 인터뷰 기사에서 종정 스님이 하신 말씀을 읽고 마치 대오각성하는 깨우침을 얻었고 그 일로 인해 성경을 읽는 자세조차 눈뜸의 계기가 되었다고 고백합니다. 그것은 기도의 개념을 명확히 인식하게 된 일이었습니다. 기도가 무엇이냐는 기자의 물음에 종정 스님은 "시주가 곧 기도니라."라고 힘주어 말씀하셨습니다. 남편의 승진이나 자녀들의 입시 합격을 위해서 절이나 교회를 찾아다니며 입말로 복을 비는 것이 기도가 아니라, 되돌려 받을 길 없는 가난한 사람에게 사랑으로 나누어 준 시줏돈 그것이 기도라고 단호하게 말씀하셨습니다.

　이 말씀을 들은 연후에 비로소 루카복음 14장의 말씀이 가슴에 둥지를 틀고 자리 잡았습니다. 예수님은 말씀하십니다. "잔치를 차리거든 아는 사람들을 대접하지 마라. 그들은 어떤 모습으로건 대접받은 것을 갚으려 할 것이다. 잔치를 차리면 저잣거리의 걸인이나 불구자나 병자 등 도무지 되돌려 갚을 길이 없는 사람에게 베푼 것만이 하늘나라에 보화를 쌓는 것이니라."라고요.

　공자님의 『대동론』에도 희한하게 같은 말씀이 있습니다. 이 세상에 대동의 시대가 와야 하는데 대동의 시대가 시작되면 자식들이 부모를 세상의 부모로 내어주고 부모들이 자식을 세상의 자식으로 나누어 주어, 자식 없는 늙은이가 편안한 노후를 살게 되고 부모 없는 어린아이들이 골고루 성장 발전할 기회를 얻게 되며, 심지어 소외 여성들까지도 평안하게 소속되는 바가 있게 하였으니, 인간은 모름지기 이러한 대동의 시대 건설을 위하여 기여해야 한다고요. 그렇다면 부처님 공자님 그리고 예수님의 가르침이 모두 사랑을 실천하여 생명을 완성시키라는 것 아닌지요.

나는 오늘 편지 한 장을 받았습니다. 이런 내용이었습니다.

오랜만에 피정 강의 카세트를 다시 꺼내어 들었습니다. "저는 한 연예인의 아내입니다. 늘 마음으로 밍크코트를 장만하려는 생각뿐이었는데 선생님 말씀을 듣던 순간부터 신선한 충격을 받았습니다. 그래서 녹음테이프를 다시 들으며 결심했습니다. 이 보잘것없는 여인이 밍크코트를 입는다고 큰 변화가 오고 갑자기 미인이 되는 것은 아닙니다. 저는 선생님 피정 강의를 듣고 큰 지혜를 얻었으니, 예수님께 밍크코트를 입혀드리고자 합니다. 어려운 형편에 있는 분들을 위하여 사용할 것을 결심하고 밍크코트의 욕망을 제 가슴에서 지워버립니다. 제 딸이 허리가 몹시 아픕니다. 성당에 앉아 딸의 병을 낫게 해달라고 기도하는 것보다 이웃을 돕는 일이 더 큰 기도라고 깨달아, 어려운 형편에 있는 분들을 위하여 사용할 것을 약속드립니다.

이런 내용이었습니다. 부처님과 공자님의 마음을 가진 또 한 명의 예수님을 만난 듯합니다. 생명의 완성을 위하여 어떻게 이 해를 보내고 또 새해를 맞이해야 하나? 12월은 그것을 생각해야 하는 때입니다.

할아버지와 금반지

우리 민족의 특성을 단적으로 표현한다면 대부분이 신앙을 지닌다는 것입니다. 불교든 유교든 그리스도교이든 그중 어떤 하나의 종교에 속해 있습니다.

불교가 제시하는 자비의 개념은 "시주가 곧 기도"라 하신 이성철 대종정의 말씀에 잘 함축되어 있습니다. 그리스도교의 진리인 사랑은 "가진 것을 다 팔아 가난한 사람들에게 주라."고 하신 그리스도의 말씀에 잘 드러나 있고, 어질 인仁을 지향하는 유교의 이념은 공자의 『대동론』에 이렇게 서술되어 있습니다.

"세상에 대도大道가 실현되면 자식은 부모를 자기 부모로만 고집하지 아니하고 세상의 부모로 나누어 내어주며, 부모는 자식을 자기 자식으로만 고집하지 않고 세상의 자식으로 나누어 내어준다. 그러면 부모 없는 자식들이 모두 잘 자라게 되고 자식 없는 부모들이 모두 편안한 노후를 살게 된다. 그리하여 모든 외로운 사람들에게 각각 소속되는바, 삶의 터전이 있게 된다." 종교가 강조하는 것이 소유의 나눔이요 생명 공동체 의식임을 말해줍니다. 그렇다면 국민의 대부분이 종교를 가지고 있는 우리나라에서 가난으로 말미암아 자살하는 사람이 발생하는 것은 아무래도 우리의 신앙에 문제가 있는 것으로 보입니다. 종교가 그리스도나 부처님이 보여 준 나눔의 은총에 도달하는 통로가 아니라, 자기 기복을 위한 미신으로 전락하지는 않는지 자문하게 됩니다.

그래서 며칠 전에 있었던 어느 노인의 미담은 나에게 깊은 감동을 주었습니다. 이른 새벽이었습니다. 학교에 출근하여 강의 준비를 하려는데 전화벨이 울렸습니다. 할아버지의 음성이었습니다. 반드시 만나야 할 일이 있어 학교에 오시겠다는 말씀이었습니다. 아홉 시 첫 시간을 마치고 밖에 회의가 있어 나갔다가 들어오니 할아버지가 다녀가셨다고 조교가 말하면서 굵직한 남자 반지를 내미는 것이었습니다. 반지치고는 너무나 크고 무거워서 다섯 돈은 실히 넘을 듯했습니다. 조교의 말에 의하면 이주철 할아버지는 연세가 77세라고 했습니다. 며칠 전에 할아버지의 부인이 나의 수상집 한 권을 사다 드렸는데 그것을 며칠 동안 읽으신 노인께서 내가 운영하는 <나자렛 성가원>을 돕고 싶어졌으나, 도울 능력이 없어 기도하던 중, 어느 날 동네 길거리에서 그 반지를 주웠다는 것입니다. 그 후 아무리 노력해도 주인을 찾을 수 없으니, 부인과 의논하여, 하느님이 주신 것으로 알고 나에게 가져오셨다는 것입니다. 나는 그 반지가 본인의 것인지 참으로 주운 것인지를 묻지 않으려 합니다. 또 혹은 결혼반지였는지 칠순기념 반지였는지도 생각지 않으려 합니다. 다만, 그분을 통해 그날 내가 참 신앙인의 모습을 보았다는 것만 강조하고 싶어서 이 글을 썼습니다. (1993)

경제인 동우회

오래전에 '경제인 동우회'라는 모임이 있었습니다. 국가 경제를 염려하는 사람들이 모여 국가를 위해 무언가 일을 해보자는 경제인 모임이었습니다. 전 국무총리, 경제부문의 전직 장관·차관님들, 그리고 기업의 대표자들로 이루어져 있습니다. 지금은 모릅니다. 오래전, 연말 송년 파티에서 그분들에게 강의해 달라는 청을 받고 '진화되는 삶을 위하여'라는 제목으로 말씀을 드렸습니다.

내 이야기의 주제가 항상 '나눔은 덕이 아니라 생명의 의무'라는 것, '내 손을 거쳐 이미 이웃에게 나누어진 것만 내 재산이고 아직 가지고 있는 돈은 내 돈이 아니라는 것' 등이어서 몇 가지 실례를 들어 그 논지를 피력하였습니다. 가령 김밥 장사를 해서 큰 액수를 장학재단에 바친 이복순 할머니는 큰 재산을 지니게 된 것인데, 그것을 단지 부동산이나 유가증권으로 남긴 채로 숨을 거둔다면, 그에게는 재산이 남지 않는다는 말씀을 드렸습니다. 그런데 이러한 나의 말은 이재理財에 밝은 경제인들의 귀에는 당치 않은 이상주의자의 넋두리로 들릴 수 있을 것이어서, 나는 강의 하면서도 시종 조심했습니다. 하지만 강의가 끝난 후 나는 의외로 마음의 평정을 얻을 수 있었습니다. 같은 식탁에 앉아 계시던 석유공사 사장님께서 분위기를 바꿔 주셨기 때문입니다. "선생님이 돌보시는 <나자렛 성가원>의 확장 건축 현장에 우리 임직원 495명이 가서 하루 동안 일을 해 드리겠습니다."라고 말씀하신 것입니다. 비록 그 말씀이 나의 강연 내용을 공감하신다는 수사적 언어 표현일 뿐이었다 하더라도, 그 말씀은 나를 격려하고 용기를 불어넣어 주기에 넉넉했습니다.

그러나 그분의 격려는 단지 수사적 표현에 그친 것만이 아니었습니다. 다음날 직원을 내게 보내 <성가원> 소유의 내 수상집 두 가지를 990권 구입하여 임직원들 495명에게 두 권씩 연말 선물로 나누어 주시는 것으로, <나자렛 성가원>에 실질적 세모歲暮의 선물을 주셨습니다. 그뿐만 아닙니다. "495명이 함께 가서 하루 일을 해 드릴게요. 어서 확장공사를 시작하세요." 이렇게 격려하신 그분의 말씀을 듣는 순간 내 안에서도 피곤과 시름의 잔해들이 부서져 나가는 은혜를 체험할 수 있었습니다. 세모에 받은 이 선물은 새해를 힘차게 살아가는 용기와 격려가 되었습니다.

<나자렛 성가원>과 <나자렛 성가정 공동체>는 그렇게 확장공사를 마치고 사회 복지사 18명이 이끌어가는 사회복지법인으로 성장하였습니다. (1990)

주식회사 <건영>의 엄상호 회장님

영혼과 영혼이 만날 때가 있습니다. 한마음이 되어 상호 이해하게 될 때입니다. 이때는 부처의 자비와 예수님의 사랑이 피어나는 때입니다. 주식회사 건영에 다닌다는 한 가톨릭 신자가 전화하여, 부디 한번 가톨릭 신자로서 강의해 달라고 했습니다.

불교와 천주교와 개신교 대표를 차례로 초대하여 매주 목요일 오후에 전 직원이 강의를 듣는데 가톨릭 쪽 강사를 초빙하는 것이 그의 책임이라는 것입니다. 어느 종교인이 들어도 호감을 느낄 수 있는 보편적 강의 주제를 택해야 한다며 강사 선정의 애로를 그는 호소했습니다. 그런데 형제님의 고충을 이해하는 차원에서 수락한 그 강연이 예상치도 않았던 기쁨을 가져다주었습니다. 기적이라고 이를 만한 큰 사건이 발생했습니다.

엄상호 회장님은 직원들에게 최고의 봉급을 지불하고, 매주 강연회 때엔 맨 앞줄에 앉아 끝까지 경청하며, 하루에 백팔 번씩 하는 절을 세 차례나 하는 신실한 불교도이고, 강의를 듣기 위하여 출장지에서 비행기로 날아와 강의를 듣고 난 후 다시 출장지로 되돌아가신다는 이야기를 형제님은 나에게 말해 주었습니다. 또 수도권 아파트 분양에서 <건영>이 단연 제일 높은 경쟁률을 보였다는데, 그 이유를 물었더니 "회사는 최소의 이익을 보고 고객에겐 최대의 만족을 주는 회사의 운영 방침 때문"이라고 서슴없이 말씀하셨습니다.

내가 강연을 한 그날도 회장님은 일본 출장의 여독이 채 풀리지 않은 상태에서 사모님과 함께 오시어 끝까지 내 강의를 경청하셨습니다. 그런데 이렇게 훌륭하게 사시는 분에게도 불가에서 말하는 업보라는 개념으로밖에는 달리 설명할 길이 없는 슬픔이 있었습니다. 어린 딸이 비명에 세상을 떠난 것입니다. 정주영 회장의 아들도 김우중 회장의 아들도 비명에 갔으므로, 돈이 많으면 무얼 하랴, 그 두 기업인의 가슴보다 더 애간장이 탄 사람이 어디 있으랴 했더니, 엄상호 회장님에게도 끔찍하게 슬픈 일이 있었던 것입니다. 재물은 가족의 죽음을 결코 면제해주지 못합니다. 부자에게나 빈자에게나 죽음은 동일하게 접근합니다. 그런데 큰 슬픔을 견뎌낸 사람은 큰 슬픔을 견디는 사람을 이해하게 되나 봅니다. 슬픔을 치러보지 않은 사람은 남의 슬픔을 이해하지 못합니다. 그래서 뇌성마비 장애인 자식을 가진 어미는 특수교육을 받아 뇌성마비 장애인을 돕는 봉사자가 되고, 정신질환자 자식을 둔 어미는 정신질환자를 돌보는 봉사자가 되며, 비명에 자식을 잃은 어미는 자식의 생명이 영속되기를 염원하는 마음으로 한 자식 대신 열 자식을 기르는 사람이 되고, 자식의 명의로 장학재단을 만들기도 합니다.

강의가 끝났을 때 엄상호 회장임은 내가 보는 앞에서 갑자기 재무 이사님을 부르셨습니다. 그러더니 나를 강사로 초청한 직원이 읽으라고 하여 읽었다면서, 나의 수상집 이천 권씩 사천권을 구입하여 전 직원에게 두 권씩을 선물로 주라고 말씀하셨습니다. 그리고 평생 돈을 저축해 봐야 혼자서는 <나자렛 성가원> 확장한 목돈이 모이지 않을 것이라며, 어떻게 도와줄 것인가 생각해 보라고 분명한 어조로 말씀하셨습니다. 나의 어머님이 엄씨이니, 어머니를 사별하고 오랜 세월이 지난 때에 필경 어머니께서 종씨이신 건설회사 책임자의 마음에 그런 마음을 갖게 하셨는지 모릅니다. 어머님의 혼령이 내 곁에서 미소지으시며 <나자렛 성가원> 확장 건설을 위하여 하느님께 간구하고 계신다고 느꼈습니다. 그날의 만남은 인간을 통하여 일하시는 하느님께서 주식회사 건영과 나 사이에 관여하신 신비의 사건이 아닐 수 없습니다. <주식회사 건영> 안에 새로 발족된 불교 신우회의 공동체 이름이 회장님 따님의 이름을 이은 <선정회>이니, 어린 딸 엄선정의 육신은 비록 죽었어도, 그 아버지 엄상호 회장님이 어린 딸을 위하여 해 주신 일은 주식회사 건영과 <선정회>와 함께 오래오래 살아남을 것입니다.

    영혼과 영혼이 만나 서로 이해하며 공동생명체의 활력을 위하여 좋은 일을 할 때, 불교가 가르치는 자비심과 그리스도교가 가르치는 사랑은, 서로 다른 것이 아닙니다. (1992)

누가 나의 형제요, 자매인가?

그리스도교 신자가 아니라 하더라도 우리는 누구나 그리스도의 가르침을 존중합니다. 불교 신자가 아니라도 우리는 부처의 가르침에 귀를 기울입니다. 인간의 심성이 공자나 맹자의 가르침에 경도되는 이치도 마찬가지입니다. 성현들의 가르침은 시대와 지역을 초월하여 우리 인간의 심성을 바르게 이끌어 가는 인류 정신문화의 큰 유산입니다. 성경에 보면, 군중들 앞에서 예수님이 이야기하시는데, 어떤 사람이 밖에 어머니가 오시어 예수를 찾는다고 말하자 예수가 대답하셨습니다. "누가 나의 어머니인가, 내 말을 듣고 실천하는 사람이 바로 나의 어머니가 아닌가?"라고. 이 말씀은 어머니를 부인하는 표현이 아니라 그리스도의 말씀대로 살아가는 모든 사람이 예수의 어머니요 딸이요 형제자매임을 천명하는 표현입니다.

청량리역 옆 골목, 그리고 미아리와 용산에는 일종의 적선지대가 있었습니다. 마치 전염병이 발생한 곳에는 붉은 줄을 긋거나 끈으로 격리해 놓고 일반인의 통행을 금지하는 곳을 만드는 것처럼, 눈에 보이지 않는 붉은 금을 그어 일반인들이 접근할 수 없는, 적선 지대로 격리된 곳이 있었습니다. 청량리역의 경우 그 옆 골목에는 100m가 넘을 긴 골목의 양편 집들이 모두 같은 구조와 모양으로 꾸며져 있습니다. 알루미늄 문이 똑같은 모양으로 늘어져 있고 그 안에는 분홍빛 커튼이 똑같이 드리워져 있고 하나쯤 커튼이 열린 창문 사이로 거의 벗은, 몸에 비치는 속옷을 걸친 여성들이 담배를 물고 화투패를 떼거나 거울을 들여다보며 화장하는 모습들이 보였습니다. 분홍 커튼이 달린 집들의 100m 행렬, 그곳을 한 번 지나면 마치 성경 속의 소돔과 고모라가 연상되었습니다. 나는 이곳을 몇 차례 찾아가 둘러본 이후로 줄기차게 가위눌리는 일종의 신경성 진통에 오랫동안 허덕였습니다. 누가 저 여성들의 언니요 엄마들인가? 바로 나라는 생각이 들었습니다. 그런 삶을 돌아본 적 없이 품격을 지니고 사는 특혜층 사람들을 대신하여 그들이 그렇게 살고 있다는 생각을 떨칠 수가 없었습니다.

세상에는 여왕, 국모, 왕비, 공주 등등 특권층 여성을 지칭하는 단어가 많이 있습니다. 누가 저 여성들의 어미요 동생이요 딸이요 언니들인지요. 국모와 왕비와 여왕과 공주들과 그리고 우리 모두가 그들의 어미요 언니입니다.

현대 한국 불교계의 위대한 어른이셨던 이성철 스님의 "시주가 곧 기도다."라는 법어를 기억합니다. 백팔 번 절하며 가족의 부귀와 출세와 건강을 위하여 축원하는 것이 참 기도가 아니라, 가난한 이웃에게 시주하는 나눔의 행위가 곧 기도라 말씀하셨습니다.

공자님의 『대동론』에도 이런 표현이 있습니다. "이 세상에 대동의 시대가 와야 합니다. 그러면 부모들이 자기 자식을 자기 자식으로만 우기지 아니하고 세상의 지식으로 나누어 내어 주며 자식들이 자기 부모를 자기 부모로만 우기지 않고 세상의 부모로 나누어 내어줍니다. 그렇게 되면 부모 없는 자식들이 골고루 성장·발전할 기회를 얻게 되고 자식 없는 부모들이 편안한 노후를 살게 됩니다. 심지어 소외 여성들에게까지도 골고루 소속되는 바가 있게 됩니다. 이러한 시대를 대동의 시대라 하는데 사람은 누구나 대동의 시대 건설을 위하여 살아야 할 생명의 의무를 지니고 있습니다." 대동론의 요지입니다.

예수님은 루카 복음 14장에서 진정한 나눔의 개념을 이렇게 말씀하십니다. "너는 음식을 차려 놓고 사람들을 초대할 때 친구나 형제나 친척이나 잘사는 이웃 사람을 부르지 말라. 그러면 너도 그들의 초대를 받아 네가 베풀어 준 것을 도로 받게 될 것이다. 그러므로 너는 잔치를 베풀 때 오히려 가난한 사람, 장애인들, 다리 저는 이들, 눈먼 이들 같은 사람들을 불러라. 그러면 너희는 행복하다. 그들은 갚지 못할 터이지만 의인들이 부활할 때 하느님께서 대신 갚아 주실 것이다." 나눔은 돌려받을 길이 없는 사람에게 베푼 것일 뿐임을 가르치신 말씀입니다.

가정폭력 피해 여성 쉼터 <나자렛 성가원>과 성매매 피해 여성 쉼터 <나자렛 성가정 공동체>를 운영하면서 나는 착한 사람들을 많이 만납니다. 기도가 무엇인지를 체득한 사람들을 만나는 것입니다.

갈현동에 사는 착한 자매님의 사연입니다. 병원에 입원한 딸이 혼자 공부하여 이화여대에 가고 아들이 과외라는 것을 모르고 서울대학에 갔습니다. 어떻게 감사할까를 기도하다가 우연히 딸이 읽던 저의 수상집을 읽고 하느님의 뜻이라고 느꼈다면서 책 뒤에 있는 성가원 계좌로 1백만 원을 송금했습니다. 하느님의 뜻으로 하는 일이니, 하느님이 운영하실 거라면서 난관에 부딪히더라도 좌절하지 말라는 격려도 있었습니다. 그리고 이웃을 도울 수 있는 결심을 하게 해 주신 하느님과 그것을 실천할 기회를 얻게 해 준 나에게 감사한다고 끝을 맺었습니다.

대림동에 사는 어느 부인의 이야기입니다. 그에게는 운동선수인 딸이 있습니다. 국가선수로 세계 경기에 나가야 할 날을 앞두고 딸이 허리를 다쳤습니다. 어머니는 평생 밍크코트 입는 것이 소원이었는지라 코트 살 돈을 저축하여 어느 날 은행에서 목돈을 찾았는데 딸을 위해 기도하던 중, 입으로 하는 기도가 아닌 이웃을 위한 나눔이야말로 온전한 기도라는 글이 담긴 내 수상집의 글 한 구절이 생각나서, 밍크코트 사려고 모아놓은 돈을 성가원에 바친다고 했습니다. 그는 딸의 허리 병을 고쳐달라고 기도하는 제일 아름다운 기도가, 밍크코트를 봉헌하는 일임을 깨달았다고 했습니다.

정부 고위직의 어떤 사모님은 교회의 권사님이십니다. 그분은 따님을 시집보내셨는데 딸과 사위와 또 그사이에 태어날 손자 손녀들의 미래를 위해 기도하는 것은 그 애들을 위하여 대신 세상의 고초를 감수하는 사람들을 돕는 일이라고 깨달았다면서 혼인 감사 헌금을 송금해 주셨습니다.

또 전남 광주의 이효계 시장님은 저의 수상집 두 가지를 1,000권 구매하시어 일일이 손수 사인을 하셔서, 부디 읽어 삶의 가치 실현에 참여하라 당부하며 직원들과 관내 소년소녀가장들에게 선물하셨다 했습니다. 또 어떤 불교 신자는 어느 날 밤에 내게 전화하여 내 책을 읽는 도중에 누군가 나 대신에 고통을 감수하는 사람들이 있어 내가 지금 평안을 누린다는 깨달음을 얻었다면서, 1백만 원을 송금했고 어떤 남성은 과거에 자기가 책임지지 않고 도중에 버린 여성들이 지금 미혼모나 성매매 여성이 되었을 것이라며 자신의 죄를 참회한다면서 나자렛 성가정 공동체에 송금했습니다.

제주도의 어떤 자매님은 가정에 대한 인간적 책임은 전혀 도외시하고 오직 돈벌이에만 혈안이 된 남편을 위해 기도하는 마음으로 송금하였습니다.

미국에는 한 아름다운 여인이 있습니다. 암에 걸려 투병하며 기도하다가 기도는 언어로 하는 것이 아니고 오히려 되돌려 받을 길 없는 사람에게 나누는 것이 자신의 마음을 행복하게 하고 또 하느님의 축복을 받는 기도가 됨을 이해했다며 매달 미화 십 불을 편지 갈피에 넣어 보냅니다.

미카엘과 다니엘 두 분 유치원 원장님은 만나는 사람마다 내 책을 읽으라고 권해 주십니다. 나는 이렇게 수많은 사람, 옛날 성현들의 말씀을 유산으로 받은 지혜로운 사람들이 다시 이 세상에 남기는 유산을 확인하며 나 자신이 서서히 변모됨을 체험했습니다. 큰딸이 시집가던 때 나는 혼수 대신 뇌성마비 장애인의 집에, 둘째가 시집가던 때에는 미혼모 시설에, 셋째 딸이 시집가던 때엔 우리 집 나자렛 성가원에 혼수비용을 바쳤고, 넷째 딸이 시집가던 때에는 우리 본당 성전 건립기금으로 혼수비를 바쳤습니다.

　나는 딸들과 사위들과 그 애들이 낳을 자식들을 위하여 기도하는 것이 바로 그 애들 대신에 고통을 짊어지고 사는 이웃에게 나누는 것임을 자식들에게 가르쳤습니다. 이것이 내가 자식들에게 나누어 주는 유산입니다. 성현들에게서 내가 배운 삶의 지혜입니다.

　우리 부부는 우리가 대학교 정년 퇴임을 하는 날 퇴직금과 연금을 일시금으로 받아 서울 종로구 평창동에 500평 큰 집을 지어 <나자렛 성가원>과 <나자렛 성가정 공동체> 두 시설을 확대 운영하게 해 주고 포천 산속으로 이사 왔습니다. 그 일을 위해 우리가 바친 것은 빵 다섯 개에 불과하겠지만, 그 빵 다섯 개를 내놓는 용기와 깨달음에 감동한 착한 사람들이 힘을 모아, 5천 명의 이웃이 재활하는 기적의 공동체가 이루어질 것이라고 믿고 소망합니다.

　누가 우리 부부의 아들이요 딸인가?

　누가 우리 부부의 형제요 자매인가?

　우리 시설을 거쳐 나간 무수한 어머니와 딸들과 아들들이 바로 우리 부부의 아들이요 딸입니다.

<나자렛 성가원> 가족들

어제 일본에서 온 전화를 받았습니다. 한 여성이 내 이름을 확인하더니 말을 잇지 못하고 소리 내서 울었습니다. 내 수상집을 읽는 중인데 책 뒤의 전화번호를 보고 다이얼을 돌렸다고 말하고는 또 다음 말을 잇지 못했습니다.

한참 후에야 애써서 한 말은 지금 가진 돈이 20만 엔이니 곧 우체국에 가서 송금하겠다는 것이었습니다. 천호동에 계신 아버지의 통장번호를 불러 주면서, 우리 돈 1백만 원은 성가원에서 쓰고 차액은 아버지께 송금해 달라고 말했습니다. "선생님! 열심히 돈 벌어서 다시 서울에 가서 저도 선생님과 함께 성가원에서 살며 저보다 더 불행한 사람들을 위하여 봉사하겠습니다." 그렇게 말을 마쳤습니다. 동경에 사는 교포여성의 전화였습니다.

또 며칠 전에는 LA의 교포 부부에게서 전화를 받았습니다. 20년 전에 LA에서 내 강연을 들었는데 그때 위기에 있던 부부가 크게 깨달아 새 삶을 살게 되었다면서 2년 동안 부부가 매일 정성껏 기도하며 모은 돈 천오백 불을 성가원에 보내겠다는 내용이었습니다. 2년간 부부가 기도하며 모은 돈 천오백 불에는 성가원을 위한 만 번의 기도가 들어있으며 그 기도로 인해 부부가 살아서 일하고 있다고도 말했습니다. 그러나 성가원을 도와주신 일보다 더 중요한 것은 그 기부 행위로 그들은 이미 그들의 가슴과 영혼과 천국의 뜰 안에 그들 스스로가 나자렛 성가원을 건립하였다는 사실입니다. 다시 말하면 개개인의 가슴 속에 나자렛 성가원이 세워진 축복의 공간들이 다시 모여 그 크기와 정성만큼의 가시적 <성가원>이 세워졌다는 사실입니다.

　대전교구 당진의 김기 바오로 신부님은 마을 사람이 서울에 간다고 하면 "이것 좀 전해 줘요." 하시며 십만 원 당신 용돈을 내게 보내셨으나 지금은 원로 신부로서 요양 생활을 하시면서도 가난하실 모습이 눈에 선합니다.

　우리 마을 여성들이 나를 나무라는 데모를 한 적이 있었습니다. 품위 있는 사람들이 사는 마을에 불행한 사람들을 데려오지 말라는 것이었습니다. 밤새도록 눈이 붓도록 울고 나서 내가 학교에 출근한 날 아침에 전화가 왔던 것입니다. "교수님! 밤새 책을 읽었어요. 피정 잘했지요. 나에게 40만 원 저축된 돈이 있으니 보내드릴게요! 힘내세요." 그분이 김기 바오로 신부님이셨습니다. 그 전화 말씀을 듣고 나는 슬픔을 진정할 수 있었습니다. 부여 홍산 성당의 구일모 신부님은 "책 200권 부쳐

주세요, 시골이지만 그냥이라도 나누어 주어 읽게 하고 나중에 내가 갚아 드릴게요."라고 전화하셨습니다. 개개인의 집을 방문하시고, 개신교 신자에게까지 권유하시어 책 200권을 당신 생활비로 몇 달에 걸쳐 구매해서 마을 사람들에게 무료로 나누어 주셨습니다. 또 희생극기와 기도로 나를 도와주신 신평 성당의 윤여홍 신부님, 책 1,000권을 가져가시고 2,000권 값을 주신 박병윤 신부님, 이름을 밝히지 못하게 하시는 형제 신부님들, 아버지 신부님들, 그리고 목사님들. 불자 보살님들.

　이러한 분들의 가슴마다 집집마다 <나자렛 성가원>이 건설되었듯이 지상의 모든 사람 가슴 속에도 <나자렛 성가원>이 건설되기를 기도하며 살았습니다. 그리고 개개인의 가슴 속에 깃들인 성가원이 하나로 모여 지금 가시적인 지상 <나자렛 성가원>과 <나자렛 성가정 공동체> 가 이루어졌습니다.

　공동생명체의 생명대열에 함께하는 사람은 죽지 않습니다.

　공동체의 생명과 더불어 영원히 함께 살아남습니다.

　죽어서 땅속에 묻힌 연후에도 죽지 않고 살아남는 유일한 길은 공동생명체의 세포로 사는 길입니다.

옥에 있는 가족들

1989년 11월 25일에 나는 숙명여대 강당에서 <나자렛 성가원> 발기모임을 가졌습니다. 그날 박병윤, 서정윤, 김창만, 고찬근 네 분 신부님이 공동 미사를 집전하시며 성가원을 축복해 주셨습니다. <나자렛 성가원> 가족은 생활공동체 회원과 후원공동체 회원으로 구성되어 있습니다. 생활공동체 회원은 우리 집에서 함께 모여 살면서 공동으로 숙식하고 기도하는 내부 가족이고 후원공동체 회원은 우리 생활공동체를 위해 기도하고 도와주며 외부에서 사는 회원들입니다.

우리 집에 함께 기거하는 가족들은 모두 비록 수녀원에는 갈 수 없지만, 수녀님들처럼 거룩하게 살려는 결심을 지닌 자매들과 그들의 아기들입니다. 부양의 책임을 지지 않는 남성 때문에 혼자 자식을 길러야 하는 젊은 모자, 다른 여인에게 마음이 돌아선 남편에게 매를 맞고 집에서 도망 나온 여자, 그런데도 무책임한 남자를 저주하지 않고 자나 깨나 기도하며, 혼자 일어서는 새 삶을 위하여 정진하는 그들에게서 천사의 모습을 봅니다. 천사나 악마가 달리 존재하는 것이 아니라 우리 주변의 사람들이 곧 천사 아니면 악마입니다. 함께하는 사람들의 구성과 성격에 따라 어떨 때는 우리 자신이 천사가 되는 때도 있고 악마의 편으로 기울어지는 때도 있을 듯합니다. 그러므로 한 번뿐인 이승의 삶을 어떤 사람들과 어울려 동행하느냐 하는 문제는 너무나 중요한 일입니다.

내 주변에는 수많은 외부회원이 있습니다. 감옥에서 편지를 보내 주는 사람들입니다. 나는 가능하면 그들에게 일일이 회답하는데 그들의 편지를 읽고 답서를 쓸 때만큼 나 자신이 순화될 때가 없습니다. 그들은 옥에 갇힌 슬픔을 다스리면서 그들의 뼈아픈 생활이 그의 인생을 성장시켜 주었다고 말합니다. 거친 객기를 다듬고 절제하게 하여 지병이 나았으며 용서와 회개로 평화에 도달했고 세상에서는 만나지 못한 하느님을 옥에서 만나서 새사람이 되었다고 말합니다. 그런 편지가 오가고 내가 면회를 가고 그들이 출옥 후에 나를 찾아오고, 그러면서 우리는 한 가족이 됩니다. 보안법 위반으로 간첩죄에 연루되어 옥에 갇힌 전직 교수님, 해외유학생, 반정부 시위에 연루되어 옥에 갇힌 젊은이, 한 번 교도소에서 강의하고 나면 이런 사람들이 나에게 편지를 보내고 그리하여 가족회원이 됩니다.

회원 중에는 고교 3학년생이나 외롭고 슬픈 재수·삼수생들도 있습니다. "대학에 합격하는 날 찾아뵙겠습니다. 졸업 후엔 기대에 어긋나지 않는 아들이 되겠습니다. 그때까지 저의 어머니가 되시어 저를 위해 기도해 주십시오." 그런 학생들에게도 나는 "고통 중에 있는 내 아들아!"로 시작되는 회답을 보내 줍니다. 이런 일은 힘든 일도 아니고 놀라운 일도 아니고 장한 일도 아닙니다. 무섭고 외롭고 슬프고 고통스러운 이 퇴폐 사회에서 서로 돕고 위로하며 자기 성화와 공동생명체의 성화를 위하여 살려는 사람들이 감옥에서 나에게 편지를 보내 주는 한, <나자렛 성가원>은 할 일이 많습니다.

'오늘의 여성상' 수상 소감

  잘했다고 주시는 상이 아니라 잘하라고 주시는 채찍입니다. <나자렛 성가원> 공동체 가족들에게 주시는 상이라고 생각합니다. 상이 아니라 의무가 커짐이고, 기쁨이 아니라 두려움이고, 자신의 삶이 아니라 공약을 실천하는 삶을 살겠다고 서원하는 자리로 생각합니다. 하지만 유아적 가족 중심주의와 가족 이기주의와 황금만능주의에 경도된 이 시대가 공동생명체 의식의 공감대를 형성해 가도록 돕는 데에 제 수상집이 일익을 담당하였다고 주시는 상이니, 기쁘게 받겠습니다.

　북한에 납치되시기 이전, 대학생들에게 등록금을 지급해 주셨던 아버지, "나눔은 덕이 아니라 생명의 의무"라는 정신적 유산을 남겨주고 가신 아버지, 미군 부대 옆의 미혼모와 성매매 여성들에게 돌아가시던 날까지 그리스도의 복음을 전하시면서 "소외 여성들의 큰언니 큰엄마로 살다가 어미를 따라오라."라는 말씀 한마디를 유언으로 남기신 어머니, 1·4 후퇴 직전에 이북으로 출전하면서 배낭에 든 먹을 것과 덮을 것을 다 주고 가시어 끝내 나 대신 굶어 죽고 나 대신 얼어 돌아가심으로써 지금도 나와 함께 살아 계시는 이름 모를 흑인 목사님과 가톨릭 대학교 신학생님, 이들의 삶이 나의 평생을 이끄는 원동력이 되어, 나눔이 전 우주를 얻음이요, 슬픔이 기쁨이요, 고통이 행복이요, 죽음이 곧 삶이라는 등식의 역리를 깨닫게 했습니다.

　제 수상집 몇 권의 인세, 봉급과 강연료 등 여타의 수입으로 <나자렛 성가원> 창설 운영을 결심하고 제가 내놓은 전 재산은 빵 다섯 개입니다. 이 작은 일을 보시고 많은 분이 격려하심으로써, 5천 명을 먹이는 집으로 성장해 갈 것입니다. 필리피 신자들에게 보낸 서간 필리피서 3장 12절에서 사도 바오로가 말씀하신 것처럼 "나는 이미 그것을 얻은 것도 아니고 목적지에 다다른 것도 아닙니다. 그것을 차지하려고 달려갈 따름입니다."

　나머지 일은 그리스도께서 감당해 주실 것입니다. 인생의 목적이 행복과 장수와 사랑받음에 있다면 끊임없는 나눔의 결단과 실천으로써만 생명의 목적 실현이 가능합니다. 소유의 작은 나눔이 죽음 연습, 곧 생명 연습이 되어, 끝내 생명 완성에 도달할 수 있을 것입니다. 소아적 가족주의에서 해방되어 대아적 공동생명체 의식으로 살아가자는 작은 메아리의 확산을 위해, 오늘도 저는 한 달 봉급과 성가원 판권의 수상집 모두의 판매액을 성가회 시설공동체의 생활비로 사용합니다. <나자렛 성가원>과 <나자렛 성가정 공동체>를 통해 자활해 나가는 자매들이 많아지고 소외 여성이 이 땅에서 사라질 때 그때 비로소 새로운 원장들을 채용하고 나는 성가원을 맡기고 네 분 부모님이 묻혀계신 포천 산속으로 들어갈 것입니다.

　"못 잊어 생각이 나겠지요. 그런대로 세월만 가라시구료. 사노라면 잊힐 날이 있으리이다." 소월의 시 한 수 같은 말 한마디 남기고, 무책임하게 떠난 남성들로 인해 소외된 여성들이, 어떻게 새 인생을 살도록 도와줄 수 있을 것인가? 그것만이 내 현재의 과제입니다. (1982)